AF340630

JULES LECOMTE

LA CHARITÉ

A PARIS

PARIS
LIBRAIRIE NOUVELLE
BOULEVARD DES ITALIENS, 15
—
A. BOURDILLIAT ET C°, ÉDITEURS
—
1861

JULES LECOMTE

LA CHARITÉ

A PARIS

PARIS

LIBRAIRIE NOUVELLE

BOULEVARD DES ITALIENS, 15

A. BOURDILLIAT ET C⁰, ÉDITEURS

La traduction et la reproduction sont réservées.

1861

On a jadis publié, avec un grand retentissement, un livre mi-partie d'observation et d'imagination intitulé : *les Mystères de Paris*.

La curiosité publique fut vivement excitée par ces récits, qui passaient pour révéler les mœurs des bas-fonds sociaux.

C'est aussi sur quelques mystères de Paris que nous allons essayer de porter la lumière. — Mais autant le bruyant ouvrage de M. Eugène Sue fut une œuvre de désolation dans son puissant intérêt même, autant le simple livre que voici devra, croyons-nous, faire naître de douces émotions et de consolantes pensées.

La façon dont l'idée en vint à l'auteur n'est peut-être pas inutile à raconter.

Comme il fréquentait ce qu'on appelle le monde, il avait parfois eu lieu de s'étonner en surprenant chez les personnes qui semblaient le plus occupées à jouir des priviléges du rang ou de la fortune, certaines allures qu'on pourrait appeler suspectes... puisqu'elles semblaient cacher quelque côté imprévu de leur vie.

Il observa, devina, obtint des aveux, — et fut un jour tout surpris et attendri de voir quel pacte secret de bienfaisance unit entre eux un grand nombre de ces heureux du jour, ces mondains, ces élégantes, au profit d'associations, d'*OEuvres* formées en marge des établissements officiels, — les doublant ou les complétant dans une sollicitude qu'un œil superficiel n'avait pu deviner !

Aussitôt il se mit à approfondir ces nouveaux mystères de Paris, et il les trouva si profonds, si imprévus et si touchants dans leurs ramifications fraternelles, qu'il pensa que ce qu'il avait ignoré longtemps, bien d'autres que lui devaient l'ignorer encore ! Dès lors, il conçut le projet de mettre au grand jour le résultat de son enquête.

Il le fit, espérant que tout ce bien, très-simplement révélé, provoquerait des adhésions, des affiliations nouvelles aux sociétés qui opèrent tant de bien dans l'ombre, — parce que l'esprit de charité doit être une heureuse contagion de l'exemple.

Il pensa aussi qu'une édition de son œuvre, mise par un bon marché extrême à la portée du *Peuple,* servirait à le renseigner utilement sur tout ce que la *Société* fait journellement pour ceux qui n'ont point encore acquis les forces nécessaires au travail, comme pour ceux qui les ont momentanément ou définitivement perdues.

Elle montrerait aussi au Peuple ce que cette Société, contre laquelle on a parfois cherché, dans les mauvais jours, à soulever les mauvaises passions, accomplit en sa faveur, — non pas seulement au point de vue charitable de l'assistance au plus pauvre, — mais aussi par la sollicitude toute morale avec laquelle elle cherche à aider les plus laborieux, à les instruire, les élever, à leur faire conquérir, enfin, une légitime indépendance, — situation bien résumée dans cette phrase d'un remarquable discours prononcé par le Ministre de l'Instruction publique, à l'une des séances de l'*Association philotechnique*, pour l'instruction gratuite des ouvriers :

« La pensée qui domine dans cette fête populaire est celle de la solidarité de toutes les classes de la société, accomplissant, suivant le vœu de la Providence, le devoir sacré d'une mutuelle assistance... Ouvriers, comptez les hommes dévoués qui se pressent à mes côtés, qui prodiguent leur temps, leurs peines et toutes les forces de leur âme à faire de vous des travailleurs instruits, de dignes pères de famille et d'estimables citoyens ; comptez-les avec votre cœur, et dites-moi si la société vous méconnaît ou vous oublie !

» La société n'est pas une marâtre pour ceux qui souffrent ; ses entrailles sont émues et ses mains sont ouvertes pour les malheureux. Elle accepte et pratique franchement l'égalité civile et chrétienne, et elle est heureuse d'aider, par l'enseignement, quiconque travaille et se conduit bien, à prendre en ce monde la place toujours réservée à la moralité, à l'application, à la sagesse. »

Le but de cette œuvre est donc double :

Stimuler en haut, — éclairer en bas.

L'auteur se sent d'ailleurs encouragé dans son action par une initiative supérieure. En effet, au lendemain des orages, n'a-t-on pas vu l'Académie des Sciences morales et politiques, par un grand nombre de ses membres qui appartiennent aussi à l'Académie française, à ce grand Corps littéraire auquel des legs intelligents et pieux ont commis le soin de rechercher le bien pour le récompenser, et le beau pour le proclamer, —n'a-t-on pas vu, disons-nous, l'Académie des Sciences morales et politiques provoquer à tous les degrés de l'échelle sociale les écrits destinés à répandre la fraternité compatissante et l'oubli des discordes civiles ? Sans doute le pays est tranquille aujourd'hui, et l'on doit croire que les mauvais jours sont à jamais conjurés. Mais prévenir vaut mieux que guérir, et il y a sur la paix et la guerre une maxime latine qu'il serait peut-être banal et surtout intempestif de répéter. Bornons-nous donc à dire que nous avons sondé ces heureux abîmes du bien que nous devinions à peine, et que beaucoup de ceux d'en haut ou d'en bas ignorent peut-être, — qu'il est bon que les uns s'y associent, — que les autres s'en montrent reconnaissants, — et que ce double résultat nous paraissant précieux à rechercher, nous avons entrepris d'ajouter ce nouveau et doux chapitre aux désolants *Mystères de Paris.*

J. L.

INTRODUCTION

—

« Paris est le pays de l'aumône. »
COMTE MOLÉ,
Discours à l'Académie française

I

Dans la société, comme dans la nature, il suffit souvent d'approfondir les choses, institutions ou phénomènes, pour admirer. Presque toujours, c'est alors qu'on avait cru voir un profond désordre, que se révèle la plus haute et la plus touchante harmonie.

Cette impression est celle dont on est irrésistiblement saisi quand on vient à étudier les rapports qui unissent les diverses classes de la société moderne, sous l'influence de la civilisation qui en a formé les institutions et les mœurs.

Ce qui frappe forcément d'abord, c'est l'inégale répartition de la richesse ; pour les uns, d'immenses fortunes accumulées ; pour les autres, le dénûment le plus complet. Ce qui attriste, c'est l'incomparable différence qui existe dans le niveau du bonheur ; ici, le plaisir et toutes ses jouissances, le luxe et toutes ses superfluités ; là, l'indigence avec son présent de labeurs et de privations, devant un horizon d'anxiétés. Ce qui inquiète, enfin, c'est la population divisée en deux classes, auxquelles la société semble dire : Toi, jouis, ta destinée est d'être heureuse ; toi, travaille, ta destinée est de souffrir...

Voilà, en effet, ce que rencontre le regard superficiel qui se fixe sur notre société.

Serait-ce donc là l'héritage reçu du passé ? La morale chrétienne n'aurait-elle transformé le monde antique que pour le faire choir dans ces misères morales : l'égoïsme et l'envie ?

Heureusement il n'en est point ainsi ! Ce sont d'autres sentiments que l'esprit nouveau a développés dans les cœurs depuis dix-huit siècles de constants progrès. Si l'égoïsme des uns et l'envie des autres avaient dû se partager l'âme des sociétés modernes, leur existence eût été en perpétuel danger, car il eût suffi du plus léger accident pour provoquer la dissolution violente dont elles renfermaient toutes les forces explosibles !

La rapidité avec laquelle les sociétés se raffermissent sur leurs bases naturelles, après les plus violentes secousses, ne prouve-t-elle pas, au contraire, qu'elles se trouvent dans des conditions d'équilibre plus stables, et que ces puissances de destruction ne menacent pas leur avenir ?

II

C'est que cette inégalité de répartition de la richesse, et cette apparente différence dans le niveau du bien-être, sont des nécessités inhérentes à la nature humaine, et qu'on les retrouve dans tous les temps comme dans tous les pays.

En effet, l'antiquité ne proclamait-elle pas comme un dogme, par la voix même de ses philosophes, l'existence d'une double nature : la nature libre et la nature esclave ?

C'est qu'il y a toujours eu des pauvres et des

riches, et qu'il y en aura toujours, — parce qu'il y aura toujours des hommes plus ou moins forts, plus ou moins intelligents, plus ou moins sobres, plus ou moins laborieux.

Voilà ce que la civilisation, quelque parfaite qu'on la rêve, n'empêchera jamais, — et nous en avons pour garant une voix qui confirme, par son infaillibilité, les démonstrations de l'expérience et de la raison : *Pauperes semper habebitis inter vos.* — « Vous aurez toujours des indigents parmi vous. »

Mais si la civilisation ne peut supprimer ces inégalités, au moins peut-elle les adoucir, et c'est là le but des lois sociales ; — elle peut en prévenir ou en tempérer les conséquences funestes, — et c'est là l'objet des institutions de bienfaisance.

Disons-le cependant, cette intervention collective de la société, née elle-même dans les temps modernes, et sous l'empire tout spécial de la loi chrétienne, serait loin de pouvoir prévenir tous les excès produits par ces nécessités fatales et d'adoucir toutes les misères qui en naissent, si une charité plus ardente, plus active, plus universelle, n'assumait spontanément cette mission, — si des mains plus nombreuses ne s'ouvraient continuellement pour répandre plus abondamment les secours de toute espèce sur des souffrances de toute nature.

« Je n'ose vous dire, s'écriait cet hiver une voix animée du plus fervent esprit de charité évangélique, — quel nombre de malheureux seraient » *morts de faim* sans les secours que votre bienfai-» sance a mis ses dispensateurs à même de leur » répartir ! »

Je n'ose vous dire, — pourrait s'écrier avec la même raison celui qui s'est livré ici à la recherche de tout le bien qui s'accomplit dans le secret de la vie sociale, — dans quel désordre, dans quelles crises, dans quels abîmes roulerait la société, si les sources de tant de secours venaient subitement à se tarir !

III

Si les sociétés humaines offrent de tristes et navrants spectacles dans les nécessités fatales de leur nature, elles en offrent aussi de nobles et profondément consolants. On dirait qu'une infortune n'y apparaît que pour y appeler un dévouement, qu'un désordre n'y éclate que pour y faire briller une vertu.

C'est une lutte incessante, lutte merveilleuse de la lumière contre les ténèbres, — de la pitié contre la souffrance , — des plus courageuses sympathies contre les douleurs les plus repoussantes et des malheurs souvent trop mérités.

Quoi de plus admirable que de voir, de ces hautes sphères sociales, où la satisfaction de tous les besoins, la réalisation de tous les vœux semblaient isoler leurs heureux privilégiés dans les jouissances de l'égoïsme, quoi de plus touchant, disons-nous, que de voir au contraire descendre sur les classes inférieures, non seulement les secours, mais les soins les plus affectueux; — assistance généreuse qui porte le bien-être dans le dénûment, la guérison dans la maladie, la consolation dans le désespoir, la dignité dans l'abjection ! Aussi, voyez à quel ensemble merveilleux d'institutions, ou pour conserver à ces créations de la charité leur désignation spéciale, à quel ensemble merveilleux d'*Œuvres*, en sont arrivées ces associations! Tel est l'admirable réseau de secours dont elle enveloppe les classes souffrantes, qu'il n'est pas un seul instant de la vie du peuple sur lequel ne plane cette ingénieuse charité.

Ainsi, l'*enfant* n'est pas né, qu'elle le protége déjà dans le sein de sa mère ; elle veille à sa naissance, elle le reçoit dans les langes préparés d'avance par ses mains pieuses. C'est là l'œuvre des *Sociétés de Maternité*.

Elle fait plus, elle assure à l'enfant les bienfaits d'une naissance légitime, c'est-à-dire d'un état civil régulier; et pour cela, elle élève le commerce immoral dont il est né à la sainteté de l'union conjugale. Puis viennent les associations pour les *Crèches*, celles pour les *salles d'Asile*, et les autres *Œuvres* spéciales qui environnent ses premières années de leur vigilance et de leurs soins.

La *Jeunesse* ne suscite pas moins de dévouements que l'*Enfance*. La charité veille sur elle avec une sollicitude encore plus active. Elle joint d'abord ses *Écoles gratuites* aux écoles ouvertes par l'administration; ses *Sociétés d'apprentissages* vont plus loin, elles ajoutent à l'éducation qui moralise et à l'instruction, qui éclaire, l'enseignement professionnel qui nourrit Elle a ses *Ateliers* comme ses *Écoles*. Elle a son *Patronage* qui guide et son *Protectorat* dont l'affection relève et adoucit les bienfaits.

L'*Age mur* et la *Vieillesse* ne la trouvent pas moins secourable; elle aide et féconde le présent; elle prépare et soutient l'avenir; elle ne s'arrête pas même au lit de mort; — elle dérobe le cadavre du pauvre au scalpel, et va placer sur sa tombe le signe radieux de l'immortalité.

IV

Mais nous n'avons pas même esquissé cette merveilleuse diffusion de secours. En pénétrant plus profondément dans son organisation providentielle, nous verrons que, dans la diversité de misères et de souffrances qui forme le douloureux apanage de la nature humaine, il n'est pas une infirmité, pas une douleur à laquelle n'ait répondu un généreux dévouement. Le génie de la charité a tout deviné, tout découvert, tout prévu. Il pénètre partout où il peut trouver des souffrances à calmer, des cœurs à moraliser, des esprits à éclairer, des maladies corporelles ou morales à guérir.

V

Le malheur, c'est que cet admirable ensemble d'efforts généreux s'accomplit dans l'ombre. « Que ta main gauche ne sache pas ce que ta main droite a donné, » dit l'Écriture, en mettant l'âme en garde contre les fascinations de l'orgueil. Cette parole divine, semble avoir été si complétement prise à la lettre, qu'un voile mystérieux dérobe à tous les regards jusqu'à l'existence même de tant d'œuvres de dévouement. C'est là un autre excès.

Si l'homme ne doit pas s'enorgueillir du peu de bien qu'il est appelé à réaliser, cette prescription n'est que personnelle, elle atteint l'être individuel, elle ne s'étend pas aux multitudes; elle ne peut frapper les actes collectifs.

La révélation du bien opéré ne peut alors être de l'*orgueil;* c'est de l'*édification.* C'est une incitation puissante à ces actes mêmes dont le récit arrache aux cœurs les plus froids une admiration sympathique.

Et d'ailleurs, cette révélation offre des avantages plus salutaires et plus féconds encore. Le peuple ignore trop les sollicitudes incessantes dont la généreuse et modeste action enveloppe sa vie entière, il ignore trop tout ce que ses maux font naître de pitié, tout ce que ses misères excitent de sympathie dans l'âme de ces riches que le contraste frappant de leur vie semble le condamner à envier. Quelle est la conséquence de cette ignorance? C'est que, faute de connaître en combien de généreux efforts éclatent pour lui ces sympathies et cette pitié, l'envie se change très-souvent en irritation haineuse dans son cœur.

Et cela se conçoit. Dans l'existence des riches, des heureux du monde, il ne voit que ce qui éblouit ses yeux et ce qui contriste son cœur par la comparaison avec sa détresse. Il ne voit que la splendeur des équipages et des hôtels, que l'éclat des fêtes et des toilettes. Tout cela se déploie au grand jour, aux clartés de la vanité et du soleil. Mais, ce qu'il n'aperçoit pas, — c'est ce pied empressé qui glisse dans l'ombre, cette main libérale qui s'ouvre sous le voile, ce bienfait qui s'entoure de mystères, ce secours enfin qui plonge et disparaît dans le secret! Voilà ce qui, trop souvent, lui échappe, et s'il le découvre parfois, si sa propre expérience le lui révèle, il peut prendre alors pour l'exception ce qui est la généralité, — pour l'accident ce qui est cependant le fait normal.

V I

Eh bien! disons-le : c'est là un malheur..., car sait-on combien de catastrophes, combien de crimes une telle ignorance a pu produire? Combien de calamités la connaissance de la vérité eût pu prévenir?

Il faut que cette ignorance cesse, il faut que la vérité se fasse jour! Il faut que le peuple songe, en voyant cette jeune personne rieuse et parée, entrer le soir, avec sa mère, dans l'opulent hôtel où retentit la fête, il faut, disons-nous, qu'il songe au saint emploi de la journée, par lequel elle s'est préparée au plaisir. Il faut qu'il sache que ses mains ont souvent, pendant de longues heures, taillé et cousu les rudes étoffes du *vestiaire des pauvres*; il faut qu'il connaisse avec quelle aménité cordiale elle a visité l'ouvroir et l'atelier où la jeune fille indigente trouve le travail qui est la dignité du présent, et, sous la sauvegarde du travail, la moralité qui est le bonheur de l'avenir. Il faut qu'il apprenne, ce peuple pauvre, en voyant le brillant équipage emporter au Bois cette jeune femme élégante, que, non-seulement son luxe est la rosée fécondante du travail, — ce travail qui est sa richesse, — mais encore que, sur le prix de ces magnificences, elle a prélevé l'or nécessaire à la fondation et à l'entretien des bienfaisantes institutions dont il peut à chaque instant réclamer les secours, — depuis ces Écoles qui lui dispensent gratuitement l'instruction, jusqu'à ces Refuges qui ouvrent à sa vieillesse leurs ailes de sécurité et de repos !

VII

Dans cette révélation, dans cette édification est toute notre pensée : l'apaisement des passions, sous l'influence de la Charité ; — la destruction des préjugés haineux qui divisent les classes sociales, en leur cachant les liens qui les unissent ; — un doux échange de la Générosité et de la Reconnaissance assurant, par le bien-être du présent, la sécurité de l'avenir. Le but de ce livre est tracé dans ce magnifique élan de l'âme d'un apôtre de l'humanité : « Otez de mon cœur, ô mon Dieu ! la défiance, l'envie, la haine, tout ce qui peut altérer la charité et diminuer l'amour fraternel ! »

CHARITÉ A PARIS

PREMIÈRE PARTIE

L'ENFANCE

—

CHAPITRE PREMIER

SOCIÉTÉS DE CHARITÉ MATERNELLE

SOMMAIRE. — La charité mondaine. — Sociétés maternelles. — La femme enceinte. — Sociétés spéciales de secours. — Marie-Antoinette et la duchesse de Lamballe. — Fondation de la Société de Charité maternelle. — La révolution. — Patronage impérial. — Marie-Amélie. — L'Impératrice Eugénie. — Organisation de l'œuvre. — Dames administratrices. — Admission. — Secours. — Statistique. — Établissements publics. — Société de secours à domicile pour le soulagement des femmes enceintes. — Mme la duchesse de Reggio. — Patronage de S. A. R. Mme la duchesse de Berry — Mlle Giost. — La révolution de Juillet. — Le choléra. — Société des mères de famille. — Son organisation. — Ses bienfaits. — Coup d'œil statistique. — Société médicale d'accouchement. — Hospice de la maternité. — Port-Royal. — Mme Arnaud d'Andilly. — Société charitable de Saint-François-Régis. — Sa fondation. — Légitimation des mariages et des enfants.

Nous avons dit que, dans son active sollicitude, la charité des classes riches enveloppait de son action compatissante la vie du peuple tout entière ; ce n'était pas assez dire : l'enfant de l'indigent *n'est pas encore né* qu'il est déjà l'objet de sa tendre prévoyance; il ne vit pas encore de sa vie propre qu'il éprouve déjà l'influence bienfaisante de cette charité mondaine, par les soins qu'elle dispense à la mère.

On sait quels ménagements exige l'état de la femme dans les derniers mois de sa grossesse ; on connaît l'influence désastreuse qu'exerceraient sur la santé et sur la conformation de l'enfant des privations prolongées, ou l'excès du travail. La mère le sait elle-même... Mais que faire ? Le travail est la condition de son existence ; elle n'a d'autre ressource que lui. Elle n'a donc à choisir qu'entre ces deux périls : la privation ou la fatigue.

La charité l'a bien compris, et elle est venue l'arracher à cette alternative cruelle, en lui prodiguant, dans cette difficile et délicate transition, son assistance et ses bienfaits. Elle a senti qu'à une position spéciale, il fallait des secours spéciaux; aussi, indépendamment des institutions générales dont relèvent toutes les souffrances et toutes les misères du pauvre, a-t-elle organisé ces associations particulières, ces sociétés de charité naturelle, dont nous allons d'abord étudier le caractère, les attributions et les bienfaits.

La plus ancienne et à la fois la plus importante de ces œuvres est la *Société de Charité maternelle.* Sa création remonte au règne de Louis XVI. C'était en 1787 : la reine Marie-Antoinette, à qui la duchesse de Lamballe peignait le dénûment profond qui tarissait, ou empoisonnait la vie de l'enfant pauvre dans sa source même, la misère douloureuse où s'éteignaient souvent, à la fois, la mère et l'enfant, accueillit avec un tendre empressement l'idée de cette institution, qui fut immédiatement fondée. La Révolution dispersa la plupart de ses membres sans la détruire ; l'affaiblissement de ses ressources limita seulement l'étendue de ses secours. Elle trouva ainsi, dans son utilité même, la force de survivre à nos troubles civils. L'empereur Napoléon Ier lui infiltra une vie nouvelle, en la plaçant sous le patronage de l'impératrice et en lui attribuant, en 1810, une dotation de 100,000 francs. Son avenir était dès lors assuré. Chaque année la vit étendre ses bienfaits : 1830 lui donna, dans la reine Marie-Amélie, l'auguste patronage qu'elle a retrouvé, par le décret du 2 février 1853, dans la personne de l'impératrice Eugénie. Son existence a, dans ces derniers temps, reçu une impulsion plus féconde ; la charité lui crée incessamment des ressources nouvelles, et lui donne l'espoir de pouvoir élever bientôt ses secours jusqu'au niveau des besoins.

Voilà l'histoire de la *Société de Charité maternelle* ; son organisation est aussi simple que rationnelle : elle est formée d'un nombre illimité de souscripteurs, mères de famille pour la plupart. Elle est représentée par une présidente, trois vice-présidentes, un trésorier et un conseil de quatre-vingts dames (quatre pour chacun des vingt arrondissements). Sa Majesté l'Impératrice en est la présidente. Les vice-présidentes sont : Mme la marquise de Lillers, Mme la duchesse de Bassano, Mme Baradère et Mme Guerbois, dame secrétaire. M. Devalois est le trésorier. Chacune de ces dames administratrices est chargée d'un quartier de Paris. C'est à elle que doivent s'adresser les pauvres mères de famille de son ressort qui désirent recevoir les secours de la Société. Elles ont à prouver qu'elles sont mariées, qu'elles sont inscrites au bureau de bienfaisance, et enfin qu'elles sont mères d'au moins trois enfants. La dame patronesse, après s'être assurée de la réalité de cette situation, adresse un rapport au conseil, qui statue sur l'admission. Cette admission prononcée, un crédit de 80 francs est ouvert à la dame du quartier, qui reste libre d'en user de la manière la plus utile à sa destination. La femme secourue reçoit habituellement une layette, une indemnité mensuelle de 5 francs pendant dix mois, et un secours à la fin de l'allaitement. Par la façon dont ces secours sont administrés, on le comprend, c'est peut-être moins encore une bienfaitrice qu'une amie que la pauvre mère trouve dans cette femme du monde qui la visite dans son humble réduit, et qui, après lui avoir prodigué des consolations et des conseils, devient souvent une protectrice pour son avenir. — Le nombre des mères de famille que cette institution assiste chaque année flotte entre neuf cents et mille.

Les ressources de la *Société de Charité maternelle* consistent en une dotation, que le don de 25,000 francs fait par l'Impératrice, à l'occasion de son mariage, élève aujourd'hui à 13,528 francs de rente, et en allocations annuelles qu'elle reçoit du ministère de l'intérieur et de la ville de Paris; enfin, en cotisations et souscriptions.

On conçoit l'influence puissante que cette institution exerce sur la moralité publique et les nombreux abandons d'enfants qu'elle prévient. Elle ravive dans le cœur de la femme tous les sentiments de la maternité, lorsque ces sentiments y sont affaiblis ou éteints, en lui imposant l'obligation d'allaiter son enfant. Quelle mère pourrait ensuite abandonner l'enfant qu'elle a nourri de son lait pendant une année? Est-ce qu'elle a pu le presser aussi longtemps sur son sein sans que son cœur se soit attendri à ce doux contact, et sans que d'invisibles liens d'amour aient à jamais attaché ces deux existences?

Le pas réalisé par cette association était immense, moins encore par le bien même qu'elle accomplissait que par la voie nouvelle qu'elle ouvrait à la bienfaisance. En effet, avant sa fondation, la charité n'avait rien fait pour cette partie si intéressante des classes pauvres : les femmes enceintes. L'initiative de Marie-Antoinette s'est élargie, complétée, et l'institution, toujours patronnée par les souverains du pays, est aujourd'hui l'une des plus efficaces que le pauvre doive à la *charité privée.*

Certes, il est bien loin de notre pensée de vouloir atténuer au profit des œuvres privées l'importance du grand établissement de maternité ouvert à l'indigence par l'État ; mais ce vaste asile, dont les trois cent cinquante lits reçoivent, chaque année, près de trois mille femmes enceintes, se trouve fermé, par la nature même de son institution, à la partie de ces infortunées qui a le plus de droits à la commisération et à l'intérêt public. La jeune femme sans enfants peut, dans son indigence, aller y demander un refuge et des soins inappréciables pour sa pauvreté ; mais est-ce possible à la mère de famille ? Ne lui est-il pas interdit, par le fait même qui lui donne tant de droits à l'assistance et qui le lui rendrait plus utile ? Voilà les dénûments cruels que la Société de Charité maternelle est appelée à secourir.

Mais l'on sent que les limites étroites dans lesquelles l'insuffisance de ses ressources l'a forcée de renfermer son action laissent un grand nombre de misères en dehors du cercle de ses bienfaits. Une mère doit avoir trois enfants au moins pour être admise à ses secours. Que de malheureuses, retenues dans leurs mansardes par les liens de la famille, se trouvent abandonnées, sans ressources, aux tortures de l'enfantement, aggravées par toutes les angoisses de la misère !

Une personne à qui ses visites de charité avaient révélé les douloureux mystères de la vie du peuple, songea, en 1828, à combler la lacune que la Société de Charité maternelle laissait entre elle et le grand établissement créé dans l'ancienne enceinte monastique de Port-Royal. Elle soumit cette pensée à la maréchale duchesse de Reggio, en lui peignant, en traits si vifs, les scènes désolantes dont, chaque jour, elle était témoin, que la maréchale s'en fit la généreuse propagatrice, jusque sur les marches du trône. La duchesse de Bérry accueillit l'institution en projet avec le plus vif empressement. Elle n'en accepta pas seulement le patronage, elle s'en fit la zélatrice. Cette œuvre, qui prit le titre de *Société de secours à domicile pour le soulagement des femmes enceintes*, compta bientôt, sur la liste de ses membres, les noms les plus illustres de l'armorial de France ; Mme Giost, qui en avait conçu la pensée, en fut nommée directrice. Sous son habile administration, l'œuvre sembla réaliser chaque jour un progrès. Toutes les femmes qui réclamaient une assistance étaient secourues et visitées, des barcelonnettes et de petits trousseaux étaient préparés pour les enfants, des médecins et des sages-femmes étaient mis à la disposition des mères. Si l'accouchée manquait de linge, la Société lui prêtait tout ce qui pouvait lui être utile. Elle ouvrit même, en 1829, une maison de 30 lits, rue du Bac. En 1830, le nombre des femmes qu'elle assistait s'élevait annuellement à près de 1,500 !

On le voit, c'était le même succès qu'avait obtenu quarante auparavant la *Société de Charité maternelle*.

L'une et l'autre devaient trouver cet heureux essor sous la protection des grands cœurs qui avaient secondé leur prospérité de tout leur dévouement. Mais l'une et l'autre aussi devaient voir leurs destinées compromises par des orages. La révolution de 1830 ne fut pas moins fatale à *l'Association pour le soulagement des femmes enceintes*, que celle de 1789 ne l'avait été à la *Société de Charité maternelle*. Ses fondateurs se trouvèrent dispersés par la tempête qui emporta dans l'exil sa protectrice.

Le choléra compléta l'œuvre des révolutions ; l'association non-seulement vit ses progrès arrêtés, mais elle vit aussi son avenir compromis par l'anéantissement presque complet de ses ressources. Si son existence se prolongea à travers cette crise, ce fut grâce au dévoument de la directrice et de quelques femmes généreuses qui avaient trop profondément apprécié l'importance et l'urgence du bien réalisé par cette institution pour ne pas s'efforcer de lui faire traverser, au prix des plus grands sacrifices, l'épreuve difficile qu'elle subissait. Cependant le temps s'écoulait, et les hôtels du faubourg Saint-Germain restaient déserts... La Société dont nous retraçons la rapide histoire voyait approcher le jour fatal où il lui faudrait devoir résigner sa mission et suspendre ses secours...

Elle n'eut pas à essuyer cette nécessité cruelle. Les besoins dont elle était née avaient un caractère si impérieux, qu'elle n'avait pu restreindre progressivement la dispensation de ses soins et de ses bienfaits sans que les souffrances et les misères qu'elle cessait de secourir n'éclatassent en plaintes amères, de nature à soulever un nouveau concours d'efforts généreux.

En effet, une Société nouvelle s'organisa pour suppléer à celle qu'avait frappée dans les nécessités matérielles de son existence la dispersion de ses fondateurs : ce fut la *Société des Mères de famille*. L'Association pour le soulagement des femmes enceintes le comprit, et vint se fondre dans ses statuts.

La Société des Mères de famille dont la fondation remonte à 1835, a aujourd'húi pour présidente, Mᵐᵉ Danloux du Mesnil, et pour trésorière, Mᵐᵉ Badenier. Son objet est identiquement le même que celui de l'association dont elle a recueilli les derniers éléments. Sa caisse, formée des souscriptions des dames qui la composent, accorde des secours à toutes les mères de famille enceintes qui ne se trouvent point dans les conditions impérieusement exigées pour recevoir les bienfaits de la *Société de Charité maternelle*. Ces secours consistent en berceaux, en layettes, en bons de pain ou de viande, et en effets de coucher ou d'habillement. Les dames patronesses joignent à ces secours des soins personnels et d'affectueux témoignages qui en doublent le prix. Elles visitent leurs pauvres clientes, dans les tristes réduits dont elles assurent autant que possible la salubrité par leurs conseils et, au besoin, en y faisant exécuter les réparations les plus urgentes; elles les consolent, les encouragent, leur prodiguent ces soins et ces mille petits services que le riche et le puissant peuvent toujours rendre au faible et à l'indigent. Le nombre des femmes qu'elles assistent dépasse généralement 1,000 par année. Cette société reçoit des subventions de l'État, de la ville de Paris et de la cassette de l'Impératrice, sous le haut patronage de laquelle elle s'est trouvée placée, comme toutes les autres associations de charité maternelle, par le décret du 2 février 1853.

A ces institutions viennent se joindre les œuvres qui ont pour objet spécial d'assurer à la femme enceinte les secours de la science au moment de sa délivrance, et telle est la *Société médicale d'accouchement,* qui se forma, en 1836, sous la protection de la reine Amélie. Cette association est composée de médecins, de chirurgiens et de sages-femmes qui, dans chaque quartier, se mettent gratuitement à la disposition des femmes du peuple réclamant les secours de leur art. L'œuvre leur fournit, de plus, les médicaments que nécessite leur état. Les bureaux de bienfaisance, l'administration des hospices, la Reine jadis, et aujourd'hui l'Impératrice, en couvrent concurremment tous les frais.

Nous ne pouvons laisser l'hospice de la Maternité, ce vaste et précieux établissement qui occupe aujourd'hui une grande partie des édifices de l'abbaye de Port-Royal, en dehors de ces recherches et de cette constatation des bienfaits de la charité mondaine ; car s'il relève aujourd'hui de l'administration publique, il n'en est pas moins une création de bienfaisance privée. En effet, ce fut Catherine Marion, veuve d'Arnaud d'Andilly, qui fonda, en 1625, ses cinq cent vingt-cinq lits.

On y accueille, pour faire ses couches, toute femme qui s'y présente dans le huitième mois de sa grossesse, ou qui se trouve en péril d'accoucher avant terme. Elle y reçoit les soins des hommes de l'art les plus réputés. Les médecins de la maison, sont MM. Moreau et Gérardin ; les chirurgiens, MM. Dubois et Danyau. Mmes Charrier et Legrand sont les sages-femmes en chef.

L'accouchée n'en sort que neuf jours après sa délivrance. On donne à l'enfant le nom qu'indique sa mère. Si elle le garde, elle reçoit une layette et des secours, dont un généreux philanthrope, M. de Montyon, a fondé la caisse. L'administration y ajoute le prix du premier mois de nourrice, quand la mère n'allaite pas elle-même.

C'est ainsi que l'enfant du peuple est, *avant sa naissance*, l'objet de la plus tendre sollicitude de la part de ces classes qui ne semblent préoccupées que de leurs intérêts et de leurs plaisirs. Il reçoit déjà, dans le sein de sa mère, les soins affectueux de leur dévouement, alors qu'il n'a encore d'autre vie que la sienne, le même sang faisant battre leurs deux cœurs. Quand il naît, c'est dans leurs mains qu'il est reçu, ce sont les langes qu'elles lui ont préparés qui l'enveloppent, c'est dans le berceau qu'elles lui ont dressé qu'il repose. Elles lui ont assuré tous les soins d'une tendre vigilance, tous les secours de l'industrie et de l'art.

Mais ce n'est pas tout; cet enfant n'est pas seulement une faible créature soumise aux besoins naturels, c'est le membre d'une société et, à ce titre, il attend une position régulière, un état civil; c'est un être intelligent, et il faut lui assurer cette alimentation morale aussi nécessaire à son cœur que l'alimentation matérielle l'est à sa vie.

Or, c'est précisément ce qu'il ne trouvait pas toujours sous le toit paternel. Au sein de cette facilité de mœurs qui règne trop fréquemment dans les classes indigentes, les unions coupables dont il est issu n'ont reçu ni consécration religieuse, ni sanction civile. Les fruits du concubinage sont donc la bâtardise. Au lieu de trouver à sa naissance la position, le nom et les avantages que la loi assure au fils légitime, cet enfant n'y rencontre qu'un état irrégulier et parfois incertain, qu'un nom souvent douteux, que des droits contestables et toujours réduits. Le pauvre enfant, né dans le désordre, sucera la corruption avec le lait maternel; ses premiers regards ne rencontreront que le scandale, son intelligence aura pour premiers enseignements les leçons pratiques du vice, et il se trouvera, ainsi dégradé moralement, jeté au milieu d'une société qui le regardera et le traitera en ilote ! Quel avenir peut sortir, d'un pareil présent?

Mais rassurez-vous, la charité veille... et, nous l'avons dit : à toute douleur, elle a trouvé un remède. Une Société s'est formée pour conjurer ces excès et prévenir ces malheurs : *la Société charitable de Saint-François-Régis*. L'enfant aura une famille; il respirera l'air salubre du devoir, dans le foyer domestique rasséréné par le rayon de la vie morale !

La fondation de cette Société remonte à l'année 1826. Un de ces magistrats vénérables qui personnifient en eux la loi dans ce qu'elle a de plus élevé, et aussi de plus tendre , M. Gossin, en trouva la pensée dans la vue de ces unions sans autre lien que l'attrait des instincts charnels; unions, ou plutôt rapprochements brutaux, où il y a un père, une mère, des enfants... et pas de famille !

Il forma le projet d'employer tous ses efforts pour tarir les désordres et les malheurs qui jaillissent de cette source déplorable, et la *Société charitable de Saint-François-Régis* fut fondée.

Son but est de provoquer et de faciliter le mariage civil et religieux des pauvres, et particulièrement de ceux qui vivent en état de concubinage. Bien des difficultés s'opposèrent et s'opposent encore à son action; sa marche et ses progrès rencontrent bien des obstacles. Faire entendre dans ces intérieurs ardents et désordonnés la voix froide et calme de la raison n'est pas le succès d'un jour; ce n'est que par d'ingénieux détours qu'on peut arriver à soumettre ces volontés, acclimatées dans le désordre, aux austères inspirations du devoir; car il ne suffit pas d'éclairer l'esprit, il faut encore captiver le cœur. Puis s'offrent les difficultés secondaires, matérielles, qui sont quelquefois des motifs, et souvent des prétextes pour reculer, pour ajourner l'acte réparateur : il faut se procurer les pièces indispensables, accomplir les formalités prescrites par les lois, trouver l'argent nécessaire pour la solennité. Or c'est tout cela qu'accomplit la Société ! Après avoir triomphé de l'esprit et conquis le cœur, elle réunit tous les papiers et toutes les autorisations exigées, elle veille à l'accomplissement de toutes les solennités dont la loi civile et religieuse entoure ce grand acte, faisant toutes les démarches, payant toutes les dépenses. Les membres qui ont pris l'initiative de l'union réparatrice, se chargent même le plus souvent des frais du modeste banquet, qui est la fête de la famille régénérée...

Tant de généreux efforts ont obtenu la plus douce récompense que pût ambitionner cette œuvre moralisatrice, c'est-à-dire le succès. Chaque année la voit réaliser un nouveau progrès : de 1825 à 1853, elle avait introduit l'ordre, et avec des mœurs plus pures une existence plus heureuse, dans 26,685 ménages, contribué puissamment à rendre aux habitudes calmes et sereines d'une vie régulière 53,370 individus, et légitimé plus de 18,000 enfants ! Depuis cette époque, elle fait célébrer chaque année de 1200 à 1500 mariages civils et religieux, et environ 1000 enfants lui doivent ainsi une famille.

Les résultats obtenus jusqu'au 31 décembre 1859 se résumaient en ces chiffres :

37,861 mariages réalisés, 22,030 enfants légitimés, c'est-à-dire 97,752 individus rétablis (ou près de l'être) dans une position régulière et morale.

Cette société, dont le siége et les bureaux sont établis rue du Gindre, nº 31, a pour président M. Hardoin, conseiller à la Cour de cassation, rue de Condé, nº 20 ; pour vice-président M. Léon Gossin, rue Garancière, 10 ; et pour secrétaire M. Delagroüe, rue de l'École-de-Médecine, 67. Elle est de plus placée sous le patronage de monseigneur Blanquart de Bailleul, ancien archevêque de Rouen, et de M. Hamon, curé de Saint-Sulpice, ses conseillers d'honneur. Elle a pour trésorier M. A. Chrestien de Lihus, ancien notaire, rue Royale-Saint-Honoré, nº 20.

Une telle institution était trop utile pour ne pas devenir féconde. Aussi a-t-elle suscité dans toute la France les rivalités les plus généreuses. Dans chaque département se multiplient, tous les ans, des associations semblables. Ces œuvres opèrent aussitôt dans leur sphère la moisson de bien et de bonnes mœurs que Paris, grâce à la société mère, voit se développer dans sa population indigente.

CHAPITRE II

SOCIÉTÉS POUR L'ADOPTION ET LE PATRONAGE DES ENFANTS TROUVÉS

SOMMAIRE. — La misère et le vice. — La charité et la nature. — Législation ancienne sur les enfants nouveau-nés. — Grèce. — Rome. — Premiers siècles du christianisme. — Conciles. — Asile pour les enfants trouvés. — Ordre hospitalier du Saint-Esprit. — Montpellier. — Paris. — Hôpital des Enfants-Rouges. — Enfants abandonnés. — Chapitre épiscopal de Paris. — Maison de la Crèche. — Maison de la Couche. — Saint Vincent de Paul. — Jeanne de Marillac. — Le Journal de la maison hospitalière. — L'établissement naissant en péril. — Une assemblée générale. — L'éloquence du cœur. — Le château de Bicêtre. — Société de Saint-François-Régis. — Naissances mystérieuses. — Doubles régénérations. — Dames de charité. — Société de Saint-Vincent de Paul. — Assistance préventive. — Société d'adoption pour les enfants trouvés. — Établissement de Menil-Saint-Firmin. — Colonies agricoles.

Le plus grand malheur que l'enfant puisse rencontrer au seuil de la vie n'est pas la misère, c'est le vice.

La misère, du moins, n'a pas à rougir de son dénûment; elle appelle la sympathie, elle a droit à la pitié. Nous avons vu la charité venir s'asseoir auprès d'elle et entourer de ses soins affectueux l'enfant et la mère. Il en est tout différemment à l'égard de l'enfant qui naît dans le désordre. Il devient pour sa mère une accusation vivante. Aux cœurs dépravés la voix de l'intérêt personnel parle plus haut que celle de la nature. Il faut que la fille-mère dérobe aux regards, aux soupçons même, ce fruit de ses entrailles qui devrait être son orgueil, et qui est sa honte! Elle doit étouffer dans son âme le sentiment le plus puissant, le plus profond, le plus viscéral de la femme : l'amour maternel. La fille coupable est punie dans la mère; elle a conçu dans le vice, elle enfantera dans le crime. Cet enfant dont elle rougit, il faut qu'elle s'en sépare, qu'elle le rejette, qu'elle l'expose, dût-il disparaître dans la mort. Voilà l'histoire de l'enfant trouvé. L'opprobre et le malheur sont la dot qu'il reçoit de sa naissance. Ce n'était pas assez de la tache de l'illégitimité, le voilà qui naît orphelin.

Heureusement qu'ici la charité veille encore : elle pansera la plaie cachée avec le même dévouement qu'elle a mis à adoucir la souffrance connue. Des sociétés se sont formées pour entourer de soins l'enfant recevant le jour dans les détresses de l'indigence. Il s'en formera d'autres pour envelopper de sollicitudes l'enfant qui naît dans le mystère; pauvre orphelin abandonné sur la pierre, comme l'épave jetée par le flot sur la rive. La charité lui rendra ce que lui refuse la nature : une mère.

Mais avant de rechercher et d'étudier les œuvres pieuses créées par la bienfaisance privée pour le soulagement de ces misères, reportons nos regards dans le passé, car c'est là que commence son intervention salutaire. C'est elle qui, sous l'inspiration d'une morale évangélique, a transformé en mandat de pitié et d'amour la loi barbare que l'antiquité faisait peser sur l'enfant.

« Avant que le christianisme n'eût réhabilité la dignité humaine méconnue dans le malheur, dit M. A. de Magnitot [1], avant qu'il n'eût inspiré cette vertu qui consacre comme une obligation le soulagement de toutes les souffrances, et promulgué ce grand commandement de l'amour du prochain qui a régénéré la société, l'avortement, l'infanticide et l'abandon n'étaient l'objet d'aucune réprobation. » Sous l'empire de ces mœurs sauvages, le père pouvait tuer, vendre, ou exposer ses enfants. La législation allait plus loin, elle ne tolérait pas seulement de tels excès, elle les prescrivait; la loi de Lycurgue, qui était un adoucissement à celle de Dracon, ordonnait d'exposer les enfants nés difformes ou avec un tempérament faible [2]. Les institutions pourvoyaient à ce que le nombre des naissances n'excédât point les ressources alimentaires de l'État. « La limitation légale du nombre des citoyens, dit Letrône, paraît avoir fait la base des gouvernements de la Grèce [3]. »

Et ce n'étaient pas là seulement des mesures prises par les législateurs, sous ce qu'ils pouvaient regarder comme le dur empire de la nécessité, c'était également l'opinion réfléchie des philosophes. « C'est à la loi,

---

[1] *De l'Assistance et de l'Extinction de la mendicité*, par **M. A. de Magnitot**, préfet de la Nièvre, in-8, p. 256.

[2] Plutarque, *Lycurgue*, XVI.

[3] Letrône, *Mémoires de l'Académie des inscriptions et belles-lettres*, t. VI, p. 186.

déclare Aristote, à statuer quels sont les enfants qu'on doit nourrir, ou vouer à la mort par l'abandon [1] », et Platon lui-même recommande, dans sa république idéale, de régler l'équilibre des morts et des naissances de manière à ce que la population ne se développe ni ne diminue [2]; pondération dont le régulateur était le célibat ou l'infanticide. Rome emprunte ses lois à la Grèce : si l'enfant échappe à la mort naturelle c'est pour tomber dans la mort civile ; il devient l'esclave de celui qui le recueille et l'élève. La voix du christianisme retentit enfin pour flétrir ces crimes. Mais longtemps elle lutta impuissante contre ces odieux abus, que ne purent même extirper les lois les plus sévères. Les conciles ne durent songer qu'à en conjurer les conséquences funèbres; ils engagèrent chaleureusement les parents à déposer les enfants à la porte des églises, et firent appel à la charité publique pour l'adoption de ces malheureux.

La France eut la gloire d'ouvrir, la première, un asile à ces petits infortunés. Un saint évêque en fut le fondateur. L'histoire d'Angers rapporte, en effet, que le bienheureux Mainbœuf qui, au septième siècle, y occupait le siége épiscopal, établit, dans cette ville, un hospice où ces orphelins trouvaient en lui un père. Cette mission de religion et d'humanité suscita même des concerts d'efforts dont on retrouve la trace dans les chroniques de plusieurs de nos provinces. Ainsi il existait, en Bourgogne, vers le dixième siècle, une association charitable dont le but était de secourir

[1] Aristote, *Politique*, VIII, 3.
[2] Platon, *République*, V.

les enfants abandonnés. Montpellier vit naître, dans le siècle suivant, l'ordre hospitalier du Saint-Esprit, qui, d'après sa règle, était voué au soin des enfants abandonnés et des pauvres malades. Une institution semblable fut fondée et convenablement dotée, *competenter dotata*[1], par la bourgeoisie parisienne sous l'épiscopat de Jean de Meulan. Cet établissement érigé, place de Grève, sous le nom d'*hospice du Saint-Esprit*, recevait d'abord tous les enfants abandonnés ; ce ne fut que postérieurement, et sur une ordonnance précise de Charles VII, qu'il admit de préférence les enfants nés d'un mariage légitime, et dont l'âge était au-dessous de neuf ans : *pupilli et orphani utriusque sexus saltim de legitimo matrimonio procreati*[2].

Cette restriction, qui semble si opposée au but d'humanité que s'étaient proposé les fondateurs de cet asile, se trouve expliquée par une autre ordonnance du même règne. « En prodiguant l'aumône aux enfants illégitimes, porte-t-elle, il pourroit advenir qu'il y en auroit si grande quantité parce que moult gens s'abandonneroient et feroient moins de difficulté de s'abandonner à pécher quand ils verroient que tels enfants seroient nourris davantage, et qu'ils n'en auroient pas la charge entière et sollicitude, que tels hospitaux ne les sauroient, ne pourroient porter ne soutenir[3]. » Ainsi, la crainte de favoriser le libertinage fut le motif qui détermina le prince à détourner cette in-

---

[1] Félibien, *Histoire de Paris*, t. Ier, p. 648.

[2] *Ordonnances des rois de France*, vol. XIII, p. 264.

[3] *Ibid.*, p. 265.

stitution pieuse du but principal que s'étaient proposé ses fondateurs.

Auprès de cet établissement, érigé par le mouvement spontané de la bienfaisance privée, il ne tarda pas à s'en fonder d'autres qui, bien que soutenus en partie par des dotations particulières, avaient une origine officielle.

L'*hospice des Enfants-Rouges*, fondé en 1536, par Marguerite de Valois, reine de Navarre, *la Marguerite des Marguerites*, et par son frère, François Ier, recueillait tous les enfants abandonnés dont les parents étaient reçus ou mouraient à l'Hôtel-Dieu, à l'exception toutefois de ceux qui, nés et baptisés à Paris, devaient être transférés à l'*hospice du Saint-Esprit*. Ces orphelins reçurent d'abord le nom des *Enfants-Dieu*, puis le surnom des *Enfants-Rouges*, emprunté à la couleur de leurs vêtements ; cette dernière appellation resta leur nom définitif, comme celui des *Enfants-Bleus* devint la désignation sous laquelle furent connus les orphelins de *l'hospice du Saint-Esprit*.

Ainsi s'étaient glissés des inégalités et des priviléges jusque dans ces profondeurs perdues de la vie sociale. Égaux devant le malheur, ces pauvres enfants, rebuts douloureux de la misère, ne l'étaient pas devant l'assistance gouvernementale. Elle faisait son choix, et établissait ses catégories ; elle reconnaissait des enfants légitimes et des bâtards entre ces petits malheureux à qui ne devaient sourire nulles autres lèvres maternelles que celles de la charité. Elle ne permettait pas même à cette mère divine de les confondre dans les soins d'un commun amour. Créé par la bienfaisance privée, l'hospice du Saint-Esprit ne pouvait recevoir comme l'hospice de la rue Porte-Foin, érigé par la munificence royale, que les classes d'enfants légitimes, mis à la charge de sa maison.

Mais les bâtards que devenaient-ils ?

Conformément aux recommandations des anciens conciles, c'était à la porte des églises, et particulièrement à celle de Notre-Dame, qu'étaient exposés à la commisération publique les enfants abandonnés. Aussi les trouvons-nous appelés *les pauvres enfants trouvés de Notre-Dame*, dans un legs que leur fait, par son testament, la reine Isabelle de Bavière, femme de Charles VI. La pitié n'avait point là à rechercher d'origines, elle cédait aux battements de son cœur. Ceux dont les vagissements ne trouvaient point d'écho dans une âme émue, étaient recueillis par l'évêque et le chapitre, qui les élevaient avec le concours de la charité publique. Ils leur affectèrent d'abord pour asile une maison avec quelques dépendances, situées près du Fort-l'Évêque ; ils furent ensuite transférés à l'hôpital de la Trinité ; puis, en 1570, dans deux maisons sises au port Saint-Landri, et appartenant au chapitre de Notre-Dame. Ce nouvel établissement reçut, par un poétique et saint rapprochement, le nom de *Maison de la Crèche*.

Une vieille dame, veuve ou célibataire, était chargée avec quelques servantes de la tenue et de l'administration de cet asile.

Un grand berceau, placé à la porte de la cathédrale, recevait, aux heures des offices, quelques-uns de ces enfants, et près d'eux une des sœurs hospitalières dont la voix faisait appel à la pieuse libéralité des fidèles :

« Faites du bien à ces pauvres enfants trouvés, » disait-elle aux passants en leur montrant les petits abandonnés, vagissant dans le berceau.

Quelques quêtes ajoutaient à ces faibles ressources, et le chapitre épiscopal subvenait pour le reste.

« *Le chapitre*, dit François Ier, dans des lettres patentes du mois de janvier 1536, *avait coutume de recevoir et de faire nourrir les bâtards pour l'honneur de Dieu.* »

Le chapitre se fatigua de cet état de choses, dont il ne devait point supporter intégralement les charges. D'après un ancien usage, c'était aux seigneurs hauts-justiciers de la ville de Paris qu'incombait l'entretien des enfants trouvés ; or, l'évêque et le chapitre de la capitale partageaient le privilége de cette juridiction avec quatorze autres titulaires. Un procès s'ensuivit, le litige fut résolu par un arrêt du parlement, qui condamna tous les seigneurs justiciers à concourir, proportionnellement à l'étendue et à l'importance de leur ressort, à l'entretien des enfants trouvés, jusqu'à concurrence d'une rente de 960 livres.

Cette somme était manifestement insuffisante; aussi, loin d'eméliorer la situation, cette sentence ne fit-elle que la rendre plus difficile, l'évêque et son chapitre ayant renfermé leurs secours dans l'attribution qui leur avait été faite par le parlement. Cette solution judiciaire eut des conséquences plus déplorables encore. Chacun des contribuants ayant évité d'intervenir administrativement, dans la crainte de se trouver dominé par des nécessités, le désordre survint et enfanta à la longue les plus criminels abus. Le mal était arrivé à son comble. Les maisons du port Saint-Landri étaient devenues des bouges sous l'administration d'une directrice sordidement avide et de deux servantes dignes, par leur dureté, de la cupidité de leur maîtresse. La mort moissonnait, coup sur coup, les pauvres enfants confiés à leurs soins ; et s'ils échappaient aux rudes épreuves de cette vie de misère, ce n'était trop souvent que pour devenir l'objet des trafics les plus odieux. Mais la charité chrétienne leur avait suscité des libérateurs. Laissons le biographe de Vincent de Paul raconter dans quel état les trouva le pieux philanthrope ; nous dirons ensuite par quel dévouement les en arracha cet homme apostolique.

« Les unes, dit l'historien, leur faisaient teter des femmes gâtées, dont le lait corrompu insinuait dans leurs veines la contagion et la mort ; d'autres les substituaient aux vrais enfants de famille, morts faute de soins. On a même su que plusieurs avaient été égorgés pour servir, soit à des opérations magiques, soit à ces bains sanglants que la fureur de vivre a quelquefois inventés. »

Vincent de Paul se sentit profondément ému par la connaissance de ces malheurs ; il résolut d'y mettre un terme. Mais que faire ?... Il connaissait quelques dames pieuses ; il eut la bonne pensée de les associer à ses projets. Il leur exposa, d'une manière si touchante, la misère profonde à laquelle ces pauvres orphelins étaient abandonnés, que toutes, après avoir visité ce sombre repaire de souffrances, résolurent de se mettre immédiatement à l'œuvre pour limiter, resserrer le mal, en attendant qu'on pût le guérir. Vincent de Paul anima ce pieux empressement de tout son zèle. Ces dames, ne pouvant se charger immédiatement de tous ces enfants, décidèrent d'en adopter d'abord quelques-uns, en veillant à ce que l'allégement dont allait profiter la maison hospitalière se répartît en soins sur les autres. Elles en prirent douze et, par une adorable délicatesse de cette charité sainte qui, devant les droits sacrés du malheur, craint de voir la partialité d'un sentiment personnel se glisser dans la répartition du bienfait, elles tirèrent au sort les noms de ces malheureux, laissant leur désignation à la Providence.

Une maison fut louée à la porte Saint-Victor ; et Jeanne de Marillac, fille de Louis de Marillac, sieur de Ferrières, veuve d'Antoine Le Gras, secrétaire de Marie de Médicis, vint s'établir dans cette maison avec des Filles de Charité, pour prendre soin de ces petits malheureux.

Tous les efforts du saint et de ses pieuses compagnes ne tendirent dès lors qu'à développer cet établissement naissant. Chaque jour, au fur et à mesure de l'augmentation de ses ressources, le sort lui désignait des hôtes nouveaux. Vincent de Paul ne se fatiguait pas de faire appel au cœur des dames les plus riches : la cour et la ville multiplièrent à l'envi leurs souscriptions et bientôt tous les orphelins de l'abandon se trouvèrent réunis en une seule famille.

Ce succès ne faisait que stimuler le zèle de l'homme saint ; rien ne lui coûtait pour prévenir, pour adoucir les souffrances de ces pauvres enfants, devenus la plus profonde sollicitude de sa vie ; on le voyait parcourir pieusement chaque nuit les lieux où ils étaient habituellement exposés ; plus le temps était dur, plus les intempéries étaient sévères, et plus il apportait de vigilance et d'exactitude dans ses explorations nocturnes. Le journal de la maison hospitalière, écrit chaque soir par les saintes femmes qui s'étaient vouées à cette œuvre de miséricorde, est le monument le plus éloquent qui ait été élevé à la charité. Quel commentaire n'affaiblirait la simplicité sublime de ces notes courantes !

... « 22 janvier. — M. Vincent est arrivé vers les onze heures du soir ; il nous a apporté deux enfants ; l'un peut avoir dix jours, l'autre est plus âgé : ils pleuraient, les pauvres petits !... Madame la supérieure les a confiés à des nourrices... »

... « 26 janvier. — Le pauvre M. Vincent est transi de froid. Il nous arrive avec un enfant ; mais il est déjà sevré celui-là ; cela fait pitié de le voir ! Il a des cheveux blonds, une marque à son bras. Mon Dieu ! mon Dieu ! qu'il faut avoir le cœur dur pour abandonner ainsi une pauvre petite créature ! »

... « 7 février. — L'air est bien vif. M. Vincent est venu visiter notre communauté. Ce saint homme est toujours à pied. La supérieure lui a offert de se reposer ; il a couru bien vite à ses petits enfants. C'est merveilleux d'entendre ses douces paroles, ses belles consolations ! Ces petites créatures l'écoutent comme leur père. Oh ! qu'il le mérite bien ce bon M. Vincent ! J'ai vu aujourd'hui ses larmes couler ; un de nos petits est mort : C'est un ange, s'est-il écrié, mais il est bien dur de ne plus le voir ! »

Cependant une crise se développa dans les finances publiques. La perturbation dont elle frappa les intérêts fut si profonde, que beaucoup des personnes qui s'étaient associées à cette œuvre pieuse songèrent à se soustraire aux obligations qu'elles s'étaient imposées, et prévinrent le vénérable prêtre de l'impossibilité où elles se trouvaient de continuer ces sacrifices. Derrière ces voix murmuraient celles des familles.

La situation était grave ; l'établissement ancien se trouvait détruit, et le nouveau se voyait brusquement menacé dans son existence. D'un autre côté, la position des **femmes pieuses qui, cédant aux entraînements de la** charité, avaient contracté des engagements onéreux était des plus délicates. Vincent de Paul convoqua une assemblée générale des fondatrices de l'œuvre. Tous les noms les plus illustres dans les annales de l'État comme dans celles de la bienfaisance, les de Marillac, les de Miramion, les de Traversai, etc., s'y trouvèrent représentés. L'objet de la réunion était de décider si l'on continuerait la bonne œuvre pour laquelle on avait associé ses efforts. Le saint prêtre exposa d'abord à ses associées qu'elles n'avaient pris aucune obligation à laquelle elles ne fussent complétement libres de renoncer ; seulement il leur représenta quelles seraient les suites immédiates de leur renonciation ; il leur en fit un tableau si saisissant, qu'il se sentit irrésistiblement gagné par l'émotion ; sa parole calme et froide s'échauffa et s'attendrit, il ne put étouffer ses soupirs, ni contenir ses larmes ; oubliant donc tout à coup le caractère contenu de son rapport, il le termina par cette conclusion restée célèbre : « Or sus, mesdames, la compassion et la charité vous ont fait adopter ces petites créatures pour vos enfants : vous avez été leurs mères en la grâce, depuis que leurs mères selon la nature les ont abandonnées : voyez maintenant si vous voulez aussi les abandonner... Cessez d'être leurs mères pour devenir maintenant leurs juges : leur vie et leur mort sont entre vos mains ; je m'en vais prendre les voix et les suffrages ; il est temps de prononcer leur arrêt et de savoir si vous ne voulez plus avoir de miséricorde pour eux. Ils vivront si vous continuez d'en prendre un charitable soin ; et au contraire ils mourront, ils périront infailliblement si vous les abandonnez : l'expérience ne vous permet pas d'en douter. »

Ce fut un des plus admirables triomphes de l'éloquence. L'émotion de l'orateur avait gagné tout son auditoire. On était venu avec une résolution unanime de s'affranchir de ses engagements; ce fut d'une résolution unanime qu'on les confirma. L'établissement menacé d'une ruine immédiate se trouva plus solide sur ses bases. On sollicita et on obtint de Louis XIV la concession du château de Bicêtre, qui, construit sous Charles V, par Jean, duc de Berry, était resté inoccupé depuis qu'il avait été restauré, sous le précédent règne, pour servir d'hôpital aux soldats invalides; ceux des enfants qui n'avaient plus besoin de nourrices y furent transportés; mais la vivacité de l'air força bientôt à revenir sur ce déplacement. Deux maisons furent créées pour les recevoir; l'une, dont la reine posa la première pierre, fut élevée dans le faubourg Saint-Antoine, l'autre fut achetée sur le parvis Notre-Dame, en face de l'Hôtel-Dieu.

Dès 1670, cet établissement échappe à la charité privée. Louis XIV y affecte des revenus considérables en immeubles, en rentes sur les domaines, et en taxes sur les propriétaires de Paris et des environs. Cette riche dotation, en assurant son avenir, lui enlève le caractère qu'il avait conservé jusqu'alors, et l'érige en établissement public.

Il était important toutefois de révéler la large part que la bienfaisance particulière doit revendiquer dans cette généreuse institution. C'est de ces ardentes inspirations qu'elle est sortie; la création de l'hospice du Saint-Esprit est son œuvre, et l'hospice des orphelins réclamera toujours pour ses fondateurs saint Vincent de Paul et les dames pieuses dont le concours et les libéralités furent les généreux instruments de son zèle.

Ce n'est pas d'aujourd'hui, on le voit, que la solli-

citude des classes riches étend son action protectrice
sur les classes malheureuses. Nous aurions pu montrer
son intervention secourable dans la fondation des maisons auxquelles nous avons laissé leur caractère et leur
origine publics : on a vu que l'asile établi par le chapitre était en partie soutenu par les aumônes et par
les quêtes ; nous aurions pu citer les nombreux bienfaiteurs de l'hôpital des Enfants-Dieu, et entre autres
Jean Mégret, président à mortier au parlement sous
François Ier, et Nicolas de Beauclerc, conseiller du roi
et trésorier général des finances à Paris, qui voulurent
reposer après leur mort au milieu de ces pauvres orphelins dont, pendant leur vie, ils avaient doté l'indigence. Mais nous nous en sommes tenus aux grands
faits, assez nombreux et assez importants pour prouver avec quelle généreuse ardeur la charité des hautes
classes sociales a toujours étendu sa sollicitude et ses
secours sur toutes les misères des classes nécessiteuses.
Quelle vertu admirable, même auprès de celle de
Saint-Vincent de Paul, que cette héritière des Marillac,
dont le noble cœur s'associe à toutes ces œuvres avec
un dévouement égal à sa modestie ! Et ces dames généreuses, appartenant à toutes les classes de la société,
aristocratie de la naissance, du rang ou de la richesse,
confirmant, au milieu de la détresse publique, dont
elle subissent la pression, les sacrifices qu'elles se sont
imposés pour le maintien d'une œuvre de piété, ne
font-elles pas vibrer le cœur d'un tressaillement sympathique ?

Ce dévouement est celui de toutes les époques, dévouement trop mystérieux, dévouement trop peu connu ;
ce qu'elles faisaient au dix-septième siècle, elles l'ac-
complissaient encore dans le siècle suivant, elles

l'opèrent toujours, elles le réalisent aujourd'hui. Leur mission n'est pas terminée par l'adoption de leurs protégés par l'État. La charité est ingénieuse ; près du bien accompli elle trouve toujours du bien à faire. La vie matérielle de ces enfants est assurée, il faut les préparer maintenant à la vie morale ; il faut leur rendre cette douce providence, ce regard caressant de l'ange de tendresse que le ciel a placé près de tout berceau : une mère, et à défaut de celle dont ils sont le fruit naturel, un cœur qui les aime comme elle les eût aimés. Il se trouvera, et dans les plus hautes positions de notre société, des âmes qui se dévoueront avec amour à l'accomplissement de cette œuvre. Le nom de la digne veuve Legras provoquera de nobles émulations, et l'on verra bientôt à la tête de ces sociétés des noms dignes de figurer auprès de celui de Jeanne de Marillac.

L'Association de Saint-François-Régis dont nous avons déjà constaté l'action salutaire, prend une large part à cette œuvre réparatrice en ranimant les inspirations de la pudeur dans l'âme de la femme, et l'empire du devoir dans la conscience de l'homme, tous deux unis par des liens illégitimes. Elle arrive souvent à découvrir dans ces unions les traces mystérieuses de naissances dont l'abandon de l'enfant fut la suite fatale ; s'armant alors des sentiments qui peuvent sommeiller, mais qui reposent toujours dans le cœur, et surtout dans le cœur de la femme, elle les y réveille, et c'est souvent par la puissance de la tendresse maternelle qu'elle arrache à la fois les parents aux hontes du concubinage et les enfants à la flétrissure de la bâtardise et aux misères de l'abandon : double réhabilitation qui les rend les uns et les autres à la vie sociale, et souvent par cela même au bonheur et à la vertu. On doit estimer à près de 2,000 le nombre des enfants abandonnés à qui elle a restitué un état civil et une famille, dans les 22,030 légitimations d'enfants qu'elle avait réalisées au 31 décembre 1859.

Plusieurs autres institutions lui prêtent, dans cette mission, un actif et généreux concours, et nous devons citer au premier rang celle des Dames de charité et celle de Saint-Vincent de Paul. On ne saurait s'imaginer les heureux effets de cette intervention personnelle de la charité dans la vie du pauvre, la puissance moralisatrice que ses paroles sympathiques, ses consolations, ses conseils, ses encouragements exercent sur ces cœurs ulcérés dans lesquels la corruption n'est souvent que l'impuissance de la pauvreté ou l'abrutissement de la souffrance. Et combien de familles se réforment, ou se constituent sous la salutaire influence de ces visites!

Ces sociétés font plus encore. Il est bien de provoquer, d'amener la réparation du mal; ce qui est mieux encore c'est de le prévenir. Et c'est ce que ces œuvres réalisent avec un merveilleux succès. A Paris, dans le courant de 1854, dit le rédacteur du bulletin de la neuvième séance publique de la société des Crèches, l'assistance publique a secouru 7,925 femmes accouchées, pour les empêcher d'abandonner leurs enfants. En 1856, les Dames de charité des paroisses et les membres de la Société de Saint-Vincent de Paul en ont secouru 11,300.

Mais là ne s'arrêtent pas les secours que la bienfaisance privée étend sur ces orphelins. Quand elle n'a pu prévenir ces déplorables conséquences de la misère et du vice, quand elle ne peut en obtenir la réparation, elle cherche à les alléger, à les adoucir. Elle n'abandonne pas ceux que leurs parents ont irrévocablement abandonnés ; et en leur ouvrant la société, elle leur donne les moyens de s'y créer ce que leur a refusé leur naissance : une famille.

La Société d'adoption pour les Enfants trouvés, abandonnés et orphelins, n'a pas d'autre objet. C'est principalement dans les hospices d'enfants trouvés que cette société recueille les pupilles dont elle dirige exclusivement les goûts, l'activité et les études vers la connaissance et la pratique des travaux agricoles. Fondée en 1843, cette société a pour l'un de ses présidents M. Amédée Thayer, sénateur; pour vice-président M. Bazin; pour secrétaire M. Alfred Blanche, conseiller d'État ; pour agent général M. Louis Hamelin, avocat, et pour trésorier M. le baron Mallet; elle ne tarda pas à prendre des développements très-rapides. A son origine elle se contentait de placer dans des exploitations rurales dignes de toute confiance, et principalement au Mesnil-Saint-Firmin, département de l'Oise, dans la colonie fondée par M. Bazin, les enfants qu'elle avait adoptés. Dès l'année 1845, elle acquérait cet établissement, pour y réunir sous la vigilance des sœurs de Saint-Joseph ses élèves les plus jeunes, et elle fondait à deux kilomètres de distance, au village de Merles, une exploitation aussi importante par son étendue que par la beauté et la commodité de ses bâtiments, laquelle devenait une école d'application pour ses apprentis. C'est sur cette vaste propriété que sont installés les enfants âgés de plus de douze ans, et qu'ils y sont initiés aux connaissances théoriques et pratiques de la grande culture, tout en continuant leur éducation sous la direction des frères agronomes de Saint-Vincent de Paul, association laïque qui s'est formée sous ses auspices.

Cette société a subi une nouvelle transformation en

1853. Réunis aux Frères de Marie, société reconnue par l'État, et qui possède plusieurs établissements dans l'est et le midi de la France, les frères de Saint-Vincent de Paul passèrent un traité avec la commission administrative de la Société d'adoption. Ils obtinrent la cession de l'établissement de Merles, à la charge d'administrer la colonie à leurs risques et périls, et d'après un programme arrêté par la Société d'adoption. M. Bazin, pour favoriser cet accord, fit donation aux frères de trente-sept hectares de terres dont il n'avait accordé à la Société d'adoption que la jouissance. Par une heureuse combinaison, aussi avantageuse à l'avenir de l'œuvre de bienfaisance en faveur de laquelle cette libéralité était faite, qu'à l'association religieuse dont elle développe la dotation, l'acte de munificence de M. Bazin a été fait conjointement aux Frères de Marie et à M. le préfet de l'Oise. Par ce moyen, les avantages que la Société d'adoption s'était proposés de la création de la ferme de Merles lui sont assurés pour l'avenir.

On conçoit tout le prix d'une telle institution : c'est une grande exploitation rurale où l'élève reçoit à la fois toutes les connaissances théoriques et pratiques de la science agricole. Expliquons bien toutefois le but plein de sagesse que s'est proposé la société. Elle n'a pas entendu faire de ses pupilles des cultivateurs savants; son objet exclusif a été d'en faire des hommes pratiques, des ouvriers intelligents, de bons domestiques, ou peut-être un jour des fermiers, voire même des propriétaires industrieux. L'orphelin que l'hospice eût jeté dans la vie sociale sans autres ressources que sa force brutale, y entrera avec une profession honorable et féconde, à laquelle il devra plus que le bien-être, il lui devra ce foyer domestique dont il ignore encore les joies intimes, il lui devra les tendres félicités de la famille.

Le nombre des enfants qui reçoivent les bienfaits de l'éducation et de l'instruction professionnelles dans ces établissements s'élève au chiffre moyen de 100. Il en existe plusieurs autres en France. C'est aux orphelins abandonnés que les colonies agricoles de Montbellet près de Mâcon, de Gradeynon près de Bordeaux, et de Bonneval dans le département d'Eure-et-Loir, ouvrent également leurs écoles pratiques.

Les matières qui forment les éléments de leur instruction feront connaître plus exactement le but que s'est proposé la Société. Ce sont (indépendamment des objets habituels de l'enseignement primaire : l'instruction morale et religieuse, la lecture, l'écriture, la grammaire et l'arithmétique élémentaires) toutes les connaissances qui peuvent leur être d'une utilité spéciale : comme les notions élémentaires de géométrie appliquée à l'arpentage, les calculs de tête ayant pour résultat la solution des problèmes usuels ou l'évaluation à vue de la dimension ou du poids des corps ; des notions théoriques, également élémentaires, d'agriculture et de jardinage, d'économie rurale, d'hygiène de l'homme et des animaux. Ils sont, de plus, formés à tous les travaux de l'agriculture. *Apprenti*, l'élève, âgé de douze ans, est considéré comme petit garçon de ferme ; il aide dans les travaux secondaires qui lui sont attribués, tout en se formant à des travaux plus importants par le concours qu'il est appelé à y donner au fur et à mesure du développement de ses forces, de son intelligence et de son adresse. C'est ainsi qu'à quinze ans, il peut devenir *compagnon*. Il est alors attaché à un ou à plusieurs services spéciaux de l'exploitation agricole. S'il montre du zèle, de l'adresse, de la capacité intellectuelles et de la conduite, il peut être élevé au grade de *chef de service* à dix-huit ans, et même en acquérant l'habileté pratique, les connaissances et les qualités requises, il peut être nommé, à vingt ans, *contre-maître*.

Ceux chez lesquels se manifestent des goûts et des aptitudes spéciales pour quelques autres professions industrielles : le jardinage, la forge, le charronnage, la confection des vêtements ou des chaussures, sont employés de préférence dans ces diverses spécialités dont il font ainsi l'apprentissage.

CHAPITRE III

LES CRÈCHES

La société, en assumant la tutelle des enfants abandonnés, a permis à la charité de reporter sur d'autres infortunes les secours et les soins dont elle les avait entourés. Sur qui ces soins et ces secours pouvaient-ils s'étendre, plus opportuns et plus salutaires, que sur ces autres enfants, leurs frères, qui, s'ils ont une mère pour veiller leur berceau, y ont toujours une autre compagne, triste et farouche celle-là: la misère!

On ne sait pas assez de quelles privations et de quelles inquiétudes la femme du peuple paye les bonheurs de la maternité. Le bien-être des ménages dépend, dans les classes ouvrières, du travail des époux. C'est sur ce travail journalier que repose la vie entière : le payement du loyer, l'entretien personnel, l'alimentation quotidienne, toutes les nécessités de l'existence commune. Que le travail diminue, qu'il soit suspendu, les économies, nécessairement bien faibles, s'épuisent vite. Que cette diminution, ou cette suspension se prolonge... voilà l'aisance qui s'affaiblit et disparaît! La naissance d'un enfant, en même temps qu'elle impose au pauvre ménage une charge nouvelle, suspend forcément, dans l'activité de la mère, une des ressources alimentaires de la famille : son salaire. Aussi, à peine est-elle relevée, qu'il faut qu'elle s'arrache au berceau de son enfant pour se rendre à ses travaux. Qu'arrive-t-il alors? C'est qu'elle n'a qu'à choisir entre ces deux partis, entourés des mêmes sacrifices et des mêmes dangers : mettre son enfant en nourrice ou le confier à une gardienne; en tous cas, le livrer à une mercenaire. Or, savez-vous quelles sont les conséquences d'une telle nécessité? Un fait de statistique va vous le faire connaître. Sur cent enfants convenablement soignés par leurs mères, la moyenne des décès, dans la première année, est de dix; sur cent enfants confiés à des nourrices, combien en meurt-il?... cinquante !

Aussi M. le docteur Isarié s'écrie-t-il : « Le mal causé à l'espèce humaine par le fatal métier des nourrices est si grand, que Malthus, lui-même, je n'en doute pas, aurait pâli devant l'effet de ce mal.

» Eh quoi! ajoute-t-il, on s'étonne en France, que la mort saisisse de nombreuses victimes dans l'enfance, et que l'appauvrissement de la race se fasse de plus en plus sentir! Et comment pourrait-il en être autrement, lorsque, sans aucune espèce de surveillance locale, de pauvres enfants sont livrés à la cupidité de malheureuses femmes qui n'en ont aucun soin; qui, à défaut de lait, gorgent ces pauvres créatures d'aliments grossiers que l'estomac des adultes ne saurait digérer, et qui agissent sur elles en véritables poisons lents qui les tuent ou les laissent dans un état de dépérissement tel, que tous les soins imaginables ne peuvent les rétablir!»

Ce que le docteur philanthrope dit des nourrices, on peut l'appliquer, avec la même justesse, aux sévreuses, aux gardiennes, à toutes les mercenaires enfin qui donnent, par spéculation, à l'enfance, les soins dont la nature a confié l'application à la plus sainte des affections : à l'amour maternel.

Il arrive encore, lorsque la mère a plusieurs enfants, qu'elle confie souvent à l'aîné, — qui lui-même aurait besoin de surveillance et de soins, — les soins et la surveillance à donner aux autres. Qui n'a rencontré vingt fois un pauvre enfant de huit à dix ans, une petite fille surtout, portant dans ses bras, ou tenant sur ses genoux, un nourrisson au maillot, sa petite sœur ou son petit frère? qui n'a admiré quelquefois cette pauvre enfant s'élevant instinctivement au niveau de sa tâche pieuse, prodiguant toutes les sollicitudes de la maternité à ce petit être confié à sa faiblesse? Mais aussi qui n'a bien plus souvent gémi devant l'image navrante des détresses et des dangers où tombent ces pauvres créatures, ainsi livrées à toutes les misères de l'abandon?

Ce malheur était trop réel et trop profond, ses conséquences étaient trop fatales pour ne pas appeler la sollicitude sociale. Notre siècle, qui avait déjà tant fait pour le bien-être et la moralisation des générations naissantes; qui avait embrassé, dans ses institutions d'éducation et de bienfaisance, les premiers âges, ouvrant l'asile à l'enfant de deux à six ans, l'école primaire à l'enfant de sa sixième année à sa puberté, et les classes d'adultes à la jeunesse, pouvait-il laisser en dehors de sa tutelle les premières années de la vie?

Non, sans doute. Le mal était trop manifeste pour échapper au regard; mais, le mal connu, il fallait trouver le remède, il fallait en rendre l'application facile. Malheureusement le succès trompa les premiers efforts. Dès le commencement de ce siècle, Mme la marquise de Pastoret ayant connu, en visitant comme dame de Charité les demeures du peuple, la situation cruelle où tombait l'enfant que sa mère était forcée d'abandonner pour se livrer à ses travaux, tenta de le soustraire aux privations et aux souffrances de cette existence misérable. Ce fut l'objet de *la salle d'hospitalité* pour les enfants au-dessous de quinze mois, qu'elle fonda avec le concours de quelques autres dames, émues comme elle des souffrances qu'elle voulait secourir. Cette institution exigeait un personnel que l'on ne put convenablement organiser; elle tomba, laissant le souvenir de son insuccès, moins comme un appel que comme un obstacle. Laissons cette femme, sur le front de laquelle l'auréole de la vertu relevait la triple illustration de la naissance, de la fortune et de la beauté, raconter cette pieuse tentative qui a concouru à lui mériter le doux titre de *mère des pauvres*.

« C'est de l'année 1804, rapporte-t-elle, que date le premier établissement que j'aie tenté pour recueillir les pauvres petits enfants isolés et sans secours, pendant les travaux journaliers de leurs mères. Je rencontrai un jour une d'elles, que j'allais visiter parce que je l'avais fait admettre aux secours de la Société maternelle. Elle était chargée du linge qu'elle venait de laver à la rivière afin de gagner sa vie et celle de son enfant. Nous entrâmes dans la maison, puis dans sa chambre fermée. Son petit enfant avait été posé sur son lit, mais il était tombé, il était baigné dans son sang, et la pauvre mère me disait: « Je n'ai pas le moyen de le faire garder ; on me demande huit ou dix sous par jour, et je n'en gagne que vingt-cinq !

» Une autre circonstance m'avait beaucoup frappée. Je rencontrais souvent, sous nos galeries de la place Louis XV, une petite fille de six à sept ans, faible et pâle ; sa mère l'avait chargée du soin de sa sœur, enfant de quelques mois, et, pour suppléer à la force qui manquait à sa fille aînée, la mère liait autour de son cou et de ses épaules la pauvre petite emmaillottée. Et c'est ainsi que les deux enfants passaient leur journée attachées l'une à l'autre. Un jour, enfin, je défis tous les nœuds, parce que je ne pouvais voir sans pitié la petite fille de sept ans s'asseoir fatiguée et s'appuyer contre la muraille, c'est-à-dire contre l'enfant même qui tenait à ses épaules. En prenant cet enfant, alors âgé de huit mois, je le vis entièrement contrefait ; l'épine dorsale était voûtée. Alors je cherchai, presque sans autre guide que la Providence, une sœur hospitalière, je lui adjoignis une bonne femme, mère de jeunes enfants, l'un desquels était à la mamelle, je les établis dans deux grandes pièces chauffées, rue Miromesnil, faubourg Saint-Honoré. Mais je voulais trop faire, je ne pus réussir. Mon projet était de recueillir les enfants encore à la mamelle, de les garder, mais de faire venir leurs mères une ou deux fois dans le courant de leurs travaux pour leur donner leur lait, et les leur faire reprendre à la fin de la journée. J'avais douze berceaux, du linge, du lait, de l'eau sucrée, mais seulement deux femmes, et leurs forces ne purent suffire aux soins qu'exigeaient dix à douze enfants. »

Ce souvenir était complétement évanoui lorsque le spécifique sortit de l'excès du mal même.

Un honorable magistrat, M. Marbeau, visitant un jour, comme membre du bureau de bienfaisance, un des quartiers populeux du premier arrondissement, se trouva inopinément en présence d'un spectacle qui le saisit d'une pitié profonde. Il avait pénétré dans une impasse ténébreuse et infecte, à la recherche d'une blanchisseuse à laquelle il allait porter un secours. Cette femme, informée qu'une personne la demande, accourt portant sur le bras un nouveau-né et tenant à la main un enfant de dix-huit mois. Elle avait voulu épargner au visiteur le dégoût, et à elle l'humiliation, de son intérieur délabré.

— N'avez-vous pas trois enfants? lui dit le magistrat.

— Oui, monsieur, mais l'aîné est à l'asile.

— S'y trouve-t-il bien?

— Oh! oui, monsieur, heureusement! car que deviendrais-je sans cela, puisqu'il faut que j'aille à mes journées?

— Et ces deux enfants, que deviennent-ils alors?...

— Il faut bien que je les mette à la *garderie;* ah! c'est une dépense : quatorze sous par jour !...

— Pour les deux ?

— Non, monsieur, pour chacun; huit sous de garde et six sous de nourriture.

— Et combien gagnez-vous ?

— Deux francs... ce n'est pas assez pour les trois.

Le compatissant visiteur vit le teint have et les traits amaigris de cette pauvre mère, et devant tant de misère il se sentit vivement touché. Il voulut voir, pour son édification complète, la *garderie* où ces enfants étaient déposés. C'était un rez-de-chaussée obscur et humide, où une vieille femme, indigente elle-même, puisqu'elle était inscrite au bureau de bienfaisance, recevait tous les nourrissons qu'on voulait bien confier à sa garde.

L'insalubrité de ces réduits et l'insuffisance des soins qu'y recevaient les enfants avaient atteint de tels excès, que l'administration s'était vue dans la nécessité d'intervenir, et que M. de Belleyme, par une ordonnance de 1828, avait dû les astreindre à une demande d'autorisation et à la surveillance d'inspecteurs spéciaux. Mais tous ces établissements ne s'étaient pas soumis à cette sage mesure. En dehors des trois cents environ qui avaient obtenu la sanction administrative, il en était un grand nombre dont l'existence clandestine ne recevait aucun contrôle. Or, si les premiers étaient entachés des plus déplorables abus, qu'étaient les autres ?

Cependant, M. Marbeau comprit qu'il y avait une institution précieuse cachée sous tous ces désordres et tous ces dangers; la *garderie* renfermait des germes féconds; c'était à la charité à les découvrir et à les dégager des imprévoyances, des incuries, des avidités, des négligences, des brutalités même. Cette tâche était facile, car ces germes féconds étaient la pensée génératrice de cette fondation, c'était l'institution elle-même ; les vices, les défauts étaient les abus nés des intérêts coupables que l'habitude et l'impunité avaient généralisés, et en quelque sorte consacrés. M. Marbeau eut bientôt reconnu l'excellence du principe. Donner à la mère la possibilité de gagner le salaire indispensable à l'existence de sa famille sans inconvénients et sans danger pour son nourrisson, conciliant ainsi ses intérêts avec ses affections et ses devoirs, tel était le problème à résoudre. La solution s'offrait d'elle-même : un modeste asile où, moyennant une faible rétribution, seraient reçus, les jours ouvrables, pendant les heures de travail, et soignés par des berceuses de confiance, les enfants nouveau-nés que leurs mères viendaient allaiter aux heures des repas. Exécuté dans ces conditions, cet établissement prévenait toute critique sensée, et réalisait un des plus grands bienfaits qu'il fût donné à la charité de répandre sur le peuple.

En effet, l'amour maternel ne pouvait que se trouver fortifié par cette institution, qui permettait à la femme du peuple de donner tous ses soins à l'enfant qu'elle était obligée d'abandonner aux mains mercenaires des sevreuses ou des nourrices. En ne recevant l'enfant, convenablement emmaillotté, qu'aux heures de travail, en le rendant à la fin de la journée sainement nourri, propre et reposé, à la mère, qui est venue l'allaiter aux heures des repas, on n'affranchit celle-ci d'aucun des soins, d'aucune des sollicitudes qui avivent les sources de la tendresse dans son âme; on les développe au contraire, en les dépouillant de toutes les irritations dont les troublent trop souvent les aiguillons du besoin. La jeune mère se forme, de plus, aux soins d'hygiène, de propreté, si nécessaires à l'enfance, et pourtant si généralement négligés dans les classes nécessiteuses.

La rétribution exigée a, elle-même, son avantage, sa fixation étant calculée de manière à couvrir à peine l'établissement des frais occasionnés par l'alimentation et le blanchissage de l'enfant ; son taux, en effet, ne saurait dès lors être une charge pour la mère qui se livre à un travail productif, et elle donne la présomption, sinon l'assurance, que la mère ne se dégage point d'une surveillance et de soins assujettissants pour se livrer à la paresse et au vagabondage.

Le caractère salutaire et essentiellement moralisateur d'une semblable création ne pouvait être mis en doute par des cœurs et des esprits droits : « En allé-
» geant le sort des mères de famille dans l'indigence,
» a dit Lavoisier, on attaque la lèpre de la misère dans
» sa racine. La charité commence alors à rapporter un
» intérêt social au profit de l'humanité. On dépense
» une somme moindre pour en économiser une consi-
» dérable affectée au même individu. On rend à la
» mère toute sa liberté d'action pour devenir meilleure
» et plus utile à sa famille, comme l'abeille à qui l'on
» donne la clef des champs pour rapporter, des fleurs
» qu'elle a butinées, un produit plus abondant. »

Le bureau de bienfaisance du premier arrondissement, que M. Marbeau saisit de son projet, comprit tout ce qu'il avait d'important ; ce corps ne crut pas cependant pouvoir se charger, comme institution administrative, d'une création étrangère à ses attributions. Tous ses

membres pensèrent que c'était à la bienfaisance privée
de réaliser cette création nouvelle, et, donnant à leur
opinion la consécration de leurs actes, ils s'empressèrent de s'inscrire sur la liste de ses fondateurs.

Ce projet fut accueilli avec un généreux empressement par l'opinion publique; les plus grands noms
s'associèrent à l'envi à cette œuvre pieuse; une princesse, dans l'âme de laquelle toute noble pensée trouvait
de l'écho, celle-là même que nous avons vu se placer
à la tête de *l'Association de secours à domicile pour les
femmes enceintes*, S. M. la reine Marie-Amélie, lui
donna son auguste patronage. On se mit à l'œuvre
aussitôt. Mme Curmer, un des noms prononcés avec le
plus de vénération par les pauvres du premier arrondissement, accepta les fonctions de directrice-trésorière
en s'inscrivant en tête de la liste de souscription. La
supérieure des sœurs de la Sagesse trouva un local
modeste, mais parfaitement convenable, dans le
voisinage même de la maison confiée à son zèle. On
s'occupa aussitôt de l'ameublement et de l'organisation du service. Les dames de charité de l'arrondissement rivalisèrent de dévouement avec M. Marbeau; M. Framboisier, petit-fils de M. Framboisier de
Baunay, fondateur du bureau des nourrices, et M. le
docteur Canuet, se dévouèrent à l'appropriation et à
l'aménagement de cet asile. Mais quel nom lui donner...
quel nom?... cet asile ne sera-t-il pas le berceau du
pauvre? Or, « le pauvre, comme s'écriait un orateur
chrétien dans une réunion de charité, provoquée au
profit de cette institution, « c'est Jésus-Christ naissant
» dans une étable; le pauvre, c'est Jésus-Christ tra-
» vaillant pour nourrir son vieux père et sa mère bien-
» aimée; le pauvre, c'est Jésus-Christ demandant à

» l'Égypte l'aumône d'une patrie ; le pauvre, c'est Jé-
» sus-Christ n'ayant pas où reposer sa tête, enviant
» aux oiseaux leurs nids, aux renards leurs tanières. »
Quel autre nom lui donner si ce n'est celui du berceau
de Jésus-Christ? Voilà le nom trouvé : *la Crèche!* nom
poétique, tout rempli de tendres impressions et de
divins mystères. « Berceau de Moïse, berceau de Jésus,
s'écrie M. Marbeau, protégez le berceau du pauvre!...»

Ce fut le 14 novembre 1844 que M. le curé de Chaillot, dont le concours avait puissamment contribué à
cette œuvre, put en bénir le premier établissement,
en présence des fondateurs et des dames de charité.
Douze berceaux d'une grande simplicité, quelques
petits fauteuils et quelques tables, un thermomètre, un
cadre renfermant le règlement, un Christ d'ivoire sur
une croix d'ébène, tel était le mobilier de cette crèche.

Les deux berceuses, choisies par mesdames les directrices, étaient deux mères de familles qui justifièrent,
dès l'abord, par leur intelligence et leur dévouement,
la préférence qu'elles avaient inspirée. Dès le premier
jour, l'établissement fontionna avec une régularité, une
facilité et un ordre parfaits. Toutes les espérances furent dépassées. S'il eût pu rester quelque doute dans
les esprits sur l'excellence de l'idée, il se fût évanoui
devant son heureuse application. Il eût suffi d'être témoin du bonheur avec lequel les mères accouraient
prodiguer à leurs enfants leur lait et leurs caresses,
il eût suffit de voir avec quelle sollicitude elles les
déposaient le matin, avec quelle joie elles venaient les
reprendre le soir, pour sonder les profondeurs mystérieuses de la misère que venait secourir cette institution.

Une de ces mères racontait qu'elle devait à la Crèche la paix de son ménage : son mari, sombre et bru-

tal, avait complétement changé depuis qu'elle n'avait plus à payer quatorze sous pour la garde de son nourrisson.

Une autre était dans la nécessité de laisser une petite fille de dix mois à la garde d'un frère de huit ans, livrant l'une aux périls d'une protection impuissante, l'autre à tous les dangers du vagabondage. Grâce à la Crèche, le petit garçon allait à l'école et la petite fille recevait tous les soins que ne pouvait lui donner sa mère.

Un des inspecteurs, interrogeant un jour une femme nouvellement accouchée, qui allaitait son enfant, lui demanda comment elle aurait fait sans la Crèche.

— Ah! monsieur, répondit-elle, j'aurais fait comme pour son pauvre frère...

Et comme il insistait dans ses questions, elle ajouta :

— Je suis marchande de pommes ; je gagne à peine quinze sous par jour, il n'était pas possible d'en donner quatorze... Le cher petit est mort à quatorze mois... Hélas ! monsieur, le pauvre ange vivrait encore si la Crèche eût existé plus tôt !

L'expérience était victorieuse. Les effets salutaires de la Crèche étaient constatés et les avantages dépassaient les prévisions les plus favorables. Une regrettable lacune dans les établissements de charité était comblée par l'institution nouvelle. L'enfance n'était pas privée des secours de cette mère de tous les déshérités, à l'instant même où elle en éprouvait le plus impérieux besoin. « Qu'y a-t-il de plus digne d'intérêt, » dit un illustre prélat, que la faible créature qui reçoit » le jour dans un réduit où elle ne trouve, pour apaiser » ses premiers cris, qu'un sein tari par la misère et la » souffrance ?... La science n'affirme-t-elle pas que la

3.

» vie entière dépend des soins accordés au premier
» âge, et que, dès lors, un établissement où est gardé
» l'enfant du pauvre, où il trouve un air pur et tem-
» péré, une bonne alimentation, des soins intelligents
» et non interrompus, est un immense bienfait ? »

Frappés des avantages si subitement produits par cette institution, les fondateurs de la Crèche de Chaillot s'occupèrent aussitôt de doter les autres quartiers indigents de l'arrondissement d'établissements sembla- bles. Le faubourg du Roule et la rue Saint-Lazare ouvri- rent presque simultanément les leurs ; le quartier Saint- Honoré suivit cet exemple. Ce fut un élan de charité ; tous les cœurs généreux, les noms les plus illustres, les personnages les plus éminents rivalisèrent de zèle pour cette œuvre pieuse : on vit un sermon de charité pro- duire jusqu'à 5,219 francs.

« Écoutez, s'était écrié l'orateur, M. l'abbé Coque-
» reau : dans un réduit humide et délabré, moins
» qu'une maison, plus qu'une étable, respire une
» famille pauvre, nombreuse, torturée par les mala-
» dies ; un nouvel enfant vient de naître ; on dé-
» pose le nouveau venu sur quelque chose, plus
» qu'une crèche, moins qu'un berceau. Un chien peut-
» être a réchauffé, de son souffle, la pauvre créature,
» qui a froid et qui se plaint. La mère a considéré son
» sein tari par la souffrance et les privations, et le
» père ses bras amaigris par le travail... et tous deux
» se sont regardés en silence, et des larmes muettes
» ont sillonné leurs visages. Le père a pensé qu'il fau-
» dra travailler plus rudement encore ; que dans deux
» années, trois années, il faudra couper le pain en
» portions plus nombreuses, par conséquent plus pe-
» tites... Que deviendra ce malheureux enfant? Ah !

» pitié ! pitié pour lui ! pitié pour sa pauvre mère ! pi-
» tié pour la malheureuse famille ! »

Ce mouvement, issu du premier arrondissement, ne tarda pas à s'étendre et à se propager dans tous Paris ; le huitième et le dixième comptèrent chacun trois crèches ; le deuxième et le douzième en ouvrirent chacun deux ; le neuvième et le onzième en firent bientôt autant.

La banlieue non plus ne resta pas étrangère à cette institution salutaire. Batignolles eut sa Crèche sous le nom de Sainte-Marie ; Belleville la sienne sous celui de Saint-Jean-Baptiste ; Neuilly, Passy et Clichy, les leurs sous les vocables de Sainte-Amélie, de Notre-Dame de l'Annonciation et de Saint-Vincent de Paul.

Nous ne suivrons pas les progrès de cette œuvre dans les départements, n'ayant à apprécier que les bienfaits de la *charité mondaine* dans la sphère de Paris : ces bienfaits, chaque année plus nombreux, peuvent faire apprécier le zèle des cœurs généreux, à l'initiative desquels ils sont dus. Quelques chiffres suffiront pour cela. Le nombre des enfants reçus en 1855 dans les Crèches de Paris et de la banlieue s'éleva à 2,100, et le nombre de leurs jours de présence à 135,000. L'année suivante ces établissements recevaient 2,300 nourrissons, dont les jours de présence s'élevaient à 150,000 ; dans l'espace d'une année, il y avait donc eu un développement de 300 enfants et de 15,000 jours. Que de misères n'ont pas conjuré les 300,000 francs que, grâce à cet établissement, le travail des mères de famille a pu verser dans leurs ménages ! Que de souffrances et de morts n'ont pas été ainsi écartées de ces pauvres enfants, que la nécessité eût livrés à des mains mercenaires ! Le progrès ne s'est pas arrêté depuis.

Et ce ne sont pas là les seuls avantages produits par les Crèches, elles constituent encore le mode d'assistance le plus utile, le plus moral et le moins dispendieux. Un exemple justifiera cette assertion : la Crèche de Chaillot a reçu, dans un an, 194 enfants dans ses berceaux; ils y ont reposé 14,963 journées. Or, quelles ont été pendant cette année les dépenses de toutes natures de cet établissèment? 6,824 francs dont 2,824 se sont composés des indemnités payées par les mères. La charité n'a donc eu à dépenser, terme moyen, que 35 francs par enfant ; or, calculez ce que cet enfant indigent et sa mère oisive eussent coûté aux bureaux de bienfaisance et aux divers établissements de secours, et vous serez conduit à décupler cette somme. L'enfant aurait-il été mieux ? Ce n'est certes point dans les tristes réduits qui forment l'habitation des classes indigentes qu'il eût trouvé l'air salubre, et la vivifiante chaleur qui forment l'atmosphère habituelle des Crèches, ni les soins hygiéniques dont y sont entourés tous les berceaux.

La Crèche est aujourd'hui ce qu'a dû la faire une intelligente sollicitude éclairée par l'expérience. On y trouve une extrême simplicité, qui ne contraste pas péniblement avec l'indigence de la mère, et qui ne crée pas à l'enfant des habitudes au-dessus des nécessités de la vie ; aucun autre luxe que celui d'une propreté parfaite, mais avec ce luxe qui peut toujours être celui du pauvre, tout ce qui doit assurer le bien-être de l'enfant.

Le local, bien aéré, et placé dans une exposition salubre, est choisi au centre d'un quartier populeux, et, autant que possible, entre la salle d'asile et une maison de secours.

Il se compose d'une ou deux salles parquetées, assez longues pour qu'il existe un intervalle d'un demi-mètre au moins entre les berceaux, et d'une largeur telle, qu'entre leur double ligne il reste un espace suffisant pour une circulation facile d'un appareil de chauffage. La salle est munie de quelques petites tables, et des siéges nécessaires aux enfants, aux berceuses et aux visiteurs, et garnie d'une cuisine. A côté est une lingerie garnie d'armoires ou de casiers en rapport avec le nombre des berceaux, et une salle-lavoir, avec auge et robinets d'eau froide et d'eau chaude, pour le blanchissage du linge. Quand ce local est situé entre cour et jardin, il se trouve dans des conditions parfaites.

Les Crèches sont fermées tous les dimanches et les jours de fête, la mère pouvant ces jours-là, et sans inconvénient, concilier les soins de la maternité avec ses devoirs religieux ; le reste du temps, elles sont ouvertes de cinq heures et demie du matin à huit heures et demie du soir. La mère doit apporter son enfant proprement emmaillotté, et remettre en même temps le linge nécessaire à l'usage de la journée, ainsi que la rétribution de 15 ou 20 centimes, que l'enfant reçoit en aliments ; elle vient l'allaiter à l'heure des repas et le reprendre après son travail ; on lui remet en même temps le linge soigneusement lavé.

Tous les autres soins sont donnés aux enfants par l'établissement. Les berceuses les couchent, les lèvent, les font manger, les lavent, enfin les entourent de tous les soins maternels ; la directrice et les inspectrices restent en continuelle surveillance ; un médecin visite la Crèche tous les jours.

Elle est largement ventilée pendant la nuit, et tous les objets dont se compose le berceau sont exposés au grand air ; en sorte que les enfants retrouvent, le lendemain, crèche et couchettes dans les meilleures conditions hygiéniques.

On comprend, en dehors des heureux effets de la crèche, que nous avons signalés, l'influence salutaire que de tels soins doivent étendre sur la constitution physique de l'enfance. Toutes les indispositions, toutes les petites maladies qui l'assiégent, combattues dans leur principe, sont vaincues avant de s'être développées. « Parmi les enfants admis, constate, dans un de ses rapports, le docteur Gachet, un assez grand nombre ont été atteints de bronchites, d'ophthalmies et autres affections, légères en apparence, peu dangereuses en réalité, et qui néanmoins non soignées au début, pouvaient prendre de la gravité. Les accidents qui accompagnent si souvent la dentition ont pu aussi être combattus avec succès, et nous pouvons dire que les enfants admis à la Crèche, depuis sa création, sont aujourd'hui dans l'état de santé le plus satisfaisant. La plupart d'entre eux, arrivés dans un état de maigreur et de débilité déplorable, sont aujourd'hui frais, gras et vigoureux. Ce changement heureux est incontestablement dû aux soins dont on les entoure, à la bonne nourriture qu'on leur donne avec mesure, intelligence et régularité. »

Ses effets sur la moralité publique ne sont pas moins précieux ; aussi tous les noms les plus justement honorés se sont-ils empressés d'accorder à cette institution leur patronage. Le conseil d'administration de la société des Crèches, qui compte parmi ses membres MM. Alfred de Saint-Rome, Borye des Renaudes, le baron Charles Daru, Émile Deschamps, d'Escodeca, de Boisse, de l'Étang, le comte de Feraudy, l'abbé de

Guerry, le baron Jube de la Perrelle, le comte de Lyonne, F. Marbeau, Moreau de Jonnès, Poulain de Bossay, de Senlis, etc., a pour présidents : S. Ém. Mgr le cardinal Donnet, archevêque de Bordeaux, S. Ém. Mgr le cardinal Morlot, archevêque de Paris, M. Dupin, ancien président de l'assemblée nationale, et M. Dufaure, avocat illustre et ancien ministre.

Cette œuvre a obtenu des suffrages encore plus élevés ; la commission administrative, le conseil général des hospices de Paris et le conseil général de la Seine ont applaudi à ses succès et encouragé ses efforts par des allocations. Dès 1845, le ministre de l'intérieur proclamait qu'il était d'une bonne administration de favoriser, de toute son autorité, la propagation des Crèches ; le pape, par une bulle, en date du 27 janvier 1846, étend sur leurs bienfaiteurs les indulgences et les bénédictions de l'Église ; l'Impératrice Eugénie, enfin, en a pris le haut patronage.

Il n'y a point de bornes à la charité ; quelque excellente que soit son œuvre, elle trouve toujours des améliorations à y introduire. Elle est grande comme la misère de l'homme, et la misère humaine semble infinie ! Il s'est formé, sous le titre d'Œuvres paroissiales, des crèches à domicile, des associations dont l'objet est de donner aux pauvres enfants nouveau-nés, trop débiles pour être portés à la Crèche commune ou à leurs mères, retenues dans leur habitation par la maladie ou l'infirmité, les secours et les soins que nécessitent leurs souffrances et leur misère. Les membres visitent les familles qui réclament leur assistance, donnent aux enfants des berceaux soigneusement garnis et des demi-layettes du premier âge, qu'ils remplacent selon l'exigence des besoins ; aux mères ils apportent des secours en nature, et lorsqu'elles peuvent travailler, de l'ouvrage, pour qu'elles quittent le moins possible le berceau de leurs enfants.

Des médecins, commis par l'OEuvre, leur donnent des soins et leur procurent tous les médicaments. Le curé de la paroisse est le directeur de l'OEuvre. La première de ces associations fut fondée en 1849 dans le ressort de Saint-Severin, sous le vocable de Notre-Dame de la Sainte-Espérance.

CHAPITRE IV

SALLES D'ASILE

L'enfant a grandi, son petit corps s'est développé ; son organisme s'est perfectionné dans ce milieu de tendresse vigilante et de soins assidus dont l'a enveloppé une charité toute maternelle. Il lui faut une sphère plus active et plus éclairée que la Crèche : cette sphère l'attend. La religion et la société qui, comme deux fées bienfaisantes se sont penchées sur son berceau, dans ce qu'elles ont de cœurs les plus dévoués, de fronts les plus gracieux et de noms les plus illustres, et ne l'ont point abandonné. Ce n'est point quand de nouveaux besoins se manifestent dans ce petit être qui accomplit sa nouvelle naissance, qui s'anime de la vie morale, qui s'éveille à l'intelligence, qu'elles ont déserté leur mission devenue plus sainte. Il les retrouve, à cet instant, ce qu'il les a toujours trouvées : attentives, compatissantes, dévouées. Ses nouveaux besoins seront satisfaits, sans qu'il manque à ses besoins anciens un seul des soins qu'ils réclament toujours. Elles comprennent tout ce respect que le poëte antique recommande pour l'enfance :

    . . . . Pueri ne contempseris annos.

Elles savent avec quelle profondeur se gravent dans ces jeunes âmes les premières impressions ; quelle puissance exerce sur les passions à naître l'éveil des premiers instincts ; quelle influence salutaire ou funeste produit sur l'esprit et sur le cœur l'éclosion des premières idées ; quel empire, enfin, étend sur la volonté et sur les mœurs l'autorité des premiers exemples. C'est en ce sens surtout qu'est vraie l'expression biblique : *Abyssus abyssum invocat*, l'abîme appelle l'abîme. Aussi, au milieu des soins maternels qu'elles continueront à l'enfant, veilleront-elles avec une sol-

licitude incessante à diriger, à éclairer ces premières
manifestations de l'âme, à ce que rien que de vrai et de
juste n'arrive à son intelligence, rien que de pur et de
régulier n'arrive à ses yeux, rien que de généreux et de
bon n'arrive à son cœur. C'est la grande tâche de
l'éducation qu'elles commencent, tâche capitale, tâche
suprême que l'instruction complétera plus tard. L'enfant quitte la crèche ; la *salle d'asile* s'ouvre devant ses
pas, comme plus tard il trouvera l'école.

Mais qu'est-ce que la salle d'asile ? C'est une des
plus ingénieuses inspirations de l'esprit moderne,
une des plus précieuses institutions de notre organisation scolaire. Son origine est un des épisodes les
plus poétiques qu'offrent les annales de la charité moderne.

Le touriste qui parcourt l'intéressante et pittoresque
contrée formée par les hautes vallées des Vosges, ne
passe jamais près de la hauteur de Waldbach sans visiter la riante métairie qui couronne cette élévation,
point central des cinq villages composant la commune
de Ban-de-la-Roche. C'est dans cette métairie, d'où
la fécondité et le bonheur se sont répandues sur ces
coteaux, alors incultes, que la première salle d'asile
fut établie en 1775.

Lorsque Frédéric Oberlin fut nommé pasteur de
cette commune, en 1769, Ban-de-la-Roche, comme les
paroisses voisines, ne présentait qu'une succession de
vallées marécageuses et de croupes stériles. Les plantes
paludéennes et les broussailles des montagnes formaient
seules la végétation de ce pays ; des pâtres et des bra-
conniers en formaient la population sauvage. Le ministre évangélique comprit, dès l'abord, toutes les
difficultés de sa mission ; il avait une double friche à

cultiver : les esprits et le sol ; et ce n'était pas le sol, assurément, qui offrait la culture la plus difficile ! il ne tarda pas à le reconnaître. Ses appels religieux se perdirent dans la vie aventurière et à la fois apathique de cette âpre population. Le temple restant désert, il dut commencer ses travaux par le sol. Il comprit la solidarité étroite qui unit le bien matériel et le bien moral : on ne rend pas les hommes plus heureux sans les rendre meilleurs. C'est déjà un puissant apostolat que le bien-être. Il se mit à l'œuvre avec confiance. Il acheta de vastes terrains, alors presque sans valeur. Le travailleur trouvant dans la métairie du pieux ministre un accueil affable, une nourriture excellente et un bon salaire, les ouvriers ne lui manquèrent pas. Les eaux stagnantes ou torrentielles, intelligemment dirigées, transformèrent, dès la première année, en riches prairies les terrains que désolaient leurs flaques croupissantes, ou que leur cours ravageait. Grâce aux engrais que lui fournirent les troupeaux dont il put dès lors peupler ses étables, ses champs se couvrirent de moissons dont chaque récolte vit croître la qualité et l'abondance. On ne parla bientôt plus dans tout le pays que des cultures du révérend Frédéric Oberlin, du nombre des boisseaux de froment, d'orge et de seigle qu'il faisait porter aux marchés, de celui des tonneaux de vin qui remplissaient ses caves ; on vantait la beauté de ses bestiaux, la douceur soyeuse de ses laines, etc. Le bon pasteur laissa dire : ses conseils eussent été accueillis avec défiance, il s'en rapporta à l'éloquence de ses exemples. Les intérêts sont intelligents, même dans les natures incultes ; les petits fermiers les plus industrieux et les plus actifs songè-

rent à faire, à leur profit, ce qu'ils admiraient dans les
travaux exécutés par le nouveau propriétaire de Waldbach, travaux auxquels avaient été employés la plupart d'entre eux. Frédéric Oberlin sentit que c'était le
moment d'intervenir; l'insuccès de ces tentatives pouvait exercer l'influence la plus funeste sur l'avenir. Il
agit en ami : donnant à ceux-ci l'assistance de ses
gens, à ceux-là l'aide de ses instruments et de ses
bestiaux; à quelques-uns même, au besoin, son
intervention personnelle. La réussite couronna ces
essais; une émulation universelle succéda aux sar-
casmes et aux prédictions sinistres dont la défiance
avait accueilli ces tentatives; chacun voulut avoir sa
métairie : prairie, verger, vigne et champs. Les encouragements et les secours que le pasteur avait donnés
aux premiers, il les accorda naturellement aux autres; on trouva de tout auprès de lui : des bœufs dans
ses étables, des chevaux dans ses écuries, des charrettes
et des charrues sous ses remises; sa grange eut des semences pour ceux qui en manquaient; sa caisse
des prêts pour ceux qui étaient dans la gêne; son
esprit des conseils pour tous. En quelques années,
la transformation du pays fut complète; celle des
cœurs, comme celle des champs. L'aisance vint s'asseoir au foyer, dont la misère avait été l'hôte assidu; le temple naguère désert vit une foule de braves
gens accourir chaque dimanche, offrir à Dieu, l'hom-
mage de leur reconnaissance pour ses bienfaits. Toute
la population aventurière de Ban - de - la - Roche ne
forma plus dès lors qu'une paisible tribu de cultivateurs, qu'une grande famille chrétienne.

Le succès du pasteur était complet, trop complet
même... car l'ardeur dont toutes les exploitations agri-

coles étaient animées devint telle, que les intérèts moraux se trouvèrent plus tard sacrifiés aux intérêts matériels. On se préoccupait si vivement des travaux des champs que les occupations de la maison en étaient souvent négligées, surtout celles de l'éducation de l'enfance. Frédéric Oberlin s'efforça de remédier à cet abus; il ouvrit des écoles pour les enfants des deux sexes; ce fut une amélioration, mais ce ne fut pas assez. L'époque de la moisson venue, beaucoup d'enfants, trop jeunes encore pour être reçus dans les classes, se trouvaient livrés à eux-mêmes une grande partie des jours; errant alors par les champs et par les chemins, ils avaient à subir tous les dangers et tous les accidents de l'abandon. Que faire?

Un soir d'été, qu'en se promenant dans la montagne, le digne pasteur se posait cette question, un chant alterné de voix enfantines frappa son oreille; il entra dans la chaumière d'où s'élevait ce naïf concert. Il était formé par un groupe de petites filles du premier âge et dirigé par l'aînée, Louise Scheppler. Retenue à la maison par les soins à donner à un enfant au maillot, elle avait réuni autour d'elle ses petites compagnes pour s'amuser ensemble, pendant que leurs parents se livraient, dans la vallée, aux travaux de la récolte. Elles jouaient à la maîtresse d'école; Louise, qui en remplissait les fonctions, apprenait aux unes de légers travaux d'aiguille, aux autres des chansons, à quelques-unes des prières, et pour varier les plaisirs, elle leur racontait de temps en temps des histoires. Les heures s'écoulaient gaies et rapides sous le charme de ce paisible et utile passe-temps.

Frédéric Oberlin avait sous les yeux la solution du problème qu'il s'était posé, et c'était une enfant, une

petite villageoise, qui l'avait instinctivement trouvé!
« Ce mélange d'amusements, de chants, de récits,
d'enseignement et d'apprentissage, dit l'auteur d'un
intéressant article publié par le *Monde illustré*, formait l'institution dont il pressentait le caractère en
en reconnaissant la nécessité ; un établissement dont
le séjour offrît à la première enfance les distractions
indispensables à cet âge ; où l'enseignement restât
toujours pour elle un plaisir en se glissant à travers
les jeux, de manière à n'être jamais une fatigue ni
un ennui. » Il résolut d'appliquer immédiatement
cette réponse de la Providence. Il ne balança pas à
associer à l'exécution la jeune fille qui en avait eu
spontanément la pensée et il la prit à son service.
Bientôt s'ouvrit à Waldbach une maison, — donnons-
lui tout de suite le nom dont logiquement on l'appelle, —
un Asile où étaient reçus, soignés et instruits tous les
enfants en bas âge dont les familles étaient obligées
d'aller travailler aux champs. Frédéric Oberlin consacra lui-même à cette institution tous les instants que
lui laissaient libres ses nombreux travaux. Il introduisit
dans ce système d'*éducation attrayante* la plupart des
perfectionnements qui ont été adoptés depuis. Il s'ap-
pliqua surtout à parler à ces jeunes esprits par les
yeux.

« Il dessina lui-même, dit Mme Rausher-Oberlin,
toutes les plantes du pays, y inscrivit les noms français et patois, leurs qualités, soit utiles, soit nuisibles,
soit d'agrément. Il acheta quantité de figures d'animaux, en y inscrivant de même ce qui les concernait ;
il fit des gravures sur bois des diverses parties du
monde... De grandes gravures, représentant toutes les
histoires de la sainte Écriture, frappaient l'imagination

des enfants, imprimaient ces hauts faits dans·leur mémoire en caractères ineffaçables et ouvraient leur cœur à l'amour et à la reconnaissance. » Cette école du premier âge obtint un succès complet: les jeunes institutrices qu'il adjoignit à Louise Scheppler, et entre les plus intelligentes et les plus dévouées, Sarah Bauzet, assurèrent l'existence de ces précieuses institutions, qui se perpétuèrent et fleurirent près d'un demi-siècle dans ces montagnes sans en franchir les tranquilles vallées. « Cet arbre de bonne essence, dit M. A. de Malarce, dans son *Histoire des Salles d'asile,* semé par la main de Dieu, découvert et cultivé par un pieux serviteur, doit grandir inconnu du monde et attendre son jour providentiel pour être répandu au dehors, pour être naturalisé partout où la civilisation aura préparé un coin de bonne terre. »

Le dix-huitième siècle, en effet, finit dans les orages, et le dix-neuvième s'ouvrit au milieu des ébranlements de nations, sans que cette institution étendît ses bienfaits en dehors du pays où elle était née ; ce ne fut que vers la fin de la Restauration, en 1826, qu'il se forma, à Paris, un comité de dames pieuses, s'imposant l'utile mission de fonder et de propager ces écoles qui offraient aux mères de famille un si précieux soulagement, et à l'enfance un asile si salutaire. Ce comité, qui comptait dans son sein Mme la duchesse de Praslin, trésorière, la princesse Théodore de Bauffremont, trésorière-adjointe, la baronne de Varaigues, la comtesse de Ludres, la marquise de Lillers, avait à sa tête, comme présidente, la fondatrice des Crèches, Mme la marquise de Pastoret, pour vice-présidente Mme de Maussion, et pour directeur le curé des Missions, le vénérable abbé Desgenettes.

Disons cependant que l'utile institution née dans les vallées orientales de la France, avait été transportée en Angleterre avant la fin de l'empire, et qu'elle faisait déjà partie des établissements scolaires de ce pays.

C'était un de ces grands agitateurs d'idées dont les utopies, en s'écroulant, laissent parfois de précieux débris sur le sol, qui avait fait, en Écosse, la première application de l'utile découverte de Louise Scheppler. C'était à New-Lanarck, où il possédait un vaste établissement industriel, que Robert Owen avait fondé, formé, la première salle d'asile. Un jeune tisserand, intelligence vive et droite, caractère affable et cœur généreux, James Buchanan, lui offrit son utile concours, et organisa avec tant de sagesse et de prévoyance l'établissement d'essai, que le succès n'en fut pas un instant douteux. Ces écoles préparatoires, visitées par plusieurs des économistes contemporains qui se trouvaient en relations intimes avec Robert Owen, ne tardèrent pas à devenir célèbres. Lord Brougham appela James Buchanan à Londres pour y fonder une de ces institutions. Il s'y rendit; l'école de Brewers fut créée à Westminster avec un si remarquable succès, que toutes les grandes villes manufacturières du Royaumé-Uni voulurent avoir leurs *Infant's schools*. La vue de l'une de ces écoles établie à Londres avait déterminé la constitution du comité des salles d'asile en France. C'était de l'étranger, que l'idée française venait demander sa naturalisation à Paris.

Elle fut accueillie avec empressement; le conseil général des hospices s'empressa de lui offrir son concours, il lui accorda une allocation de 3,000 francs et un local dépendant de l'hospice des Ménages. Le premier asile ouvrit ses salles sous la direction des sœurs de la Providence. Il compta bientôt 80 élèves.

Son organisation ne s'effectua pas sans beaucoup de tâtonnements et de difficultés. Le mécanisme exposé par les traités anglais ne fonctionnait qu'incomplétement ; le succès se montrait rebelle à tous les efforts. Le comité, dans l'embarras où le plaçaient ces complications imprévues, eut recours à M. Cochin, maire du 12e arrondissement, qui, docile aux nobles traditions de sa famille, si célèbre dans les annales de la charité, s'occupait alors, dans le faubourg Saint-Marceau, d'un grand établissement d'instruction primaire, prenant l'enfant du peuple dès l'aube de son intelligence, et le conduisant jusqu'aux heures ardentes de la vie active.

M. Cochin engagea vivement le comité à envoyer à Londres une personne experte et zélée, chargée de visiter les salles d'asile anglaises, et d'en étudier les méthodes, les règlements. Mlle Millet fut choisie ; la confiance du comité ne pouvait tomber sur une personne qui en fût plus digne, et qui réunît à un plus haut degré les qualités qui devaient assurer le succès de sa mission.

M. Cochin, dont le zèle avait reconnu tout ce qu'offraient de fécond ces écoles-asiles, se rendit aussi de son côté en Angleterre pour en étudier l'organisation et le mécanisme, dans les établissements les plus prospères.

Cette double étude, cette double enquête obtinrent les résultats les plus heureux. M. Cochin et Mlle Millet reconnurent l'état de perfection auquel le génie créateur de Robert Owen et l'intelligence pratique de James Buchanan avaient élevé l'inspiration de la petite paysanne des Vosges ; l'application leur démontra les avantages des procédés qui leur avaient semblé des complications irrationnelles ou impossibles. Il n'y avait donc qu'à doter la France d'institutions identiques.

M. Cochin se mit immédiatement à l'œuvre. Le grand établissement d'éducation et d'instruction populaires gratuites qu'il préparait dans le faubourg Saint-Marceau fut poussé avec une ardeur nouvelle. Quelques mois après, il ouvrait aux quartiers les plus indigents de Paris ses écoles spacieuses, dont les bancs pouvaient recevoir mille élèves. Une de ces écoles était une salle d'asile, celle même qui a su mériter et justifier le beau titre d'*Asile modèle de la rue Saint-Hippolyte*.

Le comité des dames patronesses, stimulé par les rapports de Mlle Millet, céda au généreux entraînement dont le maire du 1er arrondissement de Paris lui donnait l'exemple. Trois nouvelles salles d'asile furent fondées et organisées, comme celle de la rue Saint-Hippolyte, sur les bases des *Infant's schools* anglais.

Le succès de ces établissements fut complet ; mais, étranges vicissitudes des choses ! ce succès qui semblait devoir assurer leur avenir fut justement ce qui sembla, un moment, le compromettre. Les protecteurs que cette institution avait trouvés, dans la faiblesse de son début et dans le danger de ses luttes, faillirent l'abandonner à l'instant même de son triomphe. Avec cette heure semblait avoir sonné celle de sa ruine. Elle avait réussi ; elle ne devait plus avoir besoin de secours ; les souscriptions tarirent. Il arriva ce qui arrive trop fréquemment en France, où les enthousiasmes sont semblables aux ouragans des tropiques, d'autant plus rapides qu'ils sont plus violents :

on s'éprend d'une idée, on s'exalte pour elle, on lui prodigue toute son activité, toute son ardeur ; mais cette ardeur est trop souvent celle du chaume qu'un instant enflamme, mais aussi qu'un instant consume. Les salles d'asile avaient à subir la crise que l'institution des Enfants-Trouvés eut elle-même à traverser, et qu'elle franchit victorieusement, grâce à l'éloquence de saint Vincent de Paul.

Tous les siècles ne possèdent pas de ces cœurs héroïques que la foi élève au rang des saints, et la reconnaissance publique à celui des grands hommes ; mais si les salles d'asile ne trouvèrent point pour les protéger un Vincent de Paul, elles rencontrèrent un cœur généreux, un philanthrope chrétien dont le dévouement suffit pour les sauver : M. Cochin fut pour elles ce que devait être pour les Crèches M. Marbeau. Il comprit que les souscriptions privées ne pouvaient suffire à doter seules des établissements destinés à devenir une institution sociale. Ayant associé à sa pensée les personnages les plus dévoués à ces écoles de la première enfance, il s'adressa à l'administration, et, puissamment secondé par MM. de Pastoret, Delessert, de la Bonardière et de Gérando, il les fit adopter par l'État comme des annexes de l'instruction publique. Placées, en 1829, sous la direction du conseil général des hospices, elles devinrent, en 1833, une des branches du service de l'instruction primaire, et comme la première assise de l'éducation nationale.

L'avenir de l'asile était assuré, il n'avait plus qu'à grandir ; tout le zèle de ses fondateurs ne tendit plus dès lors qu'à le développer. Si sa propagation eut à vaincre les hésitations et les défiances que toute innovation, quelque excellente qu'elle soit, rencontre, et, disons-le, doit toujours rencontrer, l'expérience de ses bienfaits triomphait plus complétement chaque jour de ces prudentes temporisations, et convertissait ces répugnances en sympathies profondes. Les faits attestent sa marche progressive; ses établissements, dans Paris et la banlieue, que la révolution de juillet avait reçus de la restauration au nombre de 6, après dix-huit ans de règne, légués à la république au nombre de 27, s'étaient élevés, dans les dix années suivantes, au chiffre de 104, dont 51 dans Paris même, et 53 dans les arrondissements de Sceaux et de Saint-Denis. Ces asiles, dont 85 étaient publics et 19 libres, avaient reçu dans leur dernière année 12,691 élèves; 11,127 avaient été admis gratuitement.

Les asiles publics sont ceux qui sont soutenus en totalité ou en partie par l'État, les départements et les communes. Une condition est indispensable pour l'obtention de ce titre, c'est qu'un logement et un traitement convenables soient assurés à la personne chargée de la direction. L'asile libre est celui qui est fondé et entretenu par des associations privées.

La plupart de ces établissements sont tenus par des femmes : 83 par des directrices laïques, 17 par des directrices religieuses, 4 seulement le sont par des hommes.

Nous devons une mention particulière à l'asile gratuit et privé ouvert dernièrement dans le premier arrondissement, rue de la Pépinière, par une dame anonyme. Tous les frais en ont été faits avec la plus noble et la plus intelligente libéralité. La méthode adoptée est celle du pasteur Frœbel, connue en Allemagne sous le nom de *jardins d'enfants*. Elle doit son nom à son local ordinaire : un jardin où les enfants prennent

4.

d'hygiéniques ébats. La généreuse fondatrice a voulu que les bâtiments, comme les jardins, n'offrissent que de riantes images aux yeux des enfants ; l'art a été appelé pour s'y associer à la nature. Des fresques dues au pinceau de M. Gall représentent les principales scènes de la vie de Frédéric Oberlin sur les murs du préau ; dans les classes sont placés des portraits d'hommes célèbres de *toutes les religions*. L'asile est, par sa nature, celui de la tolérance. Un curé, un rabbin et un pasteur réunirent, le 30 janvier 1836, leurs bénédictions sur cette école de la première enfance, ouverte à tous sans acception de culte.

Dans la plupart des asiles, du reste, les enfants sont accueillis sans que l'on se préoccupe des croyances religieuses des parents ; deux, cependant, étaient spécialement destinés aux enfants des familles protestantes, et deux aux enfants des familles israélites.

Les asiles existant dans Paris étaient, nous l'avons dit, au nombre d'environ cinquante avant l'annexion. Ce nombre sera doublé par l'adjonction des parties de la banlieue renfermées par l'enceinte des fortifications.

Telle est la statistique de ces précieux établissements dont nous allons à présent examiner le caractère, l'objet et l'organisation.

L'asile tient à la fois de la Crèche et de l'école dont il est la transition ; il reçoit les enfants des deux sexes, de deux à six ans. Il est ouvert, les jours de travail, de sept heures du matin à sept heures du soir en été ; de huit heures du matin à six heures du soir en hiver. Il ne l'est qu'exceptionnellement les jours de fête et les dimanches.

Établissement d'hospitalité, il assure aux enfants,

pendant les heures de travail de leurs parents, les soins dont ne peut les entourer leur mère; établissement d'éducation, il leur donne les premières notions morales et intellectuelles que comporte leur jeune âge, et préside en quelque sorte à leur éveil à la vie spirituelle.

« L'enfant des classes ouvrières, — a dit un homme
» de bien, un noble cœur, M. le comte de Salvandy,
» y trouve tous les soins d'une éducation domes-
» tique et maternelle. Une éducation religieuse lui
» inculque tous les bons sentiments et toutes les
» bonnes habitudes. Son esprit se développe en ne
» recevant que des notions justes et utiles. C'est l'œuvre
» de saint Vincent de Paul continuée jusqu'à l'entrée
» aux écoles. C'est, il faut le dire, l'éducation même
» du peuple reprise à ses éléments. »

Un des plus illustres prélats de l'Église de France, successeur de Fénelon, Mgr le cardinal Giraud, archevêque de Cambrai, a défini, d'une manière encore plus précise, cette éducation première :

« L'asile, dans la pensée de ses fondateurs, a-t-il dit, n'est pas proprement l'instruction, mais il en est le vestibule ; il est le point, et comme la station intermédiaire qui sépare le berceau de l'école ; ce n'est pas encore l'enseignement sur une échelle normale, mais ce n'est plus une attention exclusive aux besoins matériels ; c'est un heureux mélange et un sage tempérament des soins que réclament le développement de l'intelligence et des exercices qui servent à fortifier et à assouplir les organes.

» Son but est de recueillir le premier âge, pour le préserver de l'isolement ; de s'emparer de ses facultés à mesure qu'elles éclosent ; de sa mémoire, de son imagination, de son âme tout entière, pour les remplir de saintes images, de récits édifiants, d'idées morales, de sentiments vertueux, de douces et pures affections. Là, l'instruction lui est distribuée goutte à goutte, sous le patronage de dames chrétiennes, sous la direction de pieuses filles vouées, par un attrait tout évangélique, à ce touchant ministère. Là, dans des leçons accommodées à sa faiblesse et entremêlées de chants et d'évolutions variés, qui tiennent éveillée son attention sans la fatiguer, l'enfant apprend presque tout sans s'en douter et comme en se jouant : les éléments de la religion, les rudiments de la langue, les premières notions de l'histoire, de la géographie, de la numération; et grâce à la vigilance qui préside à la bonne tenue et au bien-être de ces douces créatures vous voyez briller sur leurs visages ouverts et souriants, un air de santé et de bonheur qui est comme le reflet de leur âme. »

Cette belle définition de l'école rudimentaire qui jette, ou plutôt dépose dans l'âme de l'enfance, au bruit des chants, au milieu des distractions, et comme par la main du plaisir, les premières semences de la vie morale, résume si complétement la méthode ingénieuse de l'institution, que nous pourrions en négliger les détails s'ils n'avaient point une importance d'autant plus grande que l'on trouve, dans les institutrices libres surtout, une tendance trop grande à s'en affranchir.

Le créateur de la méthode s'est proposé un type à la réalisation duquel il s'est efforcé de faire concourir tous ses règlements. De quels soins a besoin l'enfant dans ces tendres années où l'asile lui ouvre ses salles? Évidemment des soins d'une mère. L'administration *modèle* sera donc celle qui remplira le plus fidèlement, le plus complétement envers lui les devoirs d'une mère intelligente. C'est la personnification active de cette mère de famille, dont l'esprit et le cœur sont au niveau de sa tâche pieuse, que l'organisateur des salles a voulu constituer par sa méthode.

Suivons-la dans son application : nous sommes en été ; il est sept heures du matin ; la directrice a tout préparé ou fait préparer par ses aides pour les travaux du jour ; tout est balayé, frotté, renouvelé ; tout est propre, tout est prêt. Les enfants peuvent venir ; les premiers arrivent, conduits par leurs mères.

Ils entrent dans le préau, cour sablée qui s'étend devant la maison d'asile ; c'est là que les enfants prennent leurs récréations, à ciel ouvert, quand le temps est serein, sous les hangars qui le bordent, quand le temps est humide. Ils le traversent et entrent dans le vestibule de la maison, où ils déposent les vêtements qu'ils ne doivent porter que hors de la maison, ainsi que le petit panier renfermant leur provende quotidienne, et où ils reçoivent les premiers soins de propreté par le lavage des mains et du visage. Ils vont ensuite se livrer à leurs amusements enfantins avec leurs petits camarades jusqu'au moment fixé pour les premiers exercices.

Neuf heures sonnent ; le moment est venu. Ce sont jusqu'à dix heures des occupations manuelles ; ils sont exercés, les plus jeunes, au parfilage, à la tresse de la paille, etc. ; les plus âgés, à des travaux d'aiguille, etc.

A dix heures, un coup de *claquoir*, instrument qui sert d'organe aux ordres de la directrice, suspend les travaux. Tous se lèvent et se rangent par ordre de tailles, les uns derrière les autres, en deux files, les garçons d'un côté, les filles de l'autre. Un second coup de claquoir retentit, toutes les mains se lèvent perpendiculairement ; à un troisième, elles retombent, et chaque enfant pose simultanément les siennes sur les épaules de celui qui le précède ; aussitôt un chant retentit, et chaque file se met en marche en accompagnant de gestes réglés, de mouvements de corps, de tête, de bras, de pieds ce chant dont le bruit du claquoir marque la mesure, faisant ainsi de ce défilé une leçon, un exercice hygiénique et un plaisir. On se rend à la classe.

Le fond de cette pièce spacieuse est occupé par *un gradin*, large escalier en bois, formé de cinq à huit marches, dont nous allons connaître l'usage. A droite et à gauche sont établis des bancs fixes où les enfants prennent place pour les leçons de lecture et d'écriture sur ardoise. D'après un système où se trouvent combinées la méthode simultanée et la méthode lancasterienne, ces leçons, d'une demi-heure chaque jour, sont séparées par une promenade, des *exercices du gradin*, une des plus ingénieuses combinaisons de cet enseignement.

Les enfants occupent par rang de taille, les garçons toujours séparés des filles, les divers degrés du gradin. Un tableau représentant l'alphabet est placé devant eux.

— Toutes les mains droites levées ! dit alors la directrice.

Les mains obéissent aussitôt, et les enfants suivent de l'index, qu'ils agitent en mesure, les lettres que la maîtresse désigne de la baguette, et ils les nomment en chantant :

— Je vois un A, je vois un B, etc.

Ce sont ensuite des tableaux syllabaires dont ils

épellentou assemblent les mots sur des airs d'un rhythme accentué, emprunté généralement aux chants populaires.

Un bouclier compteur, formé de dix tringles, garnies de dix boules, sert à faire, pour la numération, ce que les alphabets et les syllabaires ont permis de faire pour les mots.

A ces exercices, qui s'adressent surtout à l'esprit, succède un enseignement qui agit plus spécialement sur le cœur. Ce ne sont plus directement des leçons, ce sont des récits, des traits de générosité, de dévouement, de modestie, de simplicité, de grandeur d'âme ; de touchants épisodes empruntés aux livres sacrés ou aux pages les plus morales de l'histoire profane ; puis viennent quelques notions élémentaires des sciences, et particulièrement de la science religieuse dans les premiers principes du catéchisme ; toutes ces narrations et ces petites instructions orales sont mélangées d'explications que provoquent les incidents.

Mais midi a sonné : l'heure du dîner est venue ; les deux files se reforment, et, les mains sur les épaules, leurs têtes enfantines agitées, elles se dirigent au bruit des chants et du claquoir vers le préau d'abord, où les paniers sont rangés, puis vers le réfectoire où les tables reçoivent ces joyeux petits commensaux qu'elles rendent une demi-heure après à leurs pétulants ébats.

A deux heures, les travaux, précédés de petits soins de propreté, recommencent. Ce sont de nouveau les leçons de lecture, d'écriture, les exercices du gradin, puis le goûter et la récréation, jusqu'au moment où, libres de leurs travaux, les parents viennent reprendre leurs enfants frais et heureux. Nous n'avons pas besoin de dire que les travaux sont commencés et terminés par la prière.

Telle est, dans son application, cette méthode où tout est combiné pour donner aux enfants cette éducation maternelle qui embrasse dans ses sollicitudes l'organisme de ces êtres si faibles, en même temps que leur âme où pénètrent les premières lueurs de la vie intellectuelle et morale ; calculant tout pour faire de l'instruction un délassement du corps, et des exercices corporels un soulagement et une récréation de l'esprit. Ce système assure ainsi à celui-ci une animation vivifiante et féconde, à celui-là une activité, un mouvement qui sont pour lui une nécessité.

La méthode Frœbel, dont nous avons parlé, en diffère à plusieurs égards :

« Elle consiste, dit M. Louis Ratisbonne, à organiser les premières occupations, ou plutôt les premiers jeux de l'enfance; à exercer à la fois, par le jeu, les membres, les sens et les facultés de l'âme. Ce besoin de briser et de détruire qu'on remarque chez les enfants, et quelquefois chez cet enfant qu'on appelle l'homme, ce besoin, qui n'est autre chose que celui de transformer pour agir et pour connaître, et qui, bien dirigé, est une force, Frœbel lui donne tout de suite une direction : avec les matériaux les plus simples, quelques pièces de bois ou de carton, quelques brins de paille, l'enfant arrange, construit et ne détruit plus. D'après cette méthode, un apprentissage enfantin de toutes les professions artistiques et manuelles, en favorisant de bonne heure l'activité libre, permet à l'enfant de développer ses facultés spéciales et de montrer sa vocation. On l'instruit par la vue, par l'ouïe et par le toucher, avant de lui faire entendre des formules abstraites ; on lui fait jouer, en quelque sorte, aux mathématiques, à l'architecture, au dessin, au chant, à l'agriculture. »

Cette méthode, expérimentée dans la salle d'asile de la rue de la Pépinière, n'a pas obtenu le succès qu'on en attendait. Celle que l'on suit universellement en France est là méthode d'Oberlin, avec les perfectionnements que lui a donnés l'expérience.

On sait toute l'importance qui doit être attachée à sa fidèle application dans les asiles. C'est le sentiment de cette importance qui détermina plusieurs ordres religieux à établir des cours où les novices et les religieuses destinées à la direction de ces écoles préparatoires recevaient une instruction spéciale. L'administration sentit elle-même la nécessité d'établir à Paris une école normale chargée de former d'habiles directrices pour cette nouvelle branche de l'éducation primaire. Cette école, dont l'enseignement fut bientôt affranchi de toute rétribution, vit même son internat doté de bourses et de demi-bourses qui permirent d'y recevoir toutes les aspirantes à qui leur aptitude et leur moralité constituaient des droits à cette faveur.

Le nombre des maîtresses est toujours en proportion du nombre des enfants reçus par l'établissement. Quand ce dernier nombre ne dépasse pas cent, une seule directrice suffit ; elle est secondée par une aide dont le choix lui est abandonné. Si l'établissement compte plus de cent élèves, deux maîtresses sont nécessaires pour qu'il soit convenablement dirigé. Les salles d'asile sont l'objet d'une surveillance toute spéciale. Indépendamment des autorités préposées au contrôle de l'instruction primaire ; le préfet, le sous-préfet, les minis-

tres des cultes salariés par l'État, elles ont pour sauve-
gardes de leur ordre et de leur régularité des inspectrices ; les femmes les plus distinguées ac-
ceptent avec empressement ces charitables fonctions.
Et ce n'est point là le rouage le moins précieux de cette
utile institution. Qui pourrait dire tout le bien que
les vistes de ces dames réalisent chaque jour? Nous ne
parlons pas ici seulement de la considération et de
l'autorité que puisent dans leur fréquentation les directrices, nous voulons signaler les bienfaits que ces
généreuses visiteuses répandent chaque jour dans le
secret de ces établissements modestes. Que de misères
elles soulagent, que de besoins elles préviennent, que de
regards joyeux elles font briller sur ces visages qu'il
est si navrant de voir baignés de larmes! Est-il
donc nécessaire de rappeler le souvenir de cette
noble inspectrice de l'une des salles d'asile de Lyon, que
ses petits protégés appelaient *la bonne madame la
Providence !*

CHAPITRE V

INSTRUCTION PRIMAIRE

SOMMAIRE. — L'École primaire. — Son importance sociale. — Fénelon.
— Leibnitz. — M. Dupanloup. — La loi de 1833. — Essor pris
pour l'instruction populaire. — Statistique des écoles. — Initiation
privée. — Sociétés pour la fondation d'écoles nouvelles. — Société
pour l'instruction élémentaire. — Méthodes diverses. — Rivalités
passionnées. — Écoles protestantes. — Grandes écoles catholiques.
— Associations pour favoriser la fréquentation des écoles par les
enfants pauvres. — Société charitable des écoles chrétiennes du
Xᵉ arrondissement. — Œuvre des faubourgs. — Orphelinats. —
Hospice des Enfants-Rouges. — Hôpital de la Trinité. — Un curé
de Saint-Sulpice au dix-septième siècle. — Le petit séjour d'Orléans. — Maison des orphelins du Saint nom de Jésus. — Orphelinat de Ménilmontant. — Œuvre de la Compassion. — Association
de la Sainte-Enfance. — Pensionnat protestant de la rue des Billettes.
— Société des Amis de l'enfance. — Œuvre des petits ramoneurs. —
Les hirondelles d'hiver. — Professeurs et dames patronesses.

La crèche a livré l'enfant du peuple valide et robuste
à l'asile; l'asile ne le transmet pas seulement à l'école
dispos et sain, il le lui donne préparé, par une première
culture morale et intellectuelle, à recevoir efficacement
tous ses enseignements. Ce n'est point une jachère où

se sont développées les graines nuisibles ou parasites qu'y ont apportées les vents du hasard, c'est une terre déjà défrichée par une main soigneuse et prédisposée, par les plus fécondes influences, à recevoir utilement le froment des saines doctrines et des vrais principes.

On ignore trop généralement toute la portée de l'éducation populaire, les garanties de calme, d'ordre et de bien-être qu'assure au pays une instruction sagement dirigée. Elle ne donne pas seulement à l'industrie des ouvriers plus intelligents et plus adroits, elle donne aussi à la famille des membres plus moraux, et à société des fils plus dévoués. « L'ignorance et la misère, a dit Fénelon, ce sont là les sources d'où découlent presque toujours les crimes et les vices du peuple. » Or, comme le fait remarquer M. A. de Mognitot, « l'ignorance et la misère ont leur cause la plus habituelle dans l'absence totale de cette éducation qui inculque de bonne heure toutes les habitudes d'ordre, de travail, de propreté, d'économie et de discipline. » On peut en conclure que l'instruction primaire a une double action moralisatrice sur les classes populaires: celle du développement intellectuel et celle du bienêtre. Aussi Leibnitz a-t-il dit avec une incontestable vérité : « La bonne éducation de la jeunesse est le premier fondement de la félicité humaine. » Et, ajoute-t-il avec la même raison : « J'ai toujours pensé qu'on réformerait le genre humain, si l'on réformait l'éducation de la jeunesse. »

Nous pouvons donner à l'opinion de ce grand homme la consécration de l'une des autorités spéciales des lettres modernes. Monseigneur Dupanloup ne dit-il pas dans son *Traité de l'éducation :* « C'est dans le sentiment de son profond et immortel amour pour le peuple et aussi dans sa haute et prévoyante sollicitude pour la société tout entière que l'Église s'est toujours dévouée, avec un soin religieux, à l'éducation populaire. »

Cette vérité, du reste, les législateurs l'ont comprise, et la loi du 20 juin 1833, qui place la réputation politique de M. Guizot au niveau de sa célébrité d'historien et de philosophe, restera un des monuments les plus durables qu'ait érigés la révolution de juillet. L'essor qu'elle imprima à notre inst-tution primaire est tel, que le nombre des écoles atteint aujourd'hui 65,000.

Cependant, disons-le, quelque large que soit la part que cette loi donne à l'administration dans l'instruction primaire, elle a laissé un champ spacieux à l'intervention de la bienfaisance privée ; cette bienfaisance en a usé avec l'ardeur qui s'allume toujours en elle dans la proportion du bien à accomplir ; et, nous l'avons établi, le bien à réaliser par l'instruction est immense. Sur ces 65,000 écoles, plus de 20,000 sont des écoles privées : or, combien de ces écoles ne sont pas dotées des deniers de la charité !

Paris ne s'est laissé devancer dans cette carrière par aucune localité. Les efforts individuels ont multiplié leur puissance par l'association ; des sociétés se sont établies, non-seulement dans le but de fonder des écoles nouvelles, mais aussi dans celui, non moins utile, d'en faciliter l'accès et la fréquentation aux classes les plus indigentes, et de porter jusque dans les dernières profondeurs sociales la propagande de l'instruction et, par suite, la lumière. Celle de ces associations qui doit être citée au premier rang est *la Société pour l'instruction élémentaire*, qui, fondée par les de la Rochefoucault-Liancourt, les de Lasteyrie, les de Geran-

dö, etc., compte déjà une existence de plus de quarante ans.

Cette association philanthropique ne s'établit pas
sans lutte ; le libéralisme bien connu de ses fondateurs
souleva contre elle une vive résistance, qui s'efforça
d'opposer à ses écoles celles des frères de la Doctrine
Chrétienne. De là un antagonisme profond, une rivalité
ardente, qui, grâce à l'excellence du principe zélateur,
put bien produire quelque perturbation, mais se résolut
en réalité par de nombreux bienfaits pour les classes
populaires. Chaque parti, en effet, aspirant à mettre au
service de ses principes l'action puissante que l'enseignement exerce sur l'esprit des générations naissantes,
c'est-à-dire sur l'avenir des sociétés, employa toute son
activité, toutes ses influences pour multiplier les écoles
où devaient prévaloir ses opinions et ses tendances.
Quelles en furent les conséquences? Grâce à ces efforts
rivaux et simultanés, de tous côtés s'élevèrent et s'organisèrent des établissements d'éducation gratuite. Les
foyers d'instruction et de moralité, de lumière et de
chaleur se multiplièrent au milieu du peuple et firent
rayonner la vie morale jusqu'aux extrémités du corps
social.

Cette précieuse rivalité s'est transformée depuis et
a produit d'autres fruits. Ce n'est plus aujourd'hui
l'antagonisme des partis politiques qui anime cette
lutte féconde, c'est l'émulation religieuse. Ce qu'am-
bitionnait la propagande des principes sociaux,
la propagation des croyances religieuses le poursuit ;
on veut gagner au profit de sa foi ce qu'on voulait
conquérir au profit de son opinion. Quelles que
soient les intentions, les résultats n'en sont pas moins
toujours les mêmes : l'expansion de la moralité, la dif-

fusion des lumières. Quelle que soit la main qui l'ait
semé, libérale ou royaliste, catholique ou protestante,
le champ produit les mêmes moissons sous les rayons
du même soleil.

Cette émulation, du reste, mérite d'être signalée à la
reconnaissance populaire et au respect universel. Grâce
à ses bienfaits, il n'est pas aujourd'hui de quartier à
Paris qui n'ait ses écoles gratuites ; et cependant la
charité sociale est loin de regarder sa mission comme
remplie : ce qu'elle a fait ne lui semble encore que
les éléments de ce qu'elle veut accomplir. Ainsi, le
curé de Saint-Sulpice, non content d'avoir doté sa
paroisse de tant d'institutions scolaires isolées, depuis la crèche jusqu'à l'ouvroir, a entrepris la
tâche de donner au neuvième arrondissement, sous
le nom de *grandes écoles catholiques*, un vaste établissement qui réunisse tous les divers degrés de l'instruction par lesquels l'enfant du peuple s'élève à la
moralité et au bien-être qui constituent pour l'âme
humaine la plénitude de la vie. « Il s'agit, dit M. Henri
de Riancey, de fonder un nouvel asile de la charité, un
établissement humble et modeste, mais vaste et fécond,
où se réuniront les écoles pour les enfants, où se trouveront des salles de réunion pour les apprentis, pour
les ouvriers, pour les adultes. Cette maison sera digne
et du but qu'elle se propose et de la charité qui y ré-
gnera. » On trouve, du reste, la garantie du bien qu'elle
doit réaliser dans l'ardente charité de son fondateur et
dans les noms honorables dont il s'est assuré le concours ; on voit, en effet, sur la liste de la commission
qu'il s'est adjointe, ceux de MM. le duc d'Uzès, de
Guinaumont, Eugène Cauchy, le vicomte de Melun,
Thureau d'Angin, etc., noms révérés de tous les cœurs

que les [souffrances de leurs semblables font battre d'une émotion sympathique.

Là ne s'est point arrêtée encore, dans sa sollicitude active, l'intervention des hautes classes dans l'instruction populaire. Elle a compris les causes nombreuses qui pouvaient retenir les enfants loin des écoles dont la société leur offrait l'entrée gratuite : la misère à laquelle l'urgence du nécessaire empêche de songer au superflu, et le livre est le superflu quand le pain peut faire défaut ; l'indifférence apathique des parents pour une instruction dont ils ignorent les bienfaits ; le besoin qui les contraint à utiliser les forces naissantes de l'enfant dont l'entretien est une charge trop lourde pour leur indigence; les répugnances des enfants eux-mêmes pour tout ce qui est application et sujétion. Des œuvres se sont formées pour triompher de ces difficultés et aplanir ces obstacles. Quelques-unes ont eu pour objet de venir au secours des enfants à qui leur famille ne pouvait fournir les éléments matériels de l'instruction : les livres, le papier et les objets divers qui en sont les accessoires indispensables; d'autres ont fait plus : elles ont voulu subvenir aux autres besoins; des vêtements sont distribués aux petits malheureux arrivant l'hiver tous transis sous leurs haillons, et humiliés toujours par le contraste de cette livrée de la misère avec les vêtements propres et chauds de leurs compagnons d'étude; des secours alimentaires sont même distribués à ces pauvres enfants qui viennent recevoir la nourriture de l'esprit sans avoir toujours la plus chétive sustentation du corps. *La Société charitable des écoles chrétiennes du dixième arrondissement* peut être, à cet égard, citée pour modèle ; elle ne se contente pas de pourvoir aux besoins divers des enfants qui fréquentent les écoles, de les encourager et de les stimuler par des récompenses, elles les suit au delà, et veille à ce que les germes d'instruction qu'ils y ont reçus produisent, pour eux, dans l'avenir, des fruits de vertu et de bonheur.

L'OEuvre des faubourgs exerce une action plus étendue et non moins précieuse. Son objet, qui est la moralisation des familles pauvres par leur contact avec les classes plus éclairées, l'a portée à s'occuper plus spécialement des enfants, et à prévenir par l'influence moralisatrice de l'éducation, le développement des mauvais penchants et des instincts désordonnés, dans cette partie de la population où la société se renouvelle. Le nombre des enfants assistés, chaque année, par cette association, s'élève à près de deux mille dans les seuls faubourgs Saint-Marcel, Saint-Victor, Saint-Jacques, Saint-Antoine, Popincourt, du Temple, Saint-Martin et Saint-Denis. « Lorsque les enfants ne peuvent trouver de places dans les écoles municipales, lisons-nous dans une notice sur cette œuvre, la Société les fait entrer, à ses frais, dans de bonnes écoles privées, où ils sont surveillés avec le plus grand soin par les dames inspectrices. Elle concourt en outre, par des subventions pécuniaires, à l'ouverture et à l'entretien d'écoles gratuites dans tous les quartiers où leur nombre n'est pas en rapport avec les besoins des populations. »

Il suffira de citer les noms des dignitaires de cette association pour révéler ses droits à la confiance universelle.

Ses présidents sont : le R. P. Petetot, supérieur de l'Oratoire de l'Immaculée-Conception, M. le curé de Saint-Roch et M. le curé de Saint-Étienne du Mont.

Elle a pour présidente : Mme la comtesse de Bar, et pour vice-présidentes : Mme la comtesse de la Bouillerie, Mme Ve Brongniart et Mme la comtesse Rotalier.

Ainsi s'avance la charité dans ces larges voies qu'ouvre devant elle l'indigence publique ; une douleur qu'elle calme, une misère qu'elle secourt lui révèlent une nouvelle souffrance et un nouveau dénûment qui réclament son aide et ses bienfaits.

Elle ne s'est pas arrêtée en effet dans ces écoles où sa main, toujours ouverte, a des secours de toute nature pour l'enfant du pauvre qui chaque matin quitte la mansarde paternelle et vient demander à l'école de le préparer pour cette vie dont ses parents accomplissent le labeur. Il y a d'autres enfants à qui le malheur a refusé ce précieux bienfait : les baisers d'une mère et le sourire paternel. Pas de famille dont ils s'éloignent le matin, pas de foyer paternel où ils viennent se réchauffer le soir : ils sont orphelins.

La charité fera pour eux ce qu'elle a déjà fait pour tant d'autres : elle sera pour l'orphelin ce qu'elle est pour l'enfant abandonné ; elle lui rendra les parents qu'il a perdus, comme elle donne à celui-ci les parents qu'il ne connut jamais. Ce ne sont pas seulement des écoles qu'elle a fondées, ce sont des pensionnats, des maisons d'orphelins, des institutions de toutes natures pour ces pauvres petits isolés.

Ces établissements, qui se sont si merveilleusement multipliés de nos jours, ne sont pas une création contemporaine : Paris en comptait plusieurs dès le seizième siècle. *L'hospice des Enfants-Rouges*, ouvert par Marguerite de Valois, reine de Navarre, moins grande par sa haute naissance que par son intelligence et son cœur ; cet établissement dont Jean Mégret, président à mortier au parlement, et Nicolas de Beauclerc, trésorier général des finances, au commencement du dix-septième siècle, avaient par leurs libéralités grossi la dotation, recevait tous les orphelins restés sans appui, et les préparait, par l'instruction, aux professions industrielles qui leur permettaient plus tard de trouver dans la société une position indépendante. *L'hôpital de la Trinité* reçut vers la même époque une destination semblable; il fut affecté aux enfants que la maladie de leurs parents laissait isolés et sans appui. Cet établissement était fondé, dit Hurtaut, « pour cent garçons et trente-six filles, nés à » Paris, orphelins de père et de mère, mais valides. » Ceux qui les placent donnent, à leur entrée dans » l'hospice, 400 livres pour les garçons et 50 pour les » filles, qu'on leur rend en sortant. On leur enseigne » à lire et à écrire. Ils sont tous destinés à apprendre » des métiers. »

Ces hôpitaux ne sont pas les seules institutions de cette nature qu'ait possédées Paris.

La paroisse de Saint-Sulpice, prédestinée de tous temps à voir les œuvres de charité naître et fleurir dans son sein, sous la généreuse influence de ses pasteurs, en vit surgir une analogue vers le milieu du dix-septième siècle par les soins de son vénérable curé, M. Ollier. Un asile fut ouvert à tous les orphelins de sa paroisse, à qui cinq ou six sœurs, libres de tous vœux, donnaient, sous la direction du digne prêtre, des leçons de lecture et d'écriture et tous les soins d'une éducation morale et religieuse.

Un illustre magistrat, M. Séguier, conseiller d'État et président à mortier, en avait fondé une semblable, dès le commencement du dix-septième siècle, dans les élégants bâtiments du Petit-Séjour d'Orléans. Les lettres royales qui l'autorisaient portent la date du mois de janvier 1623. Elle n'était ouverte qu'aux jeunes filles de six à sept ans, et portait le nom d'hôpital des Cent filles orphelines de Notre-Dame de la Miséricorde. Cet établissement, qu'entre les nombreux bienfaiteurs M. Cornette, trésorier général des gabelles de France, dota avec une générosité toute royale, reçut de Louis XIV les plus précieux priviléges. Les jeunes filles à qui il donnait l'instruction religieuse, grammaticale et usuelle, portaient en dot la maîtrise, dans tous les art et métiers, aux apprentis qu'elles épousaient. Une autre institution identique existait rue des Postes, au fond du cul-de-sac des Vignes. Elle portait le nom de *Maison des Orphelines du Saint-Nom-de-Jésus*, et était dirigée avec autant d'ordre que d'économie par les dames de Saint-Thomas de Villeneuve.

Ces établissements, devenus très-nombreux de nos jours, rivalisent de zèle et de dévouement dans l'accomplissement de leur œuvre de charité. La plupart ne se sont pas imposé la tâche unique d'assurer aux enfants qu'ils recueillent les bienfaits de l'instruction élémentaire ; ils l'ont étendue jusqu'à l'instruction industrielle et au placement de leurs protégés. Nous les retrouverons dans l'exercice de leur principale mission, parmi les sociétés d'apprentissage ; occupons-nous présentement des associations dont l'instruction primaire des enfants délaissés et des orphelins est l'objet spécial, sinon exclusif.

L'*Asile des petits Orphelins*, établi à Belleville, chaussée de Ménilmontant, 119, s'offre le premier, par l'âge tendre auquel il reçoit ses élèves et tous les orphelins de deux à sept ans. Tous ces pauvres enfants, que la mort a, dès leur entrée dans la vie, privés du père et de la mère à qui ils la devaient, ont droit à ses secours et à ses soins. Ils sont reçus dans l'établissement fondé par l'OEuvre dans la commune de Belleville, chaussée de Ménilmontant, et administré avec leur zèle habituel par les sœurs de Saint-Vincent de Paul. La maison, vaste et commode, entourée de cours et de jardins spacieux, s'élève dans un site riant et dans les conditions de salubrité les plus désirables. Les garçons y sont complétement séparés des filles ; ils ont leurs classes respectives, leurs réfectoires spéciaux, etc., le tout sagement établi dans des parties de la maison parfaitement distinctes. Ces petits infortunés, dont le nombre dépasse cent cinquante, y reçoivent, jusqu'après leur première communion, le logement, la nourriture, l'entretien, une éducation morale et l'instruction primaire, telle qu'elle est donnée dans les salles d'asile et les écoles municipales de Paris.

L'OEuvre de la Compassion (282, rue Saint-Jacques) étend son action tutélaire sur une autre classe d'enfants non moins abandonnés, plus déplorablement abandonnés même que ceux à qui la mort a enlevé leurs protecteurs naturels et leurs guides. Elle recueille, sans distinction d'arrondissement ou de paroisse, les enfants qui, vivant entre les scandales de la famille et les licences de la rue, grandissent sans éducation, sans direction, sans aucune des saines et douces influences qui, en les entourant de soins matériels, éclairent à la fois l'esprit et le cœur ; elle les élève chrétiennement, les moralise et les instruit. Quoique sa fondation soit encore toute récente, plus de six cents de ces petits malheureux ont déjà recueilli ses soins et ses bienfaits.

Les associations de la *Sainte Enfance* ont une origine et un caractère encore plus touchants : ce sont les doux liens d'une tendre et sainte solidarité se formant entre la jeune fille riche et la jeune fille pauvre, dans le rayonnement de l'autel. C'est dans les fréquentations journalières du catéchisme qu'elles prennent naissance. On dirait que l'union de ces enfants, au banquet de l'eucharistie, a formé entre leurs cœurs les liens mystérieux d'une fraternité pieuse. Elles y sont venues étrangères, elles vont s'en retourner presque sœurs. Les plus riches, celles même dont les parents ne jouissent que d'une modeste aisance, se réunissent dans une de ces saintes associations pour assurer à leurs jeunes compagnes déshéritées des biens de la fortune l'achèvement de leur instruction, et l'apprentissage d'un état qui leur procure le moyen de persévérer dans leurs bons sentiments, et ouvre à leurs pas une voie honorable dans la vie. Cette œuvre, établie dans presque toutes les paroisses de Paris, compte par milliers les enfants dont, chaque année, elle assure l'avenir.

Nous ne signalerons pas moins chaleureusement aux sympathies du lecteur le pensionnat ouvert en 1830, rue des Billettes 16, et qui remplit pour les jeunes protestantes pauvres la mission de bienfaisance, que l'œuvre de la Sainte-Enfance accomplit pour les catholiques. Cet établissement continue modestement sa tâche sous la direction d'un comité présidé par M. le pasteur Cuvier. « En apparence, dit son dernier rapport, rien » n'est changé; et pourtant nous espérons qu'au fond il » y a progrès, et que notre but se poursuit avec plus » d'efficacité. Nous demandons à Dieu d'y travailler » avec un zèle plus actif et plus éclairé, et de nous

» faire toujours mieux comprendre les devoirs et les
» doux priviléges de la charité. »

Le nombre des pupilles de cette maison s'élève annuellement de 40 à 50.

La position de la jeune fille pauvre, exposée à toutes les incitations de la souffrance, à tous les vertiges de la convoitise, placée entre les séductions du vice et les privations d'une indigence austère, devait susciter d'ardentes sympathies et avait droit à de généreux secours; mais elle n'était pas seule exposée à ces périls. Si la vie du jeune garçon n'était pas entourée d'autant d'écueils, elle avait cependant aussi ses dangers, et ces dangers, pour être moins nombreux, n'en étaient pas moins formidables, car le désordre de l'homme s'arrête rarement au vice; dans le vice germe le crime. C'est au premier pas qu'il faut tenter de l'arréter sur la pente des abîmes. La charité s'est encore trouvée là pour le tenter. Ce que *l'Œuvre de la Sainte-Enfance* avait si heureusement réalisé pour les jeunes filles, une autre œuvre, animée par le même esprit, soutenue par les mêmes inspirations et par les mêmes sentiments, essaya de l'accomplir pour les petit garçons, à cet âge tendre où sentiments et idées, opinions et penchants s'élaborent dans l'esprit et dans le cœur. C'est encore là une des pages saisissantes de ce doux livre de la charité chrétienne.

Un jour de l'année 1827, quelques jeunes gens encore assis sur les bancs du collége, mais assez avancés pourtant dans l'instruction pour en sentir tout le prix, s'entrenaient, dans un instant de loisir, du grand nombre d'enfants de leur âge qui, à Paris, se trouvaient condamnés, par la misère où les avait plongés leur naissance, à l'ignorance, cette misère de l'esprit, et par suite à l'immoralité, cette misère de l'âme. Tous se sentirent si profondément émus par le tableau de cette infortune navrante, qu'ils prirent spontanément la résolution d'arracher le plus grand nombre de ces pauvres enfants, leurs frères, à cet abandon flétrissant ; ils jetèrent les bases d'une association pour l'éducation des jeunes garçons indigents de la ville de Paris, et la placèrent sous la protection de l'enfant Jésus. *La Société de l'Ami de l'Enfance* était fondée : son berceau fut modeste comme tous les berceaux populaires. Son budget, qui s'élevait alors à 2,000 francs, encaisse annuellement aujourd'hui plus de 40,000 francs ; aussi ce ne sont plus seulement quelques petits malheureux, choisis parmi les plus malheureux, qu'elle prend actuellement sous sa tutelle ; 260 enfants participent annuellement à ses bienfaits.

Elle divise en deux catégories les enfants dont elle assume la tutelle morale : la première est formée des enfants qui n'ont pas encore reçu l'instruction élémentaire ; elle les place dans le pensionnat scolaire de Vaugirard, fondé par les membres de l'association de Saint-Vincent de Paul, à qui les classes populaires doivent tant d'autres institutions charitables ; et dans celui de Saint-Nicolas, fondé, avec un admirable dévouement, par M. l'abbé Bervanger, un des apôtres de la charité militante. Quelques-uns même sont laissés dans leurs familles, lorsqu'il a été reconnu par la commission d'admission, que le milieu dans lequel ils se trouveront placés présente toutes les conditions d'hygiène et de moralité désirables. Tous n'en restent pas moins placés sous la surveillance de la Société, dont les membres les visitent, surveillent leur conduite, stimulent leurs efforts et encouragent leurs progrès.

L'autre catégorie se compose de ceux qui, leur première communion accomplie, quittent les bancs de l'école primaire pour recevoir l'enseignement professionnel de l'atelier. Mais, en attendant que nous les retrouvions dans cette voie nouvelle, ils échappent provisoirement à notre examen.

Il est même de nombreuses institutions qui dispensent à l'enfance les bienfaits de l'instruction, mais dont l'objet principal est de satisfaire d'autres besoins, que nous devons réserver pour des études spéciales.

Nous devons cependant citer l'*Œuvre des Apprentis*, présidée par S. Ém. Mgr l'archevêque de Paris; — les *Diaconesses Protestantes*, dont le siége principal est 93, rue de Reuilly; — l'*Association des Jeunes Économes*, l'une des plus touchantes créations de la charité; — l'*Œuvre du Patronage des Enfants*, fondée par les conférences de Saint-Vincent de Paul; — l'*Asile-école de Fénelon*, confié à la sollicitude maternelle des sœurs de Saint-Joseph de Cluny, par M. l'abbé Dubeau son fondateur, et par son président M. de la Palme; — l'*Établissement des Jeunes Luthériennes*, et la *Société de la Morale Chrétienne*, deux associations de fabricants *pour l'adoption des Orphelins*; — l'*Œuvre des Saint-Anges*, qui a pour présidente Mme la baronne Paul Dubois et pour trésorière Mme la comtesse de Châteauneuf; — la *Maison de la Providence*, qui s'honore d'avoir eu pour fondateur le vénérable abbé Desgenettes; — l'*Œuvre de Saint-Casimir*, créée par Mme la princesse Czartoryska; — l'*Association de Sainte-Anne*, dont Mme la comtesse de Rambuteau est la présidente, etc.

Nous terminerons cette exploration, opérée au sein de tant d'institutions précieuses, par quelques détails sur une œuvre du plus tendre intérêt, et qui, pour avoir l'instruction religieuse pour objet, n'est pas si exclusive dans ses enseignements, qu'elle ne consacre une partie de ses leçons à l'instruction primaire.

> Qui ne connaît ces modestes enfants,
> Qui de Savoie arrivent tous les ans,
> Et dont la main diligemment essuie
> Nos longs tuyaux engorgés par la suie [1]?

C'est-à-dire les petits ramoneurs. Qui ne s'est senti ému de pitié en voyant ces pauvres abandonnés, hirondelles de l'hiver, comme les appelle poétiquement le peuple, que les froids et les brouillards nous amènent quand les hirondelles de l'été fuient nos cieux humides et froids? Cette émotion, un saint prêtre l'éprouva un jour. C'était en 1731; il était allé faire entendre la parole sacrée dans la chaire de Bicêtre et rentrait vers cinq heures, sur le déclin du jour, dans l'enceinte de Paris par la barrière Saint-Jacques, lorsque son attention fut appelée par un groupe de petits enfants tout noirs, se livrant dans la rue, ou plutôt dans le chemin boueux, aux plus bruyants ébats ; bientôt il en rencontra un second, plus nombreux et non moins tapageur, un troisième, plusieurs autres, tous abandonnés à eux-

---

[1] Voltaire, *Poésies légères.*

mêmes, sans un protecteur, sans un surveillant; il s'approche de l'une de ces petites troupes qui lui semble plus posée que les autres et interroge les enfants qui la composent. Il connaît bientôt leur histoire ; l'histoire de l'un est l'histoire de tous. Ils ont quitté leurs montagnes lointaines, et, avec leurs montagnes lointaines, le seul être qui leur ait jamais souri, le seul être qui les aime et qu'ils aiment au monde. Ils sont venus sur les pas d'un patron, souvent dur et brutal, dans la grande ville ; ils ont travaillé tout le jour, et le soir venu, comme il n'y a pas de feu dans leurs réduits, ils tâchent de s'échauffer en jouant sur la voie publique, avant de gagner leurs grabats, les vêtements mouillés et les pieds humides. Quant à leur instruction, c'est bien le dernier souci de leurs parents et de leurs patrons!

Le bon prêtre conçoit aussitôt le projet de les arracher à cette ignorance et d'alléger cette misère. Quelques jours après, une association, ayant pour objet l'instruction chrétienne des enfants de l'Auvergne et de la Savoie exerçant à Paris la profession de ramoneurs, était fondée et placée sous le vocable de Saint-François de Salles. Cette œuvre, quelque temps suspendue, fut rétablie en 1815 par M. l'abbé Legris-Duval ; elle existe toujours.

Les membres de l'association forment deux catégories, les dames patronesses et les membres actifs : les dames patronesses couvrent les dépenses de l'œuvre par leurs souscriptions, et, au besoin, dispensent aux pupilles de la société des secours et des soins maternels. Les associés actifs sont des jeunes gens qui se font les zélateurs de l'œuvre, ses instituteurs et ses catéchistes. Leur tâche est loin d'être une sinécure, car les enfants qu'ils sont parvenus à réunir, pendant l'hiver, reprennent, au printemps, leur essor vers leurs montagnes, et les volées que ramènent la bise sont loin d'être toujours formées des mêmes oiseaux ! C'est donc un nouveau personnel d'élèves à reconstituer et à instruire tous les ans.

Les ramoneurs, comme tous les travailleurs nomades, ont leurs quartiers spéciaux, leurs centres habituels ; c'est là, que l'époque de leur retour arrivée, les membres de la société vont exercer leur prosélytisme et effectuer leurs conquêtes. Armés de lanternes, ils parcourent les rues et les impasses des faubourgs où ces malheureux vont chercher une hospitalité économique, s'informant des garnis où ils se retirent, visitant ces logements le plus souvent infects, pénétrant dans les chambrées et glanant partout un épi pour leurs gerbes. Ils sont d'ailleurs puissamment secondés par la juste réputation de leurs œuvres et par la gratitude qu'excite dans tous les cœurs de ces montagnards la connaissance de ces bienfaits. Ils ont, de plus, pour auxiliaire, l'intérêt du patron, qui sait que l'enfant, dont l'entretien est à sa charge, recevra de la société qui l'appelle des secours de toute nature : des vêtements, des chaussures, des aliments, et parfois même des friandises; le plaisir de l'enfant, qui sait que, dans la salle de l'instituteur, ou dans la chapelle du catéchiste, il trouvera chaque soir, quand il fera froid, de grands feux ; quand il fera sombre, un brillant luminaire, toujours des visages riants et des paroles amies.

Les réunions commencent avec le mois de décembre; trois jours par semaine, à six heures du soir, elles ont lieu dans la chapelle des catéchismes de Saint-Étienne du Mont; les trois autres jours elles se tiennent dans les salles de l'école des frères de la Doctrine chrétienne. On ne saurait trop louer la patience, la douceur, la bienveillance avec lesquelles leurs jeunes professeurs les initient aux principales notions de l'instruction élémentaire et de la religion. Les dames patronesses assistent successivement à ces séances, apportant toujours quelques objets usuels : coiffures, chaussures, lainages, linge ou vêtements, qu'elles remettent au plus besoigneux, distribuant même parfois de petits présents à toute cette jeune assistance : au premier jour de l'an, ce sont des étrennes; à la fête des Rois, chaque enfant reçoit une grosse brioche qu'il emporte au logis, où elle est mangée en famille.

« Sous un dehors grossier, ces enfants ont un bon cœur,
» — écrivait dernièrement un membre de l'associa-
» tion, — ils sont reconnaissants et en donnent tous les
» jours de nouvelles preuves. L'un d'eux ne crut pas
» pouvoir mieux remercier celui qui l'instruisait qu'en
» lui offrant, dans un élan candide, une poignée de noi-
» settes que sa mère lui avait envoyées par *un pays*.
» Cet été, un grand nombre de ces enfants se ren-
» daient spontanément chez un catéchiste malade pour
» avoir de ses nouvelles. »

Les cours, ouverts, comme nous l'avons dit, au commencement de décembre, ne se ferment habituellement qu'à la fin de mai. La distribution des prix a généralement lieu le dimanche du Saint-Sacrement, à l'issue de la grand'messe. Les récompenses sont composées des objets qui peuvent le plus flatter l'amour-propre de ces enfants prêts à retourner dans leurs montagnes bien aimées : ce sont des casquettes, des cravates de soie, des gilets aux vives couleurs qui leur attireront tant de regards d'envie; ce sont de beaux crucifix et d'élégantes madones, qui iront se placer sur le manteau de la cheminée ou se fixer au chevet du lit de leur mère. Quelques allocutions, pleines de sages conseils, terminent la session, et l'on se sépare, quelques-uns pour toujours, les autres jusqu'à l'ouverture de la session nouvelle.

CHAPITRE VI

ASSISTANCE DE L'ENFANCE MALADE

SOMMAIRE. — Maladies et infirmités de l'enfance. — Les legs de la misère et du vice. — Douloureuse initiation à la vie. — Hôpital de l'Enfant Jésus. — Marie de Pologne. — Faubourg Saint-Antoine, — Hôpital Sainte-Eugénie. — Règlements. — Regrettable lacune. — Première enfance. — Maladies incurables. — Le docteur Blatin. — Œuvre de Notre-Dame des Sept-Douleurs. — La princesse Mathilde. — Société de patronage des enfants convalescents. — M. G. de la Rochefoucault. — Le domaine de la Rocheguyon. — Petits orphelins rachitiques. — Renaissance. — Société hygiénique des bains et ablutions d'eau chaude. — Sourds et muets. — L'abbé Lambert. — Les sœurs de Notre-Dame du Calvaire. — Association centrale d'éducation et d'assistance pour les sourds-muets.

Nous avons suivi, pas à pas, de misère en misère, l'enfance du pauvre dans la vie ; nous l'avons suivie de l'abandon matériel qui livre son corps à tous les accidents et à tous les dangers, à l'abandon moral qui jette son âme à tous les hasards, à tous les souffles corrupteurs. Nous avons montré quelle active et généreuse sollicitude avait sans cesse étendu sa vigilance sur tous ces délaissements. MM..... — et pourquoi répéter ici des noms consacrés par la reconnaissance universelle? — n'ont-ils pas fait pour la vie morale de ces petits abandonnés ce que saint Vincent de Paul, ou, pour lui conserver la douce appellation que lui donnaient les compagnes qu'il avait associées à son inépuisable dévouement, ce bon monsieur Vincent avait fait pour leur être organique. N'ont-ils pas ouvert des asiles qui les arrachent à tous les périls? ne leur ont-ils pas suscité des mères tendres et compatissantes qui les initient à la vie sociale, qui éclairent ces jeunes esprits des lueurs crépusculaires de la vérité, en déposant dans leurs cœurs les germes vivifiants des bons principes?

Nous ne nous sommes pas encore trouvés, cependant, en présence de la plus profonde de ces infortunes, de la plus émouvante de ces douleurs; car il est une souffrance qui peut venir s'ajouter à toutes ces souffrances, c'est la maladie, c'est l'infirmité.

Et quelles ne sont pas les maladies et les infirmités qui semblent se liguer contre l'enfance? C'est peu de la débilitation résultant trop souvent, dans le sein même de la mère, de la nécessité de cacher le secret de leur gestation; c'est peu de l'épuisement contracté dans une vie dont tous les instants se passent en des réduits sans pain, ou des maisons sans air, dans des quartiers sans soleil; des maladies honteuses, des infirmités dont le venin empoisonne la vie jusque dans ses sources mystérieuses, sont souvent le seul héritage que leur aient laissé de coupables parents; ils ne doivent connaître les auteurs de leurs jours que par la voix accusatrice des souffrances héréditaires.

Si l'enfance est déjà si sympathique par elle-même, si touchante par le doux charme de son innocence et de sa faiblesse ; si, pauvre et abandonnée, elle éveille dans le cœur un intérêt saisissant, quel n'est pas son pouvoir, lorsqu'à cette première puissance vient s'adjoindre la consécration d'une souffrance aussi irrémédiable qu'imméritée ! « L'enfance est toujours une chose sacrée, a dit un écrivain philanthrope, mais elle est deux fois sacrée quand elle est malheureuse. » Pauvres petites créatures ! elles n'auraient encore aucun sentiment de la vie si elles n'avaient celui de la douleur ; mais le mal est là qui a pris possession de leurs chairs morbides, qui les initie à l'existence de tortures qui les attendent, et qui crie à leur âme, par les crispations de toutes leurs fibres : « Tu vis!... tu vis, car tu souffres ! »

De telles infortunes n'ont pas été sans appeler la sollicitude sociale. L'administration française, si profondément pénétrée de tous les devoirs que lui imposent et la civilisation élevée qu'elle représente, et les sentiments généreux de la nation dont elle gère les intérêts, s'est émue devant ces souffrances et a ouvert plusieurs asiles à ces pauvres petits déshérités dont les vagissements ne sont que de longs cris de douleur.

Le principal est situé dans la rue de Sèvres ; c'est l'ancien couvent des *Filles de l'Enfant Jésus*, fondé par cette reine vertueuse, Marie de Pologne, dont la vie fut un long acte de charité. Quelle tendre et mystérieuse prédestination dans ce nom que, par une inspiration poétique et un pieux élan de cœur, lui a conservé la population parisienne. Pour la pauvre mère qui vient y confier son enfant aux soins dévoués de la science et de la charité, cet hôpital est toujours celui de l'Enfant-Dieu, *l'hôpital de l'Enfant Jésus.*

Cet établissement contient plus de six cents lits ; il reçoit les enfants malades âgés de deux à quinze ans. Ses bâtiments, quoique spacieux et situés dans un air excellent, n'offrent peut-être pas toutes les conditions de salubrité qu'exige un hôpital où tant de petits êtres se trouvent réunis ; ils réclament urgemment des développements qui permettent de laisser une colonne d'air plus considérable entre chaque lit. L'insuffisance de l'espace et les conséquences qu'elle entraîne ne peuvent-elles, quelques soins qu'apportent les sœurs à en conjurer les effets, être les causes des complications qui s'y développent fréquemment dans les maladies, et des ophthalmies qui trop souvent y sévissent ?

Un autre établissement de même nature a été fondé récemment dans le faubourg Saint-Antoine. Depuis longtemps déjà, des voix généreuses, au nombre desquelles c'est un devoir de citer celle du docteur Recurt, en réclamaient le bienfait pour ce populaire et populeux quartier. On ne pouvait refuser à la rive droite de la Seine cette précieuse dotation que la rive gauche possédait sur sa limite la plus reculée. Ces réclamations arrivèrent à d'augustes oreilles. Sous l'inspiration de S. M. l'impératrice, on s'occupa de la création d'un hôpital pour l'enfance sur un point central et salubre du faubourg. L'administration, suivant la méthode habituelle, mit ce projet à l'étude. Un terrain fut choisi dans un vaste emplacement appartenant à l'assistance publique, sur la ligne du boulevard Mazas... l'architecte reçut l'ordre de préparer les plans. Mais le cœur de Sa Majesté ne put admettre les lenteurs de ces formalités ;

elle sentit que des souffrances d'une telle nature ne pouvaient subir d'aussi longs délais. Ce pieux intérêt triompha de toutes les difficultés ; en attendant l'établissement de cet édifice spécialement construit pour les enfants malades, l'hôpital Sainte-Marguerite a été affecté provisoirement à leur usage. Ses édifices, qui avaient formé autrefois l'hospice des Orphelins, furent aisément appropriés à leur destination nouvelle. Les travaux, commencés dans les premiers jours de février 1854, furent conduits et exécutés avec tant de zèle, que dès le mois suivant ils pouvaient déjà recevoir 325 enfants malades. Le 21 mars, cet établissement prit le nom d'*hôpital Sainte-Eugénie*, du nom de la princesse à la charitable sollicitude de laquelle il devait sa naissance. Le nombre de ses lits s'élève aujourd'hui à 403, et les services qu'il rend à ce laborieux quartier ont réalisé toutes les espérances. Ses dépenses se sont élevées, en 1858, à la somme de 268,267 francs 95 centimes ; le nombre des enfants qu'il a secourus à 3,091.

Cet établissement est desservi par trois médecins, un chirurgien, cinq élèves internes et dix-huit externes, un pharmacien en chef et quatre élèves internes en pharmacie, vingt religieuses de Saint-Vincent de Paul, un instituteur primaire et un professeur de gymnastique ; il possède deux écoles, deux ouvroirs et un gymnase.

Cependant cette assistance officielle de l'enfance malade, outre son insuffisance générale, laisse encore de grandes et regrettables lacunes. Là, comme partout, la bienfaisance privée a dû intervenir ; elle l'a fait et elle a su récolter une large moisson dans ces nouveaux guérets de la charité.

Deux points la frappèrent dans les règlements édictés par l'administration pour ces hôpitaux ; le premier était la limite d'âge, qui laissait les enfants au-dessous de deux ans en dehors des secours ; le second était le caractère des maladies auxquelles ces secours s'appliquaient et que ces règlements renfermaient exclusivement dans le cercle des maladies aiguës, chroniques et chirurgicales. Beaucoup de ces infirmités proprement dites, sur lesquelles nous avons appelé l'attention et l'intérèt, de ces infirmités qui embrassent la vie entière, et dont le caractère principal est souvent l'incapacité et l'impuissance, legs déplorable de l'inconduite ou conséquences fatales des premières années de la vie passées dans l'atmosphère méphitique des plus hideux réduits, ne peuvent être admis dans ces établissements.

« Il y a quatre ans, un de nous, disait tout récemment le docteur Blatin, en parlant des commissaires d'un orphelinat, visitant les logements insalubres dans le dixième arrondissement, trouva chez une malheureuse veuve un petit impotent, ayant à peine dix-huit mois ; la mère allaitait un deuxième orphelin et ne pouvait travailler. On voulut placer le pauvre enfant ; on frappa vivement à toutes les portes ; aucun établisment ne s'ouvrit pour le recevoir. Pourquoi ?... Il était trop jeune. »

Ces lacunes ne pouvaient rester longtemps ouvertes, dans l'assistance administrative, sans que la charité privée songeât à les combler. Elle l'a fait... et son intervention n'a pas été vaine ; diverses œuvres et notamment celles des dames de charité, de Saint-Vincent de Paul, etc., déjà occupées de secourir les malades, ont consacré une piété plus vive encore au soulagement de ces infirmités. Une institution toute spéciale s'est même fondée pour assurer un refuge aux souffrances plus désolantes. Cette œuvre, placée sous le vocable de *Notre-Dame-des-sept-Douleurs*, a voué particulièrement ses soins miséricordieux aux petits incurables. Une association s'est aussitôt formée pour assurer son existence par des souscriptions. S. A. I. la princesse Mathilde en a accepté le patronage, et en est devenue, avec S. A. I. la princesse Clotilde, la principale bienfaitrice. L'établissement placé rue du Faubourg-Saint-Honoré est en pleine voie de prospérité. Il n'a plus qu'une aspiration, c'est que le développement de ses ressources lui permette d'élargir le cercle dans lequel il est encore forcé de resserrer ses bienfaits.

Les règlements des hôpitaux de l'enfance présentent une autre lacune. Dès que la maladie durant laquelle s'est ouverte la porte de l'établissement est guérie, l'enfant est rendu à ses parents ou à son tuteur. Cependant cet enfant affaibli par le mal se trouve encore dans un état qui exigerait une alimentation de choix, un repos réparateur, des soins assidus. Que va-t-il lui advenir?... il va retomber dans une vie de fatigues et de privations, à peine soutenu par une nourriture insuffisante parfois, toujours grossière. Il va languir au lieu de reprendre sa vigueur; et trop souvent quand ses forces ne demandaient qu'à renaître, il va s'affaisser dans l'épuisement et le besoin.

Mais la charité l'a prévu, et, pour elle, prévoir, c'est prévenir. Des établissements se sont fondés pour recevoir ces jeunes convalescents : pour leur prodiguer les soins et les secours que réclament des membres affaiblis et un tempérament ébranlé; pour leur assurer les jours de calme et de repos, dont les loisirs vivifiants, la sérénité relative, sont pour leur organisme entier un besoin.

La *Société de patronage des enfants convalescents*, vient se placer au premier rang. Cette œuvre pieuse, dont la composition comme l'objet appelle la plus vive sympathie, est formée de jeunes gens qui se sont imposé la touchante mission de visiter les hôpitaux d'enfants , d'y porter des consolations, des enseignements, des secours. Ils étudient, dans ces visites, la position, les besoins, le caractère et la complexion de ces petits malades, et lorsque, le jour de leur cure arrivé, les portes de l'hôpital se rouvrent pour eux, ils recueillent les plus intéressants, les plus dénués et les plus faibles. Ces enfants sont placés dans une maison créée et entretenue par le conseil de l'œuvre, où ils reçoivent tous les soins hygiénique prescrits par un médecin qui les visite chaque jour.

Cette maison, située d'abord rue d'Eblée entre le boulevard des Invalides et celui de Breteuil, a été transportée depuis rue de Sèvres, 67, dans l'hôtel de Broglie, acheté pour l'œuvre et affecté à son service par l'un de ses membres. Voici la composition actuelle de son bureau :

Mgr l'évêque de Carcassonne, président honoraire, MM. l'abbé Véron, chanoine de Paris, l'abbé Rayneval, Augustin Cochin, maire du dixième arrondissement, Ernest de Juigné, Jules Clerc, Justin d'Acher de Montgascon, Auguste de Broglie, Raoul de Chambray, Joseph de la Bouillerie, Ernest de Lambertye et René de Gondrecourt, auxquels nous devons joindre M. de la Rochefoucault, duc de Bioaccia, l'un de ses plus généreux bienfaiteurs.

Les enfants reçoivent les visites et les soins de M. le docteur Pidoux, médecin des hôpitaux, et trouvent dans la médication ou dans le régime qu'il leur prescrit les moyens de consolider complétement leur santé. Cette maison qui, à son origine, ne contenait que douze lits, en possède aujourd'hui plus de vingt. Elle y reçoit annuellement de 150 à 200 enfants. Elle est dirigée par trois religieuses. Un contre-maître et un aide y occupent les enfants à des travaux mis à leur portée, et calculés pour chacun d'eux sur le degré d'exercice qui peut favoriser le raffermissement et le développement de ses forces.

Quand leur rétablissement est complet, l'œuvre ne les abandonne pas, elle s'occupe de leur avenir, ses membres les placent dans des institutions, ou chez des maîtres recommandables; dans des visites assidues ils les guident et les encouragent par de sages conseils et des secours. La maison de convalescence devient alors pour eux une maison de famille, où chaque dimanche et chaque jour de fête ils viennent partager fraternellement la nourriture du corps et le pain de la parole divine. Cet établissement a pour dépendance un préau planté d'arbres et égayé de corbeilles de fleurs et de pelouses; il possède également un gymnase.

Nous avons à placer ici une œuvre non moins recommandable, et qui se rattache à celle-ci par d'autres liens que par les liens de famille qui unissent leurs principaux bienfaiteurs, c'est l'Œuvre de la Roche-Guyon.

Qu'un crime s'accomplisse, qu'un vice se trahisse par quelqu'excès, au milieu des hautes classes sociales, c'est un esclandre dont le récit trouble et soulève la société tout entière. Pourquoi les actes de dévouement, d'ardente et magnanime charité qui s'y réalisent chaque jour n'ont-ils pas le même retentissement et ne portent-ils pas l'édification là où les autres ont jeté le scandale ! Et pourquoi citer des faits et des noms qui ne sont que trop présents dans les souvenirs ?... Mais qui sait au contraire qu'un riche philanthrope vient chercher, chaque mois, dans les hôpitaux de Paris 25 petits enfants bien faibles, bien pâles, bien souffreteux au milieu de cette multitude de petits malheureux que la maladie a tous faits si débiles, et que ces enfants deviennent les siens jusqu'à ce qu'ils aient recouvré la force et la santé ? C'est pourtant ce qui a lieu, et celui qui accomplit cet acte de haute et constante vertu, porte un des plus grands noms de la France héraldique : c'est M. le comte Georges de la Rochefoucault. C'est lui-même qui vient faire ce choix dont la charité est l'arbitre. Cette élection accomplie, les enfants montent en voiture et partent pour le beau domaine de la Roche-Guyon. Là, au milieu de soins continuels, dans des jardins spacieux et un parc magnifique, ces petits infortunés renaissent à la santé et se reprennent à la vie. Des sœurs de charité leur prodiguent tous les soins d'une tendresse maternelle. Ils reçoivent, chaque jour, les leçons d'un vieux soldat qui remplit auprès d'eux les fonctions d'instituteur et de contre-maître. Dans les intervalles des études et des travaux on fait une promenade dans les bois; une table abondamment servie attend au retour ces appétits excités par le grand air. L'éducation, l'instruction primaire et professionnelle et l'enseignement religieux marchent de pair avec le traitement hygiénique; et lorsque, grâce à ces vivifiantes influences, la santé de l'âme et la santé du corps ont refleuri, ces enfants frais et bien portants cèdent leur place à d'autres petits rachitiques, qui s'y régénéreront comme eux. 300 jeunes orphelins se trouvent ainsi admis chaque année aux bienfaits de cette généreuse assistance.

Une œuvre si touchante ne pouvait que provoquer la rivalité la plus sympathique; la famille et les amis de M. de la Rochefoucault ont réclamé le bonheur d'y contribuer; la ville de Paris, le ministre des cultes et le ministre de l'intérieur ont voulu l'encourager de leur concours. L'administration du chemin de fer de Rouen s'est chargée du transport gratuitement des jeunes voyageurs; l'Impératrice des Français elle-même a apporté à cette magnanime inspiration la consécration de son offrande. M. G. de la Rochefoucault vient de faire construire, sur un terrain que lui a cédé son père, un établissement consacré à cette œuvre, et de prendre des dispositions qui en assurent la durée après lui.

Mentionnons aussi une association qui, si elle ne s'applique pas spécialement au soulagement des enfants malades, ne s'en est pas moins imposé pour cela une mission favorable à leur santé. La lettre que son président, M. de Cormenin, adressait, en 1857, à M. le préfet de la Seine, fera connaître, mieux qu'une notice, son caractère et ses bienfaits, car elle les révèle par un mode qui les précise, par des faits :

« Monsieur le préfet,

» *La Société hygiénique des bains et ablutions d'eau chaude*, établie dans tous les quartiers de Paris, en

faveur des enfants des salles d'asile et des écoles primaires, vient mettre sous vos yeux les résultats de sa
gestion pour l'année 1856.

» Les parents et les enfants eux-mêmes ont sollicité,
avant l'ouverture de la saison des bains, la distribution
des cartes, et il leur a été délivré vingt-huit mille bains
environ.

» Vous avez bien voulu, monsieur le préfet, à notre
demande, et nous vous en remercions, augmenter le
crédit des asiles et des écoles, ce qui va nous per-
mettre d'étendre le bienfait de l'œuvre à un plus grand
nombre d'enfants pauvres, dans l'intérêt de leur
santé.

» Nous ne pouvons que nous louer du zèle des instituteurs et des institutrices, tant frères et sœurs que
laïques, et de l'empressement des maîtres de bains qui,
comprenant bien que cette œuvre est toute de charité,
ont voulu s'y associer en réduisant leurs prix au taux
le plus bas possible.

» CORMENIN. »

Les maladies et les infirmités aiguës ne sont pas les
seules souffrances qui atteignent l'enfant dans sa chair
et lui ferment toutes les carrières où il puisse trouver
dans le travail une vie indépendante et honorée. Il est
un autre cercle d'affections qui, en le rendant im-
propre par lui-même aux plus simples nécessités de la
vie laborieuse, ne lui laissent d'autres ressources, s'il
se trouve dans l'indigence, que les secours de la commisération publique. Qui ne s'est senti le cœur serré
d'une pitié navrante à la vue ou à la pensée même de

ces pauvres petits sourds-muets dont l'âme est restée plongée dans les ténèbres, parce qu'aucun principe de distinction n'a pu faire pénétrer la lumière intellectuelle dans sa nuit morale ? Il végète, comme la plante ; il vit comme l'animal ; mais, en réalité, il ne vit pas, car nulle idée n'a pu faire vibrer en lui l'intelligence restée latente sous le voile de son organisme.

Il existe, il est vrai, des établissements publics ouverts à ces malheureux, et où, grâce aux merveilleuses inventions de la charité élevée jusqu'au génie, ils sont, nous n'osons dire affranchis de cette infirmité, mais soulagés de ce qu'elle a de plus cruel. Ces établissements, et particulièrement l'institution impériale des Sourds et Muets, à Paris, ne peuvent, d'après le dispositif des règlements ministériels, recevoir les jeunes enfants, que de neuf à dix ans. Le motif en est la durée des cours, qui est de six années. Si le sourd-muet était admis sur les bancs de l'école à un âge plus tendre, cette éducation atteindrait sa fin à l'époque de la vie où il aurait été le plus apte à en recueillir les fruits. Si cette mesure a ses avantages, elle a aussi des inconvénients, aussi déplorables qu'évidents.

L'intelligence n'est pas en réalité plus tardive dans le jeune sourd-muet que dans l'enfant qui entend et qui parle ; il n'a besoin, pour naître à la vie mentale, que d'un langage qui permette à l'idée, en la spécifiant, d'arriver jusqu'à son intelligence ; or, le langage peut être oral ou figuré ; il peut donc arriver à l'âme par la vue comme par l'ouie.

En ne profitant point de cette disposition naturelle, l'enfant restait de longues années étranger à toute existence morale, livré à l'idiotisme brutal de ses instincts, dans un état de dégradation dont les facultés devaient nécessairement conserver une empreinte profonde.

La pensée de l'arracher à cet abandon déplorable dut se présenter à l'esprit de tous ceux dont la sollicitude était éveillée par une si émouvante infirmité. Ce fut aussi ce qui eut lieu et ce qui suscita les sociétés qui suppléent chaque jour, par leurs] efforts et par leurs bienfaits, à l'insuffisance des institutions administratives.

L'une de ces associations s'est établie sous le nom de Saint-François de Sales. Son principal objet était de fonder *une maison spéciale pour les Sourds et Muets* dans laquelle fussent réunis, comme dans les salles d'asile et dans les écoles primaires, les enfauts des deux sexes jusqu'à l'âge de neuf ans. Elle devait être composée d'un internat et d'un externat confiés à des religieuses parfaitement au courant des méthodes pour les signes et l'articulation. Cet objet est à peu près réalisé ; l'établissement existe. Modeste à sa naissance, comme toutes les créations de la charité privée, il s'est développé comme toutes les œuvres que Dieu bénit. Sa maison, sise rue des Postes, n° 52, a pour dépendance un jardin spacieux, qui, joint à la salubrité de l'air, la met dans les conditions hygiéniques les plus favorables. Les enfants y sont confiés à des religieuses de l'ordre de Notre-Dame du Calvaire, qui unissent l'instruction spéciale à l'esprit d'abnégation et de dévouement que l'on admire dans toutes les corporations de sœurs hospitalières.

Disons que c'est à l'initiative et à la généreuse activité de M. l'abbé Lambert qu'est due l'existence de cette institution précieuse. L'établissement qui recevait dans l'origine, des enfants des deux sexes, est spécialement consacré aujourd'hui à l'éducation des jeunes sourdes-muettes. Elles y sont au nombre de quarante.

Paris possède une autre association qui, sans s'arrêter à l'âge des sourds-muets, embrasse, dans son intérêt et dans ses secours, tous les malheureux que cette infirmité semble avoir retranchés de la vie sociale ; quels qu'ils soient, elle les accueille; jeunes ou vieux, elle leur prodigue ses soins et ses bienfaits. Enfants, elle les place dans des asiles, dans des maisons d'éducation ou des orphelinats ; adultes et vieillards, elle les visite dans leurs domiciles, versant ses secours, selon leur besoin, dans le chômage, les maladies et les infirmités de la vieillesse.

Nous n'avons à nous occuper présentement que des premiers. Sur deux cents affligés qu'elle secourt annuellement, plus de cinquante appartiennent à l'enfance. Un certain nombre est placé dans l'Asile-école Fénelon de Vaujours.

Cette œuvre a pris le titre d'*Association centrale d'éducation et d'assistance pour les sourds-muets en France*. Elle a pour président M. Dufaure, ancien ministre, et pour trésorier, M. Nau-Beaupré.

La statistique suivante, empruntée à l'un des derniers rapports du secrétaire général de l'association, fait connaître tout le bien qu'avec ses faibles ressources elle parvient à réaliser.

Ses recettes annuelles s'étaient élevées à la somme de 12,646 fr. ; le chiffre des sourds-muets auxquels elle avait donné des secours réels à 116. Sur ce nombre, 50 enfants avaient été entretenus dans des écoles: 30 comme externes (18 garçons et 12 filles) ; 20 comme internes (11 filles et 9 garçons) ; 8 adultes avaient été placés en apprentissage.

L'assistance morale de l'institution s'était de plus étendue à 91 individus, ce qui portait le nombre des sourds-muets assistés par la société à 207.

Elle compte parmi ses membres : Mgr Morlot, archevêque de Paris ; MM. Baroche, président du conseil d'État ; de Thorigny, sénateur ; Nogent-Saint-Laurent, membre du Corps législatif ; le marquis de Béthysi ; de Gombert, conseiller à la cour des comptes ; de Rémusat, ancien ministre.

DEUXIÈME PARTIE

AGE ADULTE

—

CHAPITRE PREMIER

ORPHELINATS DE JEUNES GARÇONS

SOMMAIRE. — L'apprenti. — Le patron. — Les compagnons. — Liberté
de l'atelier. — Dangers du cabaret. — L'éveil des passions. — Une
histoire. — Institutions pour l'apprentissage et la moralisation des
jeunes ouvriers. — Quatorzième siècle. — Un fragment de l'histoire
morale de Paris. — Les Enfants bleus. — Les Enfants rouges. —
L'abbé Bervanger. — Institution de Saint-Nicolas. — Concours charitable. — Un bref pontifical. — Une visite aux ateliers. — Asile-
école Fénelon. — Son origine. — Le bon curé. — Transformation
laborieuse. — Une association philanthropique. — Organisation. —
Orphelinat agricole de Saint-Joseph. — L'abbé Mullois. — Un miracle
de la charité. — Petits livres et grosses sommes.

Nous voici à l'âge où la société s'ouvre à l'enfant du
peuple ; l'écolier est devenu apprenti ; l'atelier le reçoit :
par cette porte, jeune homme, il entre dans la vie pratique. Il n'a plus de maître, mais un patron, c'est-à-dire
un chef industriel, avant tout occupé de ses propres travaux et de ses intérêts personnels ; l'enfant n'a plus de

condisciples, mais des compagnons, et souvent quels compagnons ! La liberté de l'atelier et la licence du cabaret, voilà le régime qui succède, tout d'un coup, à l'active et affectueuse surveillance qui, jusqu'alors, a protégé son corps, formé son cœur, éclairé son esprit, en un mot enveloppé sa vie. Et quand s'opère pour lui ce brusque et complet changement? au moment où ses passions s'éveillent, à l'heure où il en subit les entraînements inconnus.

Quels dangers n'entourent point ses premiers pas dans cette vie nouvelle ! Quelles conséquences funestes peuvent naître d'un premier écart ! M. Dufau rapporte, dans ses *Lettres sur la Charité*, l'histoire d'un jeune apprenti, histoire bien simple, bien commune, mais par cela même d'autant plus concluante qu'on peut, par conséquent, la citer comme l'histoire de chacun et l'histoire de chaque jour. Ce jeune homme, adonné d'abord à la vie désœuvrée du gamin de Paris, en fut arraché par la rude admonition d'un passant indigné de le voir s'acharner, avec une bande de petits vagabonds, à la poursuite d'une misérable créature dont la démarche chancelante décelait les honteux excès.

« Le plus grand nombre, dit M. Dufau, ne fit que rire de cette sévère allocution, mais celui qui nous occupe n'en rit pas ; il resta frappé, et, le soir, quand il rentra, il dit à sa vieille hôtesse : « Je veux travailler. » Le lendemain, il entra chez un chapelier du voisinage qui, le troisième jour, le battit avec violence pour je ne sais quelle étourderie ; l'enfant s'enfuit, mais il persista, et quelques jours après, indécis encore de l'état qu'il voulait adopter, il se plaça chez un ferblantier qui l'accablait de travail et le nourrissait à peine.

Il maigrissait et pâlissait à vue d'œil ; au bout de peu
de temps il n'y put tenir, et fut obligé de changer de
nouveau d'atelier ; il en changea plusieurs fois encore,
tantôt pour un motif, tantôt pour un autre ; ici il n'était
pas assez fort, là il n'était pas assez adroit. Tel maître
abusait de ce qu'il n'avait à rendre compte de sa conduite à personne, en en faisant un domestique, dont il
employait tout le temps pour un peu de pain, sans
s'inquiéter de lui montrer son état ; partout, du reste,
des occasions de scandale et de funestes exemples !
Partout il trouvait quelque ouvrier qui, avancé dans la
voie de la dépravation jusqu'au cynisme, cherchait à
faire des prosélytes pour le mal, avec le zèle que d'autres
apportent à une sainte propagande. Parfois il était
initié aux intrigues scandaleuses d'un couple désuni et
immoral. Celui-ci le menait aux barrières le dimanche
et le lundi, et l'excitait à fumer et à boire avec lui ;
celui-là l'envoyait en course dans tous les quartiers
de Paris, le soir, à l'heure où le vice s'empare en
quelque façon de la ville et y tient le haut du pavé.
L'enfant résistait encore à tant de séductions, mais
peut-être eût-il bientôt fini par succomber, quand il
eut le bonheur de faire la rencontre d'un vieux maître
menuisier, qui aimait son état avec cette sorte de pré-
dilection orgueilleuse qui n'est pas rare chez les habiles
artisans. Le brave homme s'attacha à cet enfant, et
résolut d'en faire un ouvrier digne de lui. Sous la direction de ce maître, en même temps qu'il acquit de l'habileté, il contracta ces habitudes d'ordre et de sagesse
qui, lorsqu'elles sont prises dans la jeunesse, deviennent comme une seconde nature dans l'âge mûr. »

Cette biographie rapide n'est-elle pas le relief, pris
sur le vif, des mille dangers, qui entourent l'orphelin à

l'entrée de toutes les carrières, qui menacent une moralité dont l'expérience n'a pas encore affermi les principes, et dans cette moralité tout son avenir?

Ce jeune ouvrier trouva dans son cœur, dans son âme, l'énergie de résister aux épreuves qui le rejetaient dans cette vie dissipée dont le premier degré, le désœuvrement, est déjà exposé à toutes ces attractions du vice qui peuvent devenir les entraînements du crime. Mais combien y auraient, combien y ont succombé ; combien repoussés de cette vie de travail, par la violence ou la cupidité d'un patron, sont revenus une fois, deux fois, trois fois même, vers ces ateliers où tous les instincts de leur cœur, toutes les saintes traditions de la crèche, de l'asile et l'éco le ont impreigné leur âme, leur disent qu'est, pour eux, la dignité et le bonheur, pour retomber enfin dans cette masse d'ouvriers sans occupations fixes, flottant au flux et au reflux des nécessités de chaque jour, dans ces bas-fonds mystérieux de la société où elle vit au milieu de la corruption

Cette situation est trop générale, ces périls sont trop communs pour que la charité, que nous avons vu veiller avec tant de sollicitude sur les diverses phases de l'enfance, ne vînt pas la leur disputer et l'entourer de tout son dévouement pour l'aider à franchir ces épreuves. Elle a senti au contraire que c'était là le moment décisif de son œuvre, l'instant suprême d'assurer la moisson dont elle a opéré l'ensemencement et la germination par tant de soins et avec tant de prudence; elle a compris que les connaissances, les lumières qu'elle a développées dans ces enfants, les activités et les énergies qu'elle a suscitées dans ces caractères et ces volontés, puissances fécondes dans la voie du bien, peuvent au contraire éclater en perversités et en forces destructives dans des existences dévoyées; aussi l'a-t-on vue redoubler d'ardeur et de zèle. Non seulement les sociétés qui s'étaient vouées au soulagement, à la moralisation et à l'enseignement de l'enfance n'ont pas trouvé que l'école civile ou religieuse eût épuisé leur mission, que leur tâche expirât à son seuil, mais il s'est formé un grand nombre d'associations plus spéciales qui sont venues leur apporter leur généreux et utile concours. C'est à l'examen de ce précieux concert de dévouements et d'efforts que nous allons consacrer les chapitres qui suivent.

Les institutions ayant pour objet d'ouvrir et de frayer à l'enfant du peuple, et particulièrement à l'orphelin, une voie laborieuse et honnête dans la vie, ne sont pas des créations nouvelles. L'histoire de Paris nous offre plusieurs établissements de cette nature, dont un remonte même au milieu du quatorzième siècle. « Il » appert, rapporte Dubreuil [1], qu'ès années 1360, » 1361 et 1362, à cause des guerres qu'estoient en » France, le peuple se trouva reduict en grande ne- » cessité: de sorte que grand nombre d'enfants, or- » phelins de père et mère, demeuroient à Paris gisans » ès rues, sans aucune retraite. De quoy esmeues » plusieurs bonnes personnes restirerent en divers » lieux quantité d'iceux, l'Hostel-Dieu n'ayant aucun » moyen de les recevoir. Et considerant que les parti- » culiers ne pourroient longuement porter ceste charge, » plusieurs notables personnes, le 16 fevrier 1362, al-

---

[1] L'abbé Lebeuf affirme même, sur la foi d'un *pouillé* de la confrérie du Saint-Esprit, que cette institution remonte à l'année 1362, et qu'elle fut alors établie dans une maison de Geoffroy Lasnier.

» lèrent vers reverend pere en Dieu, messire Jean de
» Meulan, evesque quatrevingt huitième de Paris, au-
» quel firent entendre la necessité et misère de ces
» pauvres enfans, qui perissoient de faim et de froidure,
»plusieurs d'eux gastez de mal de galle et de teigne,
» dont ils mourroient miserablement, et les pauvres
» filles violées de nuict. Ce qui causeroit de grands mal-
» heurs à la ville s'il n'y estoit pourveu. Pour à quoy
» obvier, le dit sieur evesque leur donna permission
» d'instituer et d'ériger une confrairie du Sainct-Esprit
» et donna par ses lettres à chacun des confrères qua-
» rante jours d'indulgence. Et pour s'acheminer à ce
» pieux dessein, ils achetèrent une maison et une grange
» en place de Grève, contre l'hostel du Dauphin, à pre-
» sent Hostel-de-Ville de Paris, où ils retirerent ceste
» multitude de pauvres enfans et y construisirent le
» dit hospital. » Cette institution, dont les papes Urbain V,
Grégoire IX et Clément VII confirmèrent et développèrent les priviléges religieux, reçut de rapides développements, grâces aux libéralités de *Messieurs de la
Ville*, comme l'attestait une inscription gravée sur un
des piliers de l'église, et aux nombreuses aumônes
dont elle fut l'objet. D'après ses règlements, régularisés
par plusieurs ordonnances royales, cet hôpital recevait
les enfants légitimes sans ressources, âgés de moins
de neuf ans, nés et baptisés à Paris, et particulièrement ceux dont le père et la mère étaient morts à l'Hôtel-Dieu. Ces petits malheureux que, de la couleur de
leurs vêtements, on nomma *les Enfants bleus*, y recevaient des leçons de lecture, d'écriture et de calcul.
Ils devaient avoir un protecteur qui, lors de leur admission, déposait une somme de cent cinquante livres.
Ce petit capital de prévoyance était destiné à payer le

prix de leur apprentissage à leur sortie de la maison et leur assurait ainsi un état.

L'hôpital des Enfants-Dieu, à qui la voix populaire donna le nom d'hospice des *Enfants rouges*, par le même motif qui lui avait fait appeler *Enfants bleus* les orphelins de l'hôpital du Saint-Esprit, avait un caractère et une destination identiques. Ce que celui-ci faisait pour les enfants indigents nés et baptisés à Paris, l'autre l'accomplissait pour les orphelins qui avaient reçu le jour et le baptême hors de l'enceinte de cette ville royale. L'administration avait même créé dans ces établissements différents ateliers où les enfants recevaient l'éducation professionnelle qui convenait à leur aptitude et à leurs goûts, et d'où ils sortaient la plupart avec des brevets de maîtrise.

Ces précieuses institutions avaient disparu depuis près d'un siècle lorsqu'en 1827 une maison du faubourg Saint-Marceau vit éclore et se développer, au souffle ardent de la charité, les germes d'une œuvre qui devait revendiquer la mission et renouveler les bienfaits de ces établissements oubliés. Un humble prêtre, M. l'abbé de Bervanger, l'âme attristée par le spectacle des malheurs de tous genres, dont l'abandon de tant de pauvres enfants était journellement le principe, résolut de tenter de resserrer cette plaie dévorante, s'il ne lui était donné de la guérir. Il arrêta le projet d'un enseignement professionnel qui dérobât ces jeunes ouvriers à tous les entraînements périlleux sous l'empire desquels les jetait l'indépendance de l'apprentissage ; avec cette force que donne le sentiment du bien que l'on va accomplir, il se mit à l'œuvre, et l'institution de Saint-Nicolas fut fondée.

Un modeste appartement, placé sous les toits,

fut son berceau, ou plutôt sa crèche. Sept jeunes orphelins vinrent s'y former, sous les leçons du vieux prêtre, à cette science du travail qui devait leur assurer un avenir honorable et fecond.

· L'espoir de l'abbé de Bervanger ne fut pas déçu : le nombre de ses apprentis grossit chaque jour ; aux admissions, gratuites pour la plùpart, qui avaient inauguré cet établissement, succédèrent des admissions rétribuées. L'ouvrier nécessiteux donna peu, l'ouvrier aisé donna davantage ; des protecteurs charitables payèrent souvent pour les indigents : ces pensions s'élevèrent de 15 à 25 fr. par mois. Grâce à ces produits que semblait multiplier la grâce, l'abbé de Bervanger put acheter une belle propriété répondant à toutes les nécessités d'un tel établissement, par l'étendue de ses dépendances et la salubrité de son site. « Joindre l'apprentissage d'un métier aux études » élémentaires, et principalement à l'étude de la reli- » gion, sans laquelle un ouvrier ne trouve, pendant sa » vie, ni règle pour sa conduite, ni consolation dans » ses fatigues, ni espérance pour son avenir, » tel était le problème qu'il s'était posé, tel est aussi celui qu'il a résolu avec un succès qui lui a mérité les sympathies universelles, sentiments confirmés par les félicitations du souverain pontife ; un bref lui conférant, par la dignité dont il le revêt, le titre honorifique de Monseigneur, a été le témoignage de cette haute approbation.

Le dévouement personnel le plus complet ne peut suffire à de telles œuvres. Mgr de Bervanger le sentait depuis quelque temps déjà, et n'était retenu au milieu de ses fatigues et de ses préoccupations que par cette généreuse ardeur qui fait tout sacrifier à ce que la conscience et le cœur imposent comme un devoir, lorsqu'il en fut relevé par Mgr le cardinal-archevêque de Paris. Il faut pour perpétuer de telles œuvres, ou la tutelle de l'administration, ou celle d'une société fortement constituée. Mgr Morlot accepta, en 1859, la remise que Mgr de Bervanger lui fit de l'établissement de Saint-Nicolas, et appela immédiatement à sa gestion les frères des Écoles de la Doctrine Chrétienne.

Le nombre des élèves de l'établissement était déjà de douze cents. Il s'est depuis élevé à mille cinq cents. Au nombre de ses hôtes se trouvent beaucoup d'enfants patronés par des associations de charité, et, en particulier, les pupilles de la Société des amis de l'Enfance.

Il possède aujourd'hui deux maisons : l'une à Issy, où les plus jeunes élèves, au nombre de neuf cents, reçoivent plus spécialement l'éducation primaire; l'autre à Paris, rue Vaugirard, où les six cents plus âgés reçoivent l'instruction professionnelle. L'une et l'autre maison, placées dans des sites salubres, possèdent les vastes dépendances nécessaires à l'éducation et à l'activité de leurs jeunes hôtes.

« J'ai visité avec un soin minutieux, dit dans ses lettres sur la charité le directeur de l'Institut impérial des aveugles de Paris, ce précieux établissement, accompagné de son respectable supérieur, sur les pas duquel je me plaisais à voir accourir avec empressement tous ces enfants, l'entourant, le saluant affectueusement, baisant sa main, heureux d'obtenir un mot cordial de Monseigneur... C'était l'heure de la récréation et le moment de se livrer à ces jeux gymnastiques si salutaires à la santé des jeunes garçons et auxquels ils retournaient avec ardeur, après s'être un instant approchés de nous. Bientôt la cloche sonna ; tous disparurent rapidement, et un silence absolu remplaça les bruyants éclats qui, un instant auparavant, retentissaient dans le vaste préau. Je parcourus successivement les ateliers, qui sont au nombre de vingt-cinq, la plupart au compte des contre-maîtres. Alors même on en organisait un nouveau pour former des mécaniciens. Partout je trouvai chacun attentif à sa besogne. Nul de ces jeunes et frais visages ne m'offrit cet œil moqueur, cet air effronté que remarque trop souvent le visiteur chez l'enfant des fabriques. Le ton des apprentis de Saint-Nicolas m'a paru poli et leur regard empreint de la modestie qui sied à cet âge. »

Tel est l'heureux effet de cette vie douce et régulière ; à une liberté sans surveillance qui, pour beaucoup de ces petits malheureux, eût été bien moins l'apprentissage d'un état que le surnumérariat des délits ou du crime, ont succédé des habitudes calmes et laborieuses, une tenue décente et ce respect d'eux-mêmes, heureux prodrome et sauvegarde de leur avenir.

C'étaient là d'heureux essais ; un remède était enfin trouvé à une des plaies sociales les plus pernicieuses, puisqu'elle s'attaque à l'enfance des classes populaires, et transforme en éléments destructeurs les principes reçus de l'instruction première, corrompant ainsi dans leur source même la moralité des générations : il suffisait de lui donner un apprentissage. Le succès de ces tentatives en suscita de nouvelles. Une des plus heureuses fut la création de l'asile industriel et agricole, qui prit le nom d'Asile-école Fénelon.

Ce n'est pas le souvenir de l'immortel archevêque de Cambrai que doit évoquer le nom de cette institution, c'est celui d'un prêtre dont le nom, pour être plus modeste devant les hommes, n'en est pas moins grand devant Dieu : M. l'abbé Fénelon, dernier directeur de l'OEuvre ancienne des petits savoyards, appelé leur Saint-Vincent de Paul; il la régit jusqu'en l'année 1794. La fondation de l'asile scolaire, placé sous son vocable révéré, remonte à l'année 1843.

Le domaine de Vaujours venait d'être vendu, et ses terres démembrées étaient devenues les propriétés des habitants du pays. Le château et le parc étaient restés seuls sans acquéreurs. On le concevra : le parc était en friche et le château tombait en ruine. Le curé de Vaujours, l'honorable M. Dubeau, conçut le projet de les appliquer à une œuvre dont l'utilité avait maintes fois frappé sa pensée. Il les loua, en effet, et y établit un école primaire et professionnelle pour l'enfance.

Nul lieu n'était placé dans des conditions plus favorables pour la création d'un pareil établissement : air pur, contrée salubre, eaux excellentes. Le parc de Vaujours (*Vallis jocosa*) s'étend, comme son nom l'indique, dans une vallée aussi riante que pittoresque et féconde. Le château, bâti sur le versant d'une colline, à seize kilomètres au nord-est de Paris, est un édifice dont quelques parties remontent au douzième siècle; il devait subir toutes les transformations qu'a successivement traversé la société elle-même; le vieux château des temps féodaux devint plus tard un noble manoir pour être érigé un jour en établissement philanthropique.

Cette dernière transformation était une œuvre laborieuse; le pieux abbé qui l'avait entreprise ne tarda pas à reconnaître qu'elle dépassait ses forces et à sentir la nécessité de céder son établissement à d'autres mains pour assurer son avenir. Une association se forma pour sauver cette œuvre menaçant ruine. Cette association, qui se donna pour président un magistrat, éminent à tous les titres, M. de la Palme, comptait dans son sein les fonctionnaires les plus élevés et les noms les plus honorables : deux maires de Paris, M. Frottin, du premier arrondissement, et M. Cochin, du dixième ; deux maîtres des requêtes au conseil d'État, MM. Gomel et Richard ; M. de Boissieu, conseiller à la cour impériale ; M. l'abbé de Guerry, curé de l'église de la Madelaine ; MM. le comte de Benoist aîné et Alexis Beau, membres du conseil de l'assistance publique ; M. Ganneron, juge au tribunal de première instance de la Seine ; M. Houette, juge au tribunal consulaire de Paris, etc.

L'asile Fénelon ne pouvait que prospérer avec un pareil appui ; non-seulement les réparations du château furent complétées, mais grâce à la libéralité avec laquelle le capital lui en fut avancé par ses membres, la société put acheter le château et le parc de Vaujours et par cette acquisition consolider son œuvre.

Cet établissement, qui reçoit les enfants pauvres de Paris âgés de moins de onze ans, est confié aux soins des sœurs de Saint-Joseph de Cluny. Il ne compte pas moins de quatre cents élèves, qui, outre les avantages d'une éducation morale, y reçoivent les enseignements de l'instruction première et professionnelle. La moitié environ se donnent à la pratique des travaux agricoles.

Les admissions sont payantes ou gratuites, le prix annuel de la pension est de deux cents francs ; les admissions gratuites quoiqu'assez nombreuses sont cependant les exceptions. Deux faits que nous recueillons dans les journaux feront connaître et apprécier quels en sont les bénéficiaires.

Un petit enfant, Émile Chapeau, arrêté en juin 1849, est conduit devant le tribunal de police correctionnelle, sous prévention de vagabondage. Sa figure, de l'expression la plus douce, est inondée de larmes ; c'est un orphelin. Le malheur de ce pauvre abandonné excite un sentiment de sympathie universelle; dix voix le réclament. M. de la Palme écrit au tribunal qu'une famille de jeunes frères attend le petit orphelin, dans l'établissement de Vaujours; le tribunal renvoie l'enfant de la plainte et le remet au digne magistrat qui lui a offert un asile. Or, voulez-vous savoir ce qu'est devenu Émile Chapeau? c'est aujourd'hui un des meilleurs sous-officiers du 21e régiment de ligne.

Un soir de décembre, même année, par un temps de l'humidité la plus froide, un enfant s'est blotti, dans l'angle d'un mur sur le boulevard et s'efforce d'échapper à la souffrance par le sommeil, mais il tremble et il sanglote. Une femme passe et, voyant cet enfant grelotter sous ses haillons, s'approche de lui.

— Qu'as-tu donc, mon petit? lui dit-elle.

— Oh ! j'ai froid... répond-il, et, fondant en larmes il ajoute : Et bien faim !

— Pourquoi n'es-tu pas chez ta mère ?

— Je n'ai plus de mère... Elle est morte.

— As-tu un père?...

— Oui... mais il est remarié... avec une grande femme... elle m'a chassé de chez nous, parce qu'elle dit que je mange trop.

L'enfant est conduit au poste de la garde nationale du cinquième arrondissement, il est envoyé à la préfecture de police, et de là à la prison de la Roquette, pour paraître enfin devant la justice sous prévention de vagabondage. Son père, appelé par le juge d'instruction, déclare qu'il n'a pas le moyen de le nourrir. La charité lui rend le père que la misère lui enlève. C'est encore M. de la Palme qui le réclame et l'asile Fénelon qui lui ouvre un refuge. L'enfant que le vagabondage allait jeter dans l'atmosphère dissolvante des prisons est aujourd'hui un excellent ouvrier, instruit, adroit, laborieux, rangé; un honnête homme, un citoyen utile. Vous pouvez maintenant juger de l'arbre : voilà les fruits.

Plusieurs œuvres dont l'objet était l'éducation et l'instruction des orphelins indigents comprirent l'importance et la fécondité de ces institutions et s'efforcèrent d'en procurer les bienfaits à leurs pupilles : de ce nombre fut la *Société des Amis de l'Enfance*, dont nous avons déjà parlé et sur laquelle nous auront encore à revenir. Elle répartit ses élèves dans l'asile de Vaujours, dans la maison ouverte à Vaugirard par la Société de Saint-Vincent de Paul, dont nous allons parler à l'instant, et particulièrement dans cet admirable établissement de Saint-Nicolas, fondé avec tant de dévouement et dirigé avec une intelligence si élevée par le vénérable abbé de Bervanger, où elle en place chaque année de cent dix à cent vingt.

La Société de Saint-Vincent de Paul, dont la charité embrasse, dans son actif dévouement, toutes les misères des classes laborieuses, ne pouvait rester en dehors de ce pieux concert d'efforts ; elle prit part à cette œuvre et posséda bientôt à Vaugirard, rue des Vignes, 44, une maison d'asile avec écoles et ateliers, où elle compte près de cent cinquante jeunes apprentis. Cette maison qui, placée sous le haut patronage de Son Éminence Mgr l'archevêque de Paris, prend chaque année des développements nouveaux, éprouve cependant la douleur d'apporter de nombreux refus aux demandes d'admission qui lui sont adressés chaque jour.

Nous terminerons l'histoire rapide de ces précieuses institutions par celle d'un établissement naissant qui prouve toute la fécondité du bien ; c'est aux produits d'une œuvre de moralisation qu'il doit sa naissance ; tel est le touchant caractère résultant de son origine qu'il est en quelque sorte un acte de charité élevé à sa seconde puissance. Cet établissement est, comme l'exploitation aratoire de Saint-Mesmin, une petite colonie agricole.

Au fond de la fraîche vallée de la Bièvre, à vingt kilomètres de Paris, sur le penchant de l'un des plus riants coteaux d'Igny, s'étend un vaste enclos renfermant quinze arpents de terre labourable et tous les bâtiments rustiques nécessaires à leur culture. L'air est pur, le terrain excellent et le site est charmant. C'est là qu'un pauvre prêtre, M. l'abbé Mullois, vient de fonder l'orphelinat agricole de Saint-Joseph.

Un pauvre prêtre!... et cependant ces bâtiments aratoires représentent, avec le parc qui les contient, une valeur de cent trente à cent quarante mille francs.

Sans doute c'est là un des miracles de la charité. Voici l'explication de ce mystère.

M. l'abbé Mullois, aujourd'hui aumônier de l'Empereur, en voyant les loisirs de l'ouvrier sollicités entre les excès du cabaret et les distractions d'une littérature malsaine, comprit tout le bien que l'on pouvait réaliser par la propagation des bons livres. L'influence généreuse que de tels ouvrages exerceraient sur les classes populaires, en leur faisait sentir l'attrait du bon et le charme du beau, par des lectures du soir qui leur fissent oublier les fatigues du jour auprès du foyer domestique, frappa son esprit, et il composa une petite bibliothèque populaire dont les volumes, de prix minime, circulèrent bientôt dans toutes les mains. « Une imagination colorée a dit M. Henry Cauvin, des sentiments nobles et justes, un style amusant et agréable, qui n'est point exempt de négligence, mais qui se la fait pardonner à force de naturel et de vivacité, telles sont les qualités qui, au point de vue littéraire, distinguent ces ouvrages, d'une lecture tout ensemble instructive et attrayante. Mais ce qui leur donne surtout un prix inestimable pour le but qu'ils se proposent, c'est que, sortis du cœur, ils s'adressent au cœur. » De tels livres devaient avoir le succès qu'ils obtinrent; vendus quelques-uns à cinq cent mille exemplaires, ils produisirent une somme de près de cent mille francs, qui servit au premier payement du domaine de l'orphelinat; la charité publique a fait le reste.

L'exploitation agricole est aujourd'hui en pleine activité. Ses bâtiments d'habitation, qui comptent déjà trente enfants, pourront bientôt en recevoir soixante. Les conditions d'admission varient selon la position des élèves. Les orphelins indigents sont reçus gratuitement; les autres payent une pension qui varie de cent à deux cents francs. On ne saurait trop vivement louer l'ordre admirable qui règne dans cet établissement, la rapidité des progrès que font ses jeunes apprentis et l'ardeur avec laquelle ils exécutent tous les travaux qui leur sont confiés. Nous regrettons de ne pouvoir reproduire les traits charmants qu'offre le rapport adressé par M. l'abbé Mullois aux membres du comité de patronage : l'entrain des enfants, la joie avec laquelle ils se livrent au divers travaux du sol, l'épanouissement des plus petits, l'effusion de ces jeunes cœurs au milieu de la sollicitude des sœurs qui leur prodiguent des soins maternels, leur attachement à l'établissement qui leur offre cette vie douce et sereine, leur dévouement à tout ce qui peut assurer où accroître sa postérité. L'habile directeur se propose, aussitôt que l'œuvre aura pris son développement naturel, de donner à chaque orphelin un carré de jardin dont il pourra vendre ou faire vendre les produits pour se constituer un petit pécule. Ce premier capital l'initiera aux habitudes d'économie, si précieuse dans la vie de l'ouvrier, dont elles sauvegardent souvent la moralité, et toujours l'aisance et le bonheur.

CHAPITRE II

PATRONAGE

Le succès des établissements d'apprentissage fut une révélation nouvelle de la profondeur du mal qu'il était entré dans la pensée de leurs fondateurs de guérir. Chaque jour la charité venait frapper à leur porte, au nom de la misère la plus navrante et du plus lamentable isolement; chaque jour ces établissements étaient forcés d'opposer à des centaines de demandes des centaines de refus. Qu'était l'étendue de leurs ateliers auprès du nombre des orphelins? Qu'était le développement de leurs asiles en présence de cette multitude d'abandonnés? Et pourtant, ces ateliers et ces asiles avaient toute l'étendue et tout le développement que permettaient de leur donner les appels adressés à la bienfaisance publique.

Que faire?

Trouver un moyen aussi efficace et moins coûteux d'écarter de l'enfance les dangers qui assiégent son entrée dans la vie industrielle et de la maintenir sous l'empire des principes qui doivent rester les régulateurs de sa conduite; lui procurer les secours et les conseils qui puissent la soulager et la diriger, et lui assurer enfin le dévouement d'un protecteur et d'un ami.

Cette institution existait déjà; elle s'offrait, avec la sanction de l'expérience, dans la mission que s'étaient imposée plusieurs associations dont on avait regardé l'action comme insuffisante; action salutaire pourtant, et à laquelle la nécessité forçait bien de revenir; action qui se résume en un mot emprunté à l'antiquité romaine: le Patronage. C'était cette institution protectrice du faible qui, après deux mille ans, refleurissait dans nos mœurs. On sait ce qu'était à Rome cette espèce de paternité civile, qui groupait autour du chef de la maison patricienne tous ceux que lui attachaient les liens de la reconnaissance et qui formaient, en quelque sorte, le second cercle de la famille. Cette tendre et tutélaire institution, transférée et transformée par le christianisme naissant dans le sacerdoce, s'y était éteinte au milieu des intérêts et des bouleversements, pour renaître de nos jours sous l'effort de la charité.

« Le Patronage, a dit M. de la Bouillerie, avec l'autorité de son caractère pontifical, est une sorte de paternité adoptive, une douce et constante action de protection et d'appui, exercée à l'égard de ceux qui en sont l'objet. »

Et, énumérant ses bienfaits, il ajoute :

« Elle ne scinde jamais l'intérêt matériel de l'intérêt moral du pauvre ; elle relève ce dernier au lieu de l'avilir. Elle est même utile au riche, en lui rappelant qu'il pourrait peut-être profiter lui-même des conseils qu'il donne. Le Patronage est donc une des plus heureuses solutions qui puissent être données à toutes les questions charitables. »

Le Patronage assume en lui ces bienfaisantes influences d'apaisement qui rapprochent les différentes classes sociales et les unissent par un précieux échange de salutaires impressions et de bienfaits. Aussi M. Leplay a-t-il dit, avec une incontestable vérité : « En rapprochant les classes, le Patronage développe chez le riche l'amour du prochain, et chez le pauvre le respect des supériorités sociales. Il exerce les sociétés à la pratique du devoir et de la vertu ; enfin, le patronage se prête parfaitement à l'élévation graduelle des ouvriers d'élite dans la hiérarchie sociale. »

Ces institutions de Patronage n'étaient pas d'ailleurs des œuvres sans antécédents dans notre société française ; comme les asiles d'apprentissage, elles avaient eu leurs analogues au milieu de nos anciennes mœurs ; dans plusieurs corps d'état, les maîtres s'étaient formés en associations adoptives pour assurer une profession aux enfants de leurs confrères restés orphelins, sans fortune.

Dans plusieurs paroisses de Paris, et notamment

dans celle de Saint-Eustache, des sociétés semblables s'étaient constituées sous l'influence active des curés. Mais ces créations bienfaisantes avaient disparu avec les institutions du sein desquelles elles étaient sorties. Le souffle de la révolution, en balayant les corporations et les maîtrises, avait emporté les premières. Quant aux autres, elles avaient succombé avec le culte sous l'influence duquel elles étaient nées, et ne s'étaient pas relevées avec lui. Les esprits étaient livrés à bien d'autres préoccupations qu'à celle d'assurer aux enfants des classes indigentes un patronage industriel ! La carrière ouverte à tout enfant, quelle que fût sa naissance, vulgaire ou illustre, était à cette époque la carrière des armes, et l'atelier d'apprentissage, le champ de manœuvres, ou la caserne.

Ce ne fut que plusieurs années après que la société put reporter ses regards sur elle-même, étudier ses souffrances, y chercher des remèdes et suppléer par des œuvres de miséricorde privée à l'insuffisance des institutions de la bienfaisance officielle. Cette heureuse réaction se produisit vers 1820 et éclata, dans toute sa générosité, de 1825 à 1830.

Dès 1822, se fonda la première des associations dont nous avons rappelé le souvenir. Ce fut la *corporation des Dames de la Providence*, récemment érigée dans la paroisse de Bonne-Nouvelle, qui recueillit ce legs du passé, en complétant la mission de soulagement qu'elle s'imposait auprès des classes malheureuses, par l'instruction et le placement des enfants indigents.

L'année 1825 réalisa un progrès. La société qu'elle vit naître se donna pour objet exclusif le *placement en apprentissage des jeunes orphelins*. Cette œuvre, dont la bienfaisance expansive accueille et patronne, sans distinction de nation ni de culte, les jeunes garçons âgés de onze ans révolus qui réclament son appui, est placée aujourd'hui sous la présidence de M. le duc de Cambacérès. La tâche, que se sont imposée les membres de cette œuvre ne se borne point à prendre part aux réunions qui dirigent et contrôlent les actes administratifs de la société, dont la caisse reçoit leurs cotisations et leurs secours; leur mission est plus active : après avoir trouvé à l'orphelin placé sous leur tutelle un patron offrant toutes garanties de moralité et de capacité de nature à inspirer une sécurité complète, ils se partagent la surveillance de ces jeunes ouvriers qu'ils visitent, encouragent et récompensent. Ils s'assurent en même temps que leurs maîtres remplissent envers eux tous leurs devoirs. M. E. Mallet à bien voulu se charger du titre et des fonctions de trésorier de cette œuvre, en pleine voie de prospérité.

Une autre association de même nature se fonda en 1827. Ce fut celle des *Amis de l'Enfance*. Nous avons rapporté la touchante origine de cette société, formée par de jeunes écoliers qui, encore sur les bancs du collége, ou les quittant à peine, se sentirent émus à la pensée que tant d'enfants de leur âge, privés de cette éducation dont ils sentaient tout le prix, se trouvaient jetés dans la société avec cette ignorance que leur misère devait y traîner, comme une entrave; nous avons dit que la pieuse institution naquit de cette commisération sympathique; nous avons à compléter cet exposé. L'œuvre des Amis de l'Enfance ne s'arrête pas à l'instruction primaire et professionnelle qu'elle fait donner à ses jeunes protégés dans l'établissement de Saint-Nicolas et dans les maisons de Vaugirard et de

Vaujours. Cette première partie de la tàche accomplie, elle la poursuit en procurant à ses élèves les bienfaits d'un apprentissage. De l'affectueuse et vigilante sollicitude dont elle les entoure est née une de ces créations ingénieuses que peut seule engendrer la charité. L'enfant a reçu une éducation chrétienne ; l'association a fait plus, elle y a ajouté l'instruction primaire qui éclaire l'esprit et l'instruction professionnelle, qui forme l'œil et la main ; ce n'est pas encore assez : elle le place sous la direction d'un patron vertueux et capable, dans un atelier d'où il ne sortira qu'avec un état... son cœur n'est pas satisfait. Elle fera davantage... elle donnera à cet orphelin, pour qui la vie est une solitude, ce qui manque à son cœur : et c'est ce qu'elle a fait en fondant la maison de la Famille.

La maison de la Famille ! Concevez-vous tout ce qu'il y a dans ces quelques mots de douces émotions, pour ce pauvre enfant, qui retombe morne et brisé, dans son froid isolement chaque jour de fète ; pour ce pauvre oiseau recueilli par pitié dans son nid froid et abandonné. Ces jours qui étaient pour les autres enfants, ses compagnons, des jours de joie et de plaisirs, étaient pour lui des jours d'accablement et de tristesse : en ces jours l'orphelin se trouvait seul.

Eh bien ! la maison de la Famille l'a arraché à cette solitude ; maintenant il a ce que possédaient les autres enfants qu'il enviait. Il a une maison qui l'attend et qui l'accueille, où une affection prévoyante lui a préparé le linge blanc et les habits du repos ; où sa voix et son cœur s'unissent tout un jour, dans les cérémonies religieuses, dans les jeux du préau, dans le banquet dominical, aux voix et aux cœurs de ceux qui sont ses frères ; où se trouvent des soins empressés et des cœurs qui l'aiment, il a une famille! Et c'est bien le mot, le mot vrai, car la Providence a ajouté un bienfait à tous ces bienfaits : elle a placé là une mère, l'excellente Mme Martin... Qui dira tous les trésors de tendresse que le ciel a concentrés dans le cœur de cette noble et sainte femme, pour tous.ces jeunes apprentis dont elle a formé sa famille?

Les jours de réunion dans cette maison ont un emploi varié pour tous leurs instants : nous avons parlé de l'assistance aux offices, des récréations et des repas; ils ont encore une consécration spéciale. On se réunit dans une salle où chaque apprenti remet son livret à l'aumônier de l'institution; on lit publiquement les notes de la semaine; ceux qui ont obtenu des mentions honorables reçoivent les félicitations méritées par leur bonne conduite ; des exhortations, des encouragements·à les imiter sont adressés à ceux qui se sont tenus dans le stricte accomplissement de leur devoirs ; mais ceux qui ont encouru le blâme de leurs patrons subissent, devant leurs camarades, une admonition d'autant plus pénible, que l'on sent plus d'affection dans la voix qui leur adresse ces paroles sévères.

Cette institution peut être aujourd'hui jugée par ses fruits. Trente années d'expérience ont prouvé la puissance des sentiments moraux qu'elle développe dans ses élèves : presque tous les ouvriers qui ont été l'objet de ses soins et de ses bienfaits sont devenus des citoyens laborieux et paisibles, et plus tard des pères de famille honorables. Ces bons sentiments éclatent même dès l'époque de leur apprentissage. Voici un extrait que nous empruntons au discours prononcé par M. Goffin dans l'une des dernières séances générales de l'association. « L'en-

» fant de Paris est ordinairement bon, son cœur est ex-
» cellent ; mais il est léger, insouciant de l'avenir et c'est
» une chose difficile que de lui faire comprendre la
» nécessité de l'ordre et de l'économie. Nous l'avons
» essayé pourtant, et souvent nous y avons réussi.
» Chaque apprenti possède à la maison de Famille une
» petite caisse, sur laquelle son nom est inscrit et où il
» peut verser tout ou partie de la gratification que lui
» a donnée son patron. A la fin du mois, toutes les caisses
» sont ouvertes par un de nos collègues ; il inscrit les
» sommes qui y sont trouvées, et les dépose à la caisse
» d'épargne au nom de chacun. Plusieurs fois dans l'an-
» née, le président de la commission d'apprentissage
» réunit les apprentis, leurs parents et leurs maîtres.
» Toute la commission et plusieurs de nos collègues se
» joignent à cette réunion ; et là, en présence de tous,
» on établit, d'après les livrets, le compte de chacun ;
» on félicite ceux qui ont montré le plus d'économie,
» on gronde les retardataires d'avoir dépensé en futi-
» lités les gratifications qu'ils avaient reçues. Dans une
» de nos dernières séances on venait de lire le livret de
» l'un de nos meilleurs apprentis ; il avait à la caisse
» d'épargne 59 francs. Vingt francs déposés chez son
» maître devaient développer encore son petit pécule.
» Il n'y avait donc aucun reproche à lui faire. Cepen-
» dant son maître d'apprentissage s'avance et nous dit :
    « Vous êtes étonnés peut-être, messieurs, que mon
» apprenti possède si peu à la caisse d'épargne ; mais
» vous savez qu'il a perdu sa mère ; et il a voulu faire
» élever un petit monument sur sa tombe, et cette dé-
» pense à laquelle j'ai été loin de m'opposer a diminué
» son avoir. » Un autre n'avait pas de livret ; rien n'a-
» vait été déposé pour lui à la caisse d'épargne ; il

» avouait cependant qu'il avait reçu des gratifications,
» et comme on le grondait de dépenser mal son argent,
» il rougissait et ne répondait pas. Une pauvre femme
» s'approcha (c'était sa mère), elle nous dit : « Mes-
» sieurs, ne le grondez pas. Hélas! nous sommes bien
» pauvres, et tout ce qu'on lui donne, même les plus
» petites sommes, il nous les apporte. »

C'est ainsi que les plus tendres sentiments, les plus
pieuses affections germent spontanément et se développent d'elles-mêmes dans ces jeunes âmes, si heureusement préparées à la vertu. Il en est une preuve
encore plus frappante.

Par un doux sentiment de réversibilité qui les pousse
à reporter sur d'autres faiblesses et d'autres infortunes
la sollicitude et la protection que la charité a étendues
sur leurs besoins, ces jeunes apprentis ont fondé parmi
eux une petite conférence de Saint-Vincent de Paul
qui s'est donné pour mission de visiter et de veiller
les malades, et de secourir les infirmes ; et ces jeunes
ouvriers s'acquittent de cette tâche avec une exactitude
et un dévouement admirables. Orphelins, on les a vu
maintes fois adopter d'autres petits orphelins, et leur
assurer l'éducation et les secours auxquels ils devaient
d'être devenus des ouvriers laborieux et déjà capables
de reporter sur d'autres la généreuse tutelle dont la
main de la Charité avait répandu sur eux les bienfaits.

Une dernière institution complète et couronne cette
œuvre. C'est la commission de persévérance. Le jeune
ouvrier qui atteint le terme de son apprentissage sans
avoir mérité aucun reproche grave, reçoit de la société
un diplôme d'honneur, diplôme qui lui ouvre de plein
droit cette association dont il est le pupille et qui de

protégé l'élève au rang de protecteur. Ce diplôme devient pour lui un de ces brevets d'honorabilité, un de ces titres de noblesse d'autant plus précieux, que ceux-là ont toujours pour base une vie de zèle, de moralité et de travail.

L'exemple du bien est fécond. L'association des *Amis de l'Enfance* avait à peine inauguré son œuvre de patronage, que deux sociétés ayant un objet complétement analogue se formaient simultanément dans Paris : c'était d'abord une association existant de fait depuis plusieurs années, qui s'organisait dans les premiers mois de 1828, sous la présidence de M. Juge, et établissait son agence rue Mandar, 3. Son objet résulte explicitement du titre qu'elle avait pris : *Ancienne Association de fabricants et d'artisans pour le placement des jeunes orphelins des deux sexes.* Son zèle et son utilité se traduisent par des faits; son action bienfaisante s'étend annuellement sur cinquante à soixante apprentis.

Une société presque identique, l'*Association des fabricants et des artisans pour l'adoption des orphelins*, se formait quelques mois après, sous le patronage de M. Michelot, et choisissait pour agent M. Clapier, 11, rue Neuve-Saint-Merri. Ses ressources, formées des souscriptions déposées et recueillies par les membres de son conseil d'administration, se grossissent chaque année du produit des concerts, des loteries et des sermons de charité obtenus par l'œuvre, et des subventions que les administrations lui allouent. Un des derniers mémoires de M. le préfet de la Seine à la commission municipale sur la répartition des fonds de secours, porte à 73 (63 garçons et 10 filles) le nombre des orphelins pris à sa charge par cette société. Son adoption s'étend sur ceux qui la réclament, sans distinction de nationalité ni de culte.

L'année 1843 vit la fondation d'une institution plus vaste et plus importante. L'insuffisance des associations existantes était attestée par le nombre des malheureux qui venaient réclamer leur assistance, et à qui l'exiguïté de leurs ressources les empêchaient d'étendre leur protection et leurs secours. Pénétré de la nécessité de développer la sphère d'action de ses œuvres, dont l'utilité lui était démontrée par les fruits précieux qu'elles avaient déjà produits, M. le vicomte de Melun conçut le plan d'une société établie sur des bases beaucoup plus larges. Cette société, qui prit le titre d'*OEuvre des apprentis*, s'organisa sous la présidence et sous le haut patronage de Mgr l'archevêque de Paris. Elle ne se donna pas uniquement pour mission la tâche de placer en apprentissage les jeunes gens dont elle prit la tutelle, elle voulut s'assurer sur eux cette direction si précieuse pour leurs mœurs et si féconde pour leur avenir.

L'œuvre fut placée sous l'influence d'un double comité. Le choix d'un protecteur spécial, chargé de veiller sur chaque enfant, de déterminer la carrière où l'appellent ses aptitudes et ses goûts, de lui chercher un patron capable et honnête, d'arrêter les diverses stipulations de son contrat d'apprentissage, est l'attribution d'un comité d'hommes. Un comité de dames est plus spécialement chargé de veiller sur les jeunes ouvriers entrés dans les ateliers où ils doivent apprendre les secrets et la pratique de l'état vers lequel les portent leurs convenances corporelles et leurs goûts. Chacun d'eux a sa protectrice qui le visite, interroge ses patrons, lui offre des conseils, des encouragements, des secours. On ne saurait s'imaginer l'influence moralisatrice de cette dernière institution ; l'intervention personnelle de dames appartenant, par leur naissance et leur fortune, aux classes les plus élevées de la société, dans la vie modeste et laborieuse de ces enfants du peuple, y développe les sentiments les plus salutaires : l'élève semble éprouver le besoin de s'élever au niveau de sa protectrice ; la considération dont elle est entourée dans l'opinion publique réagit irrésistiblement sur son esprit, et en lui donnant le sentiment de sa dignité, lui inspire cette répugnance pour tout ce qui est vil et bas, et cette aspiration sympathique, vers tout ce qui est généreux et grand, que l'on peut appeler le respect de soi-même.

Cette œuvre, embrassant dans son organisation tout ce qui pouvait développer la moralité, l'instruction et le bien-être de ses élèves, emprunta à la société des Amis de l'Enfance son institution de la *maison de Famille*, qui les arrache à tous les plaisirs dangereux qu'offrent aux jeunes gens, dans Paris, les dissipations des jours de fête, pour les placer sous les influences et au milieu des sentiments les plus capables d'éclairer leur esprit et de féconder leur cœur. Elle créa même des maisons d'instruction spéciale, dans lesquelles les enfants, admis gratuitement ou moyennant une pension de vingt ou vingt-cinq francs par mois, sont logés, nourris, entretenus, et reçoivent un enseignement professionnel complet.

Les progrès de cette œuvre eussent seuls suffi pour démontrer son importance et son opportunité ; elle n'avait pas accompli sa seconde année, qu'elle possédait des établissements dans cinq quartiers : dans les premier et deuxième arrondissements, dans le quartier

Saint-Denis, et dans les faubourgs Saint-Antoine et Saint-Marceau, ces deux bras laborieux de Paris.

Le nombre des sujets qu'elle patronne s'élève chaque année de 2,500 à 3,000 non compris les pensionnaires des maisons d'apprentissage, qui sont environ un millier.

Le mal à secourir était évident; le remède à lui appliquer était trouvé et son efficacité signalée par le succès des œuvres qui s'étaient vouées au soulagement de cette misère sociale si étendue et si sympathique; mais leur action bienfaisante, étant nécessairement restreinte par l'exiguïté de leurs ressources, était loin de pouvoir s'étendre à toutes les infortunes qui la réclamaient. Cette insuffisance suscita de nouveaux dévouements.

L'OEuvre des paroisses établie dans la plupart des églises de Paris et de la banlieue sous le nom, dans quelques-unes, d'association de la *sainte Famille*, est venue tout naturellement donner son concours à cette tâche pieuse. Elle ne pouvait rester indifférente à ce que deviennent les enfants que la charité avait entourés de ses soins, pendant l'année de leur première communion, et dotés de vêtements neufs pour ce jour que Napoléon, dans toute sa puissance, déclarait le plus beau de sa vie. Elle a voulu les suivre dans leur apprentissage, et elle s'occupe, sinon dans toutes les paroisses, du moins dans un grand nombre, de procurer des patrons moraux et capables à ses jeunes protégés des deux sexes. D'autres œuvres, œuvres particulières, il est vrai, concourent dans diverses localités à diminuer le nombre de ces petits abandonnés. Nous citerons particulièrement *l'OEuvre de Saint-Jean*, dont la fondation remonte à l'année 1838. Cette institution, qui se renferme dans les deux paroisses de Saint-Valère et de Saint-Pierre du Gros-Caillou, peut être citée pour le zèle intelligent de ses membres actifs. Elle ne se borne pas à surveiller les jeunes apprentis chez les maîtres où elle les a placés, elle les réunit le dimanche chez les frères de la Doctrine chrétienne, et les récompense de leur bonne conduite par des distributions de secours. Nous devons signaler à la reconnaissance publique le dévouement de son secrétaire, M. le vicomte de Lambel.

Nous mentionnerons encore l'*OEuvre de Notre-Dame de Grâce*, que des habitants de Grenelle, réunis dans un commun sentiment de bienfaisance, fondèrent sous l'inspiration du curé de cette commune, qui la dota d'un capital de trente mille francs. Cette institution, qui a, de plus, établi un fourneau économique, possède une maison de patronage où ces jeunes pupilles reviennent, tous les dimanches et chaque soir, prendre part à des enseignements, à des plaisirs et à des repas communs. La vigilance la plus constante et la plus attentive les accompagne, d'ailleurs, chez les maîtres où ils apprennent un état en harmonie avec leurs facultés physiques et intellectuelles, et elle s'assure qu'aucune cause ne peut les faire dévier de la voie salutaire de l'ordre et du travail.

Cette statistique serait incomplète si nous ne parlions pas de l'institution par laquelle le cœur généreux de S. M. l'Impératrice a couronné ces œuvres de Charité. On se rappelle le mouvement enthousiaste qui, lors de la naissance du Prince Impérial, réunit une somme de 80,000 francs, formée par plus de 600,000 offrandes et destinée à consacrer par un don le souvenir de ce grand jour pour la dynastie nouvelle. On n'a pas ou-

blié non plus que, par une inspiration sortie de son cœur maternel, l'Impératrice décida que cette somme, augmentée par les libéralités de l'Empereur, serait employée à une institution spéciale de bienfaisance, ayant pour objet de placer sous le patronage du Prince Impérial les pauvres enfants de Paris restés orphelins. C'est de cette institution que nous voulons parler; institution ingénieuse qui n'ouvre pas une maison de refuge à ses pupilles, mais qui fait mieux, car elle leur donne une famille nouvelle. Elle les met, en effet, en apprentissage chez d'honnêtes ouvriers qui, moyennant une subvention annuelle, les élèvent et leur donnent, tout en leur apprenant un état, l'éducation du foyer domestique et les soins d'une affection toute paternelle. Le décret du 15 septembre 1856 porte textuellement : «Placer chez d'honnêtes d'ouvriers de jeunes
» enfants du sexe masculin, orphelins de père et de
» mère, leur assurer ainsi le pain de chaque jour, l'ap-
» prentissage d'un état, les soins, l'affection et les
» conseils d'une nouvelle famille, tel est le but de l'in-
» stitution. » « L'Orphelinat impérial, » ajoutait M. le ministre de l'intérieur, dans sa circulaire du 17 février 1857, adressée aux maires de Paris et aux sous-préfets de la banlieue, « ne doit pas seulement se proposer de
» soustraire l'enfant à l'abandon et aux maux qui en
» sont la suite. Son but est plus élevé et plus touchant
» encore. Il faut qu'il accorde à ses pupilles, outre les
» soins physiques, cette culture intellectuelle et mo-
» rale, cette éducation religieuse surtout, que rien ne
» saurait remplacer ; qu'indépendamment du bien-être
» actuel, il leur assure une carrière ; qu'il en fasse des
» citoyens utiles, dignes de l'auguste patronage dont
» ils auront ressenti les bienfaits, et de la société qui

» attendra d'eux, en retour, et le tribut de leur travail
» et l'exemple d'une vie honorablement employée. Les
» obligations du père de famille sont, en un mot, les
» siennes et il n'en est aucune qu'il ne doive rem-
» plir. »

Les développements de cette institution ont été rapides. Commencée le 1er janvier 1857, avec quarante-
sept orphelins, elle en compte, d'après le dernier
rapport de M. le ministre de l'intérieur et de la commission supérieure de l'Orphelinat, deux cent huit.
La moyenne de leur pension annuelle est de 200 francs.
Les recettes de cette institution ont été en 1857, 1858
et 1859, de 303,058 francs. Les dons et legs y figurent pour 190,129 francs. Cette dernière somme jointe
à 21,943 francs provenant d'excédants annuels de
recettes, a été consacrée à l'achat de titres de rentes.
La dotation de l'établissement se trouve aujourd'hui
portée à plus de 44,000 francs de revenu.

CHAPITRE III

ORPHELINATS DE JEUNES FILLES

Ici devaient encore redoubler les sollicitudes et les soins de la charité. La jeune fille dans les classes populaires! quelles vives sympathies, mais aussi quelles appréhensions profondes ces quelques mots n'éveillent-ils pas dans les cœurs! Pauvre être dans qui tout est grâce et faiblesse, mais aussi dans qui toute grâce comme toute faiblesse est un nouveau danger.

Dans la position précaire où se trouve jetée, abandonnée son enfance, tout devient péril pour ses mœurs, écueil pour sa vertu, et comme tout est enchaînement et solidarité dans la vie, abîme pour son bonheur ; les débilités de son sexe : celles de son caractère comme celles de son organisme ; les susceptibilités de ses nerfs comme les sensibilités de son âme, semblent liguées contre son innocence. C'est de leur surexcitation que naîtront les vanités de son esprit et les passions de son cœur, ces deux grands entraînements de la vie. Et ces faiblesses de sa constitution essentielle, ainsi tranformées en puissances contre elle-même par sa situation sociale, ne seront pourtant pas encore ses plus redoutables ennemis. Les plus formidables seront ces dons naturels qui devaient faire l'ornement et le charme de son existence, qui devaient assurer le bonheur de son avenir : sa grâce et sa beauté. Oui, sa beauté et sa grâce, qui appelleront tant de séductions autour de tant de misère, tant de tentations autour de tant d'aspirations comprimées; qui surexciteront tant de forces contre tant de faiblesses !

C'est bien aussi ce qu'a compris la charité publique. Elle s'est émue devant ces épreuves où succombaient un si grand nombre de malheureuses, et ce n'est pas d'aujourd'hui seulement qu'elle s'est efforcée de leur tendre une main salutaire. Sans remonter au delà du dix-septième siècle, l'histoire de nos institutions d'assistance nous en fournira des preuves nombreuses.

Ce fut sous l'empire de cette émotion, que M. Antoine Séguier, président au parlement de Paris, fonda, en 1624, la maison hospitalière de Notre-Dame de la

Miséricorde. Il suffira, pour tout apprécier, de lire la mention qu'en fait Dubreuil. « Cent pauvres orphelines de père et de mère, natives de la ville et des faubourgs de Paris, nées en loyal mariage, destituées de tous moyens, âgées de six à sept ans à leur entrée, doivent y être nourries, instruites en la croyance de Dieu, et enseignées en tout ouvrage convenable à leur sexe ; y demeurer jusqu'à l'âge de vingt-cinq ans, et qu'elles soient d'âge pour conserver et défendre leur vertu, et peuvent néanmoins en sortir plus tôt si elles sont désirées par maisons de religion, dames, demoiselles et bourgeoises, pour leur service ou leur enseigner un métier. »

Ce magistrat affecta à cet établissement un hôtel et des terrains spacieux qui jouissaient, sous le nom de Petit-Séjour d'Orléans, d'une célébrité historique. Ils avaient d'abord appartenu à Isabeau de Bavière, dont ils étaient la maison de plaisance, « *avec préaux, saulsayes pour ses ébats, jardin remplis de cerisiers, de lavande, de romarin, de pois, de fèves, treilles, haies, choux, porées pour les lapins et chénevis pour les oiseaux.* » Ces édifices et leurs dépendances, longtemps consacrés aux plaisirs et souvent même déshonorés par la licence, reçurent leur réhabilitation de cette affectation pieuse.

Dès l'année suivante, cette institution fut érigée, par lettres patentes, en établissement hospitalier, sous le titre de *Notre-Dame de la Miséricorde*. Ses règlements, rédigés par François de Montholon, cousin d'Antoine Séguier, et Mathias Maréchal, avocat, fixaient à cent le nombre obligatoire des orphelines au logement, à la nourriture, à l'entretien et à l'éducation desquelles il devait pourvoir. Son fondateur l'avait mis à même de faire face à ces obligations, par diverses donations formant une dotation annuelle de seize mille livres.

Ses bâtiments étaient loin de répondre par leur développement aux nécessité d'habitation d'hôtes aussi nombreux. Antoine Séguier les compléta par des constructions nouvelles. Les travaux furent commencés dès les premiers mois de 1624. Quelque zèle qu'apportât à leur édification leur généreux fondateur, il n'eut pas le bonheur de les voir finir ; ils ne furent terminés qu'en 1627, plus de deux ans après sa mort. Son buste en marbre blanc, œuvre remarquable de l'un des meilleurs élève de Germain Pilon, fut placé dans la chapelle qui reçut son corps.

Cette maison se vit entourée, dès son origine, de la faveur universelle. Le roi ne se contenta pas d'étendre sur elle sa protection officielle; il voulut concourir d'une manière plus efficace encore à sa prospérité. Il disposa, par ordonnance du 22 avril 1656, que tout compagnon d'arts et métiers qui, son apprentissage accompli, épouserait une élève de cet hospice, serait reçu maître, sans avoir fait de *chef-d'œuvre* et sans payer de droits de réception, mais sur la présentation seule de l'extrait de l'acte de célébration de son mariage. D'autres avantages, plus directs, développèrent les ressources de cette maison, qui compta parmi ses principaux bienfaiteurs M. Cornette, trésorier général des galères de France.

L'éducation qu'y recevaient ses pensionnaires avait surtout pour objet d'en faire des ouvrières adroites et laborieuses, en même temps qu'elle développait en elles les sentiments et les connaissances de bonnes mères de famille. Elles y apprenaient particulièrement l'exécution de tous les travaux usuels : couture, taille des vêtements, tricot en laine et en oie, tapisserie, etc. La lecture, l'écriture et les premiers éléments du calcul complétaient cette éducation, dont l'instruction religieuse était la base.

Leur sortie de la maison ne rompait pas les liens qui les unissaient à cet établissement. Elles y restaient moralement, et jusqu'à un certain point, matériellement attachées. Il les recevait et les secourait dans leurs besoins, tant que leur conduite ne les avait pas rendues indignes de ses bienfaits.

Cet établissement, administré par une gouvernante et quatre maîtresses, était placé sous la surveillance d'un conseil formé du premier président du parlement, du procureur général, et du chef mâle du nom et de la famille du fondateur

Le succès de cette institution, en proclamant son utilité, devait en provoquer d'analogues. Ce fut ce qui eut lieu presque aussitôt. Dès 1630, quelques religieuses, venues de Charleville, établissaient un de ces orphelinats, rue du Vieux-Colombier, en même temps que Mme Le Clercq en fondait un semblable rue de l'Arbalète. Leurs constitutions donnaient à l'un et à l'autre le même objet : ouvrir un asile aux jeunes filles dont la chasteté était en danger dans le monde. Le premier avait pris le nom de *Maison des filles de la Providence*, le second celui de *Maison des filles de Saint-Joseph*. L'un et l'autre languirent quelque temps, malgré les ressources que leur assura la bienfaisance de leurs protecteurs. Ce qui leur manquait, c'était une direction intelligente. Ils ne tardèrent pas à la recevoir; une jeune fille, dont la prudence s'était révélée dans l'administration d'un établissement semblable, qu'elle régissait en Provence, fut appelée à donner une nouvelle organisation à ces deux institutions, fondues en une seule sous le nom de *Filles de la Providence.* Cette jeune fille était Marie Delpèche, plus connue sous le nom de Mlle de Létan.

Les premières années de Mlle de Létan avaient été des plus tristes et des plus abandonnées ; orpheline, elle avait été recueillie par l'établissement provincial dont elle devint la bienfaitrice et dont l'objet était de secourir et d'élever les jeunes filles sans appui. Elle le quitta après lui avoir fait donner des statuts réglementaires par l'archevêque de cette ville, et vint prendre la direction de l'établissement des *Filles de Saint-Joseph et de la Providence unies.*

Les bâtiments de la rue du Vieux-Colombier, les plus considérables des deux maisons, n'étant pas assez spacieux pour recevoir les sœurs et les élèves, Mlle de Létan acheta, rue du Pot-de-Fer, près du noviciat des jésuites, un vaste local qui ne tarda pas à devenir lui-même trop étroit, et, peu après, le 15 février 1841, un grand hôtel rue Saint-Dominique, où la pieuse association se trouva définitivement fixée.

Nous avons dit le but de sa fondation. Ses statuts, que lui édicta l'archevêque de Paris, le consacrèrent. Les orphelines de neuf à dix ans étaient reçues dans leur maison, elles s'y formaient à la pratique et à la confection de tous les ouvrages utiles à leur sexe, jusqu'à l'âge où elles avaient à choisir entre les trois voies ouvertes devant elles : le mariage, une profession ou le couvent.

Ces maisons hospitalières trouvèrent des auxiliaires utiles dans celles de *Sainte-Anne,* qui ouvrit peu après un semblable asile rue Neuve-Sainte-Geneviève, et dans celui des *Orphelines de la mère de Dieu*, où les jeunes filles, sans ressources, de la paroisse de Saint-Sulpice, recevaient, de cinq à six sœurs, dirigées par le curé, les connaissances et les secours qui leur étaient nécessaires, jusqu'à ce qu'elles eussent un état; dans l'*OEuvre des orphelines du Saint-Enfant-Jésus et de la Mère de pureté*, établie rue des Postes, au sein d'une des positions les plus riantes et les plus salubres de Paris, au milieu des frais *courtils* et des vignobles plantureux qui couvraient encore cette partie de la montagne Sainte-Geneviève. La communauté séculière de Sainte-Agnès, que le curé de Saint-Eustache fonda, en 1679, rue Plâtrière, pour les jeunes filles de sa paroisse restées sans surveillance et sans secours, et dix autres institutions mixtes comme celles des Miramiones, ou Filles de Sainte-Geneviève, des Filles de la Société de la Croix, de la Congrégation de Notre-Dame, etc., complétèrent ce vaste réseau de charité.

Ces institutions disparurent toutes au souffle des tempêtes publiques qui dispersèrent les ordres monastiques. Les grandes rénovations sociales ne s'opèrent point sans que les abus n'entraînent dans leurs ruines bien des institutions précieuses; la dissolution des communautés religieuses, qui dirigeaient ces établissements, ne fut pas la moins regrettable des destructions opérées par la révolution de 1789. Les époques de crises intestines et de luttes extérieures ne sont pas favorables à l'établissement ou au développement d'œuvres analogues. Au milieu des profondes anxiétés dont agitent le grand cœur public les dangers de la société et la patrie, on oublie les infortunes particulières pour ne songer qu'aux calamités du pays. Aussi ne fut-ce que lorsque le consulat sembla donner à la France, sinon le calme et la sécurité, du moins une tranquillité relative, que la société française éprouva de nouveau les tressaillements de pitié dont ces associations étaient nées. En 1803, Mme de Carcado fonda, rue Notre-Dame-des-Champs, l'OEuvre de l'*Enfance délaissée*, pour recueillir, en partie du moins, l'héritage de bienfaisance resté vacant par la dispersion des ordres religieux et du corps sacerdotal. L'établissement, créé pour recevoir gratuitement cent jeunes orphelines pauvres, âgées de sept à dix ans, les garde jusqu'à l'âge de vingt ans. Elles y sont distribuées, d'après leurs âges, en divers parloirs, où elles sont employées à des ouvrages de lingerie, au profit de l'établissement, qui les entretient et les instruit. Elles y reçoivent, en dehors de l'apprentissage des travaux usuels, les premiers éléments de l'instruction primaire : lecture, écriture, notions de grammaire et d'arithmétique. La maison est administrée par une directrice qui a, sous ses ordres, treize maîtresses et sous-maîtresses, et, au-dessus d'elle, mais dans une sphère d'autorité purement morale, un conseil de l'OEuvre composé de dames ou de demoiselles appartenant aux plus hautes classes sociales. La présidente de ce conseil est Mme la duchesse de Montmorency; Mme la comtesse de Falaiseau en est la trésorière.

Cette OEuvre de bienfaisance était à peine fondée, que la génération entière se trouvait jetée de nouveau dans ces luttes épiques où la France impériale devait enfin succomber, épuisée par ses longs triomphes. Son essor se trouva nécessairement comprimé par les surexcitations de cette période fiévreuse.

Mais la paix sortit de nos désastres. Une nation aussi puissamment vivace que la France se remet promptement des catastrophes les plus profondes. Quelques années suffirent pour qu'elle fût rendue aux activités et aux sentiments dont la civilisation anime l'âme d'un grand peuple. La vie supérieure, qu'attestèrent bientôt toutes les préoccupations des esprits, les tendances des arts et des lettres, les progrès de l'économie politique, de la philosophie et des sciences, se manifesta également par le caractère généreux et philanthropique des sentiments, et, à cet égard, la restauration restera une grande époque. Pour ne pas sortir de notre sujet, disons que, dans l'effusion générale de ces nobles sentiments, l'intérêt tout sympathique qu'appelait la position si périlleuse et si précaire des orphelines, se produisit avec la puissance et l'ensemble les plus saisissants et s'attesta par le nombre toujours croissant de ses institutions de secours. Chaque année vit une association nouvelle apporter sa part de dévouement à cette OEuvre pieuse. Indépendamment de la congrégation des *Dames de Charité*, de la *Société de la Sainte-Famille*, de celle de *Saint-Vincent de Paul*, qui en firent un des objets de leur charité ardente, on vit se multiplier les fondations spéciales ; nous allons indiquer les plus considérables et les plus touchantes.

Une de celles qui méritent de figurer au premier rang, à ce double titre, est l'*Association des jeunes économes*. Ne fut-ce pas une attendrissante inspiration qui fit dire un jour, à une de ces jeunes filles à qui Dieu avait tout accordé : beauté, esprit, fortune, naissance, noblesse de race relevée par noblesse de cœur : « Le Ciel m'a prodigué tous les dons que le monde envie ; mon nom est une gloire, ma fortune est telle que ma fantaisie épuise à peine l'or que l'on abandonne à ses désirs ; tandis que tant de jeunes filles, mes semblables,

restées dans l'ombre de l'ignorance , d'où m'a tiré
l'éducation , nées dans les ténèbres de l'indigence,
quand je vis dans le rayonnement du bonheur, domi-
nées par toutes les surexcitations dont les privations
incessantes aigrissent leur cœur, par tous les entraînements que le besoin exerce sur leur misère, chan-
cellent et succombent faute d'une partie de l'argent
que dissipent chaque jour mes caprices. Montrons-
nous digne de ces faveurs en faisant un saint usage au
moins de ce superflu que ma vanité dissipe en futi-
lités. Quelle dentelle pourrait m'être aussi précieuse
que la pensée d'avoir porté une douce impression dans
ces âmes ulcérées ? quel bijou acheté au prix de cet
or, qui peut sauver leur vertu, causera jamais à mon
cœur une émotion aussi pure que la conscience de ce
bienfait ? quel diamant peut mieux parer mon front aux
yeux de Dieu, que cette perle de la chasteté, qui allait
se dissoudre dans les fanges du vice ? » Ce fut de
ces réflexions que naquit cette pieuse association,
dont le nom seul exprime et le caractère et le but.
Oui, ce sont de jeunes économes qui la composent;
elles, dont l'insouciance patricienne ne voyait dans
l'or livré à leurs mains que la robe , le ruban ou la
fleur de leurs caprices, elles en ont senti toute la valeur
dès qu'elles ont connu le bien que pouvait réaliser cet
enivrant métal, les pures et douces impressions dont il
pouvait être le prix. C'est ainsi que l'économie est
née, en elles, de la vertu.

Cette association , composée de jeunes personnes
appartenant aux classes supérieures de la société, a
pour objet d'assurer l'avenir des jeunes filles pauvres,
en leur donnant une éducation morale et en leur en-
seignant un état. Les ressources de la société sont

formées des cotisations que ses membres prélèvent sur les fonds qu'elles reçoivent de leurs parents pour leurs dépenses journalières et leurs menus plaisirs.

L'action de ces jeunes associées ne s'arrête pas à ce versement de cotisations annuelles : la pensée de leur œuvre était trop généreuse pour se renfermer dans la froide sphère tracée par ces limites matérielles. Elles n'ont pas seulement associé leurs petites économies, elles ont associé leurs sentiments et leurs cœurs. Les jeunes filles qu'elles secourent ne sont pas simplement leurs protégées, elles deviennent leurs compagnes, leurs amies ; elles les visitent soit dans la maison d'éducation, soit dans les ateliers et dans les magasins où elles se forment à la connaissance et à la pratique de la profession qu'elles ont choisie. Les dimanches, les jours de fêtes elles les invitent fréquemment à venir passer, avec elles, leurs heures de loisir ; les associant délicatement, non aux somptuosités, mais aux plaisirs modestes et aux jouissances intimes de leur vie opulente.

La maison d'éducation de l'Œuvre n'est autre que l'ancien château de monseigneur de Quelen, à Conflans. Transformée par le zélé prélat en hospice pour les cholériques, cette belle résidence n'a pas décliné de la destination à laquelle l'avait affectée cette consécration sainte. Cent quatre-vingts à deux cents jeunes filles partagent annuellement les bienfaits de cette institution ; elle les reçoit dès l'âge de huit ans et les conserve jusqu'à ce qu'elles puissent rentrer dans le monde avec sécurité. Leurs instants y sont employés successivement aux travaux manuels et à l'étude ; ces travaux sont la couture en tous genres le blanchissage et le repassage ; l'étude est celle de toutes les connaissances primaires : la lecture, l'écriture, la grammaire et le calcul.

Ce n'est que lorsqu'elles possèdent déjà ces notions élémentaires qu'on les place chez des maîtresses d'apprentissage choisies avec le plus grand soin. Lorsque leur éducation est achevée, et qu'ayant touché le terme de leur instruction primaire et professionnelle, elles quittent cet asile de leurs jeunes et chastes années pour rentrer dans le monde, l'institution continue envers elles l'accomplissement de ses devoirs maternels; elle leur donne, sinon une dot, du moins un trousseau, et n'en continue pas moins d'étendre sur elles les bienfaits de son patronage.

Le président de l'OEuvre est M. l'abbé Surat, vicaire général du diocèse métropolitain de Paris ; elle a pour secrétaire Mlle Jenny Lauras, qui la dirige sous la surveillance d'un comité élu par les jeunes associées. Nous ne pouvons mieux louer l'intelligence et le dévouement avec lesquels elle est administrée, qu'en empruntant le passage suivant au mémoire de M. le préfet de la Seine à la commission municipale pour la répartition des fonds de secours pour l'année 1854 :

« L'*Association des Jeunes économes*, tant par son bon ordre que par la direction éclairée donnée à l'éducation des enfants qu'elle patronne, est une de celles qui appellent à plus juste titre l'appui de l'administration. »

Cette pieuse association a célébré, le 4 mars dernier, dans l'église de la Madeleine et sous la présidence de monseigneur l'archevêque de Paris, le trente-cinquième anniversaire de sa fondation.

L'*Association de Sainte-Anne*, placée sous la direction spirituelle de M. l'abbé de Ségur, de la maison du

Souverain Pontife, et sous la surveillance réelle de Mme la comtesse de Rambuteau, a le même objet et une organisation presque identique; longtemps cependant elle est restée sans posséder de pensionnat qui lui permît de donner directement l'instruction grammaticale et professionnelle à ses pupilles. Les trois cents jeunes filles sur lesquelles s'étendait son patronage étaient placées par ses membres dans des magasins et dans des ateliers qui leur offraient toutes les garanties de moralité et d'instruction. Elle vient de combler cette regrettable lacune par l'acquisition, au Grand-Montrouge, d'une vaste et belle maison, possédant une élégante chapelle et un jardin spacieux. Cette maison a été disposée pour recevoir cent vingt-cinq jeunes filles. Une partie importante de ses ressources est formée par la vente des travaux de ses élèves, dont elle recommande l'achat à la charité publique.

Les œuvres *de la Sainte-Enfance*, fondées dans la plupart des églises de Paris, au sein des catéchismes de la première communion, possèdent généralement des asiles dont la destination est analogue. Toutes les jeunes filles appartenant aux classes aisées les entretiennent au moyen de cotisations annuelles ou mensuelles, quelquefois même hebdomadaires; leurs jeunes compagnes indigentes y sont placées, à l'issue de la première communion, pour y compléter leur éducation et y recevoir l'apprentissage d'un état qui leur permette de vivre honorablement dans le monde. L'œuvre les reçoit vers douze ans; à vingt elle les rend à la société, sa mission est alors accomplie.

Le sentiment religieux, il faut bien le reconnaître, est le principe vivificateur de ces institutions, dont la création est son œuvre; mais si le catéchisme peut réclamer, comme issues de son dogme et de ses croyances, les diverses institutions dont nous venons de faire connaître l'existence, le caractère et l'objet, il en est d'autres qui réclament pour fondatrices des croyances et des communions différentes. La plus importante est celle *des Diaconesses*, dont M. le pasteur Vermeil est le président : elle est formée de dames protestantes dont les pieuses occupations se rapprochent, autant que le permet la différence des cultes, des attributions des *Sœurs de Charité*. Parmi les œuvres nombreuses qu'elles dirigent : pensionnat disciplinaire, infirmerie, école primaire, asile, etc., figure une œuvre d'apprentissage pour les jeunes filles de quatorze à dix-sept ans, dont l'utilité est constatée par les résultats journaliers les plus heureux.

Il serait injuste de ne pas mentionner également le pensionnat de jeunes filles pauvres, luthériennes, présidé par M. le pasteur Cuvier, et dont la trésorière est Mme de Montigny-Jaucourt. Cet établissement, fondé par un comité de Dames de la confession d'Augsbourg, prend sous sa protection un certain nombre de jeunes filles à qui elle donne une éducation gratuite, dont l'instruction primaire, les travaux de couture et la pratique des soins domestiques forment les principaux éléments. Elles sont complétement entretenues par l'œuvre pendant leur séjour dans l'établissement, et reçoivent un trousseau à leur sortie.

Il existe beaucoup d'autres œuvres ayant le même objet, animées des mêmes sentiments ; mais ces institutions sont trop nombreuses et trop semblables pour que nous puissions entrer dans le détail des attributions qu'elles se sont tracées; il nous suffira de citer les principales : *l'œuvre de l'Immaculée-Conception*, présidée par M. le curé de Saint-Severin ; la *maison de la Pro-vidence*, fondée en l'année 1820, rue Plumet, 3, par M. l'abbé Desgenettes, curé des Missions Étrangères. Cet établissement, confié au dévouement des sœurs de Saint-Vincent de Paul, dispense ses soins zélés à deux cents élèves ; ces jeunes filles y sont reçues sur la présentation des fondateurs ou sur la nomination faite par la supérieure de la maison de charité du quartier des Missions ; la *Société de la Morale chrétienne*, créée par M. le duc de la Rochefoucault-Liancourt ; la maison des sœurs de Saint-André, dont la trésorière est Mme la marquise de Saluces; *l'institution de Saint-Louis*, qui a pour secrétaire Mme de Barthélémy ; celle *de Saint-Casimir*, ouverte aux orphelines polonaises, par Mme la princesse Czartoryska ; *l'établissement des Orphelines de l'Enfant-Jésus*, dirigé si pieusement par les dames de l'ordre de Saint-Thomas de Villeneuve; et vingt autres, sans compter même les œuvres d'assistance établies dans la plupart des couvents de Paris.

Nous devons cependant arrêter l'attention de nos lecteurs sur quelques-unes de ces institutions d'un caractère et d'un objet tout spéciaux, et d'abord sur *le pensionnat de Notre-Dame des Arts*. Combien de misères saisissent d'autant plus vivement le cœur, que les personnes qui en portent le fardeau ont joui d'abord de tous les avantages des privilégiés sociaux? Ne se sent-on pas d'autant plus profondément navré à la vue d'une infortune, que l'on connaît mieux de quelle position brillante la famille qui la subit a glissé dans un dénûment complet? Quelle sympathie profonde le cœur n'éprouve-t-il pas pour ces jeunes filles, par exemple, que des revers soudains viennent atteindre à la

fois dans leurs sentiments les plus vifs et dans leurs intérêts les plus précieux, dont un coup imprévu est venu briser à la fois le cœur et l'avenir : la mort d'un père qui,
magistrat, professeur, médecin, homme de lettres ou ar-
tiste, était leur unique appui ; dont le talent, le travail
étaient l'unique source des revenus de la famille ? Avec
lui tout est mort: aisance, bonheur, espoir ; tout s'est
évanoui avec sa vie. Voilà l'infortune, les infortunes,
car elles sont nombreuses, que s'est donné la mission
de secourir l'œuvre de Notre-Dame des Arts. Ce que
le grand roi avait fait à Saint-Cyr pour les jeunes filles
appartenant aux maisons nobles tombées dans la pauvreté, ce que Napoléon a fait à Saint-Denis et à Saint-
Germain pour celles des membres de la Légion d'honneur, la charité l'a exécuté par l'institution de cette
œuvre, en faveur de tous ceux qui, littérateurs, artistes,
savants, fonctionnaires publics, consacrent à la gloire
et à la prospérité du pays leur génie, leur activité
et leurs facultés... leur vie.

Qui racontera dignement l'origine douloureuse et
sainte de cette fondation ? Une grande dame, dont
le cœur est plus grand encore que le nom, Mᵐᵉ la
vicomtesse d'Anglars de Bassignac, avait une fille
unique, une fille aimée comme devait l'être, par
une telle mère, un de ces enfants que le ciel semble
avoir d'autant plus richement dotés, qu'il doit les rappeler plus promptement à lui. La mort lui ravit cet
enfant : sa joie, son espoir, plus que son bonheur, sa
vie. Que devenir ? que faire ? se désespérer... appeler
la mort? Ce fut la première angoisse, la première aspiration de cette âme brisée. Mais la religion lui ap-
parut sur la tombe qui avait englouti ce petit corps
chéri, le doigt levé vers le ciel. Son cœur tressaillit

d'une consolation ineffable. Un jour surnaturel se fit dans son âme: temporelle, sa douleur n'était que temporaire; cette enfant bien-aimée, n'était pas ravie pour jamais à son amour. Qu'avait-elle fait, se demanda-t-elle, dans la vie inutile et frivole à laquelle elle avait consacré tous les dons, tous les priviléges dont Dieu l'avait comblée, pour mériter les bonheurs de la maternité qu'il venait de lui faire connaître et de lui retirer, comme un attrait vers lui? rien, hélas! qui ne fût une absorption égoïste de ces trésors dont la Providence fait le riche dépositaire, pour qu'il en soit le dispensateur. Cette réponse de son cœur devint la règle de sa conduite.

Ce qu'elle n'avait pas fait jusque-là, elle résolut de le faire. Elle ne songea plus à mourir; elle voulut vivre... vivre pour sanctifier cette tendresse si douloureusement éprouvée, en la reportant, sous l'invocation de la Reine des mères, sur des orphelins dont le bonheur la rendrait digne des félicités maternelles qui en seraient la récompense, et *l'œuvre de Notre-Dame des Arts* fut fondée. Mme la vicomtesse d'Anglars de Bassignac y consacra sa fortune, après s'être consacrée elle-même à Dieu, sous le nom de sœur Marie-Joseph. La grande dame avait renoncé à ses titres mondains, n'aspirant plus qu'à en obtenir d'autres par ses vertus dans la hiérarchie où elle devait retrouver sa fille; dans la hiérarchie des saints et des anges, dans la hiérarchie des élus.

Dirigée avec autant d'habileté que de dévouement par des religieuses de la congrégation de Saint-Joseph de Lavaur, dont la sœur Marie-Joseph est supérieure, l'œuvre de Notre-Dame des Arts a obtenu instantanément les sympathies et le succès que méritait une institution aussi éminemment utile. Nous avons fait connaître son objet, il a été défini avec bonheur : *secourir noblement de nobles misères*, en ouvrant aux orphelines de l'intelligence et du génie, que la piété de leurs parents a laissées sans ressources, un asile, qui leur procure gratuitement l'éducation, l'instruction, un état, une dot, un aide et une protection efficaces durant toute leur vie ; en un mot, leur rendre autant que possible, avec le pieux dévouement et les douces affections que l'on ne trouve qu'au sein de la famille, l'avenir sur lequel les talents, les services ou la position de leurs parents leur donnaient, en quelque sorte, le droit de compter.

L'organisation de l'œuvre est des plus simples quoique des plus ingénieusement conçues. Son trésor est formé de souscriptions recueillies par les dames patronesses, qui forment son conseil d'administration. Ses élèves sont de deux espèces : les pupilles, orphelines de fonctionnaires, de littérateurs, d'artistes ou de savants, dont l'admission est gratuite, — et les pensionnaires, filles de souscripteurs vivants, auxquels l'œuvre ne demande qu'une rétribution annuelle de six cents francs ; somme minime, si l'on considère surtout que l'instruction y est plus complète que dans aucun établissement d'éducation. Les élèves, les pupiles particulièrement, y sont préparées à l'étude pratique des arts, qui, plus tard, peuvent devenir pour ces jeunes filles de précieuses ressources. La position de ces deux classes d'élèves, est d'ailleurs complétement identique, même éducation, mêmes soins, même costume. Seulement les pupilles qui, reçues à l'âge de sept ans, peuvent rester dans l'établissement jusqu'à dix-huit, et quelquefois même, jusqu'à vingt ans, sont occupées dès que leur âge le permet à des travaux artistiques, auxquels l'étude du dessin industriel les a rendues propres. Le produit de leurs travaux est vendu à leur profit, et versé dans une caisse de réserve destinée à former une dot à chaque orpheline sortant de l'institution. A ce moment, si grave pour leur avenir, l'OEuvre emploie toutes ses relations, et toute son influence, pour leur procurer l'emploi des connaissances et des talents développés en elle par l'éducation qu'elle leur a donnée.

Le bureau, qui sous la présidence de Mme la baronne de Forget, offre les noms du grand monde unis à des noms populaires dans les lettres et les arts ; ceux de femmes de ministres et d'anciens ministres : Mmes Hamelin et Fortoul, à ceux des femmes des artistes les plus célèbres : Mmes Ingres et Chérubini, ce bureau, disons-nous, est secondé par un conseil de dames patronesses, où l'on trouve également unis Mme Rouher, Mme la comtese de Lastic, Mme Regnier, Mme Zimmerman, Mme Baroche, Mme la comtesse de Montblanc et Mme Offenbach. Ajoutons que l'œuvre est de plus placée sous le patronage de S. Ém. Mgr le cardinal Morlot, archevêque de Paris.

La charité est dévouée à tous. Si dans les milles infortunes qui constituent la grande infirmité sociale qu'on appelle la misère, elle se sent attirée vers des souffrances qui ont un caractère plus élevé que les autres, elle ne cesse pas de l'être pour cela par de plus humbles dénûments. Ceux-ci ont la même part comme les mêmes droits que celle-là à son assistance, et ses secours ne font pas plus défaut aux uns qu'aux autres. Après avoir traité de la maison spéciale de Notre-Dame des Arts, parlons d'autres maisons analogues, ouvertes aux conditions les plus modestes au sein des classes indigentes.

Et d'abord occupons-nous de la *maison de Sainte-Marie de Lorette*.

Cet asile, dont la fondation remonte à 1824, a un objet particulier : cet objet est de faire des jeunes filles qu'elle recueille, de bonnes et honnêtes domestiques. Les connaissances qui leur sont nécessaires pour cela, il les leur donne, il les forme à toutes les occupations, à toutes les pratiques, à toutes les nécessités du service bourgeois, en donnant à cette instruction spéciale la base d'une éducation morale et religieuse. Son établissement est situé rue du Hasard, 16. Les jeunes filles, qui y entrent après douze ans, en sortent à dix-huit, pour entrer dans des services que leur procure habituellement la maison.

C'est aussi le but que se propose l'*œuvre des Saints-Anges*, dont la présidente est Mme la baronne Paul Dubois, et la trésorière Mme la comtesse de Chateauneuf. Cette institution recueille les jeunes orphelines de deux à huit ans et les garde jusqu'à leur majorité. Elles reçoivent dans cet établissement, dont la direction est confiée à des sœurs de Saint-Vincent de Paul, toutes les connaissances qui leurs permettent d'être placées à leur sortie, comme cuisinières, lingères, femmes de chambre ou bonnes d'enfants.

L'*Orphelinat de Saint-Étienne*, annexe à la maison des sœurs du douzième arrondissement, se propose uniquement, dans l'apprentissage qu'il donne aux jeunes filles qu'il élève, d'en faire des ouvrières en lingerie usuelle. Il est placé sous la direction de la sœur supérieure Mme Rebilliard.

Cet historique, ou plutôt cette statistique, des orphelinats de jeunes filles serait incomplet, si nous n'y donnions la large place qu'il mérite à celui fondé par

S. M. l'Impératrice dans le faubourg Saint-Antoine, sous le vocable de *Maison Eugène-Napoléon*. On en connaît l'origine : c'est l'application faite par S. M. l'Impératrice des 600,000 fr. votés par le conseil municipal pour l'acquisition d'un collier de diamants qui devait lui être offert à l'occasion de son mariage. Cet établissement pourra être cité comme modèle pour toutes les institutions de cette nature. Ses édifices, séparés par des jardins ornés de plates-bandes et de corbeilles de fleurs, se concilient et se prêtent de la manière la plus heureuse à toutes les nécessités du service intérieur. Sa chapelle devra à la décoration dont le pinceau de l'auteur des *Exilés de Tibère* a enrichi son hémicyle, d'être comptée parmi les monuments artistiques de Paris.

L'œuvre est digne en elle-même du monument que lui a ouvert la magnificence impériale. Trois cents jeunes filles arrachées aux causes si nombreuses de démoralisation dont les entourent les habitudes de la vie libre et active de ce laborieux faubourg, y reçoivent l'éducation qui moralise le cœur, l'instruction qui éclaire l'esprit, et l'apprentissage industriel qui, en donnant à la vertu d'une jeune fille la sauvegarde d'un état, assure la tranquillité de son présent et la sécurité de son avenir. L'administration de cet établissement est confiée par l'Impératrice, qui en conserve la haute direction, à des Sœurs de Saint-Vincent de Paul. S. M. leur paye une pension annuelle de 300 fr. par chaque élève.

CHAPITRE IV

PATRONAGE DES JEUNES FILLES

SOMMAIRE. — Charité prévoyante et tutélaire. — Ouvroir de la Madeleine. — Mme la baronne de Mackau. — Œuvre du patronage des jeunes ouvrières. — Jours de loisir. — Pente de l'abîme. — Réunions dominicales. — Maisons de Charité. — Paroisses de Notre-Dame de Lorette et de Saint-Thomas d'Aquin. — Jeunes provinciales à Paris. — Le danger des illusions. — Asile de Notre-Dame Auxiliatrice. — Les bonnes Sœurs de la Croix. — Saint-François de Sales et Saint-Vincent de Paul. — Dames Ursulines. — L'œuvre du placement des filles domestiques. — Association des servantes de Marie. — Société pour le renvoi dans leurs familles des jeunes filles sans place. — Alternatives cruelles. — Anecdotes. — Le bon pasteur. — Les brebis égarées. — Poésie. — La seconde innocence. — La communauté de Sainte-Pélagie. — Mme de Miramion et la duchesse d'Aiguillon. — Couvent de Sainte-Valère. — Les filles pénitentes du Bon Pasteur. — Asile hospitalier du Sauveur. — Le refuge de Saint-Michel.

Chaque pas que la fille du peuple, l'orpheline surtout, fait dans la vie, multiplie les dangers qui se développent autour d'elle et qui s'y développent en raison même des avantages dont l'a dotée la nature. Cependant arrive un âge où la protection immédiate

dont la sollicitude sociale l'a entourée doit nécessairement cesser pour elle.

Elle a passé de la crèche dans l'asile, de l'asile dans
l'école et dans l'ouvroir, quand elle n'a pas traversé
ces phases diverses de l'éducation dans l'ombre con-
servatrice de l'orphelinat, sous la sauvegarde d'une
tutelle qui n'a pas cessé un instant de veiller sur elle.
Mais enfin elle ne peut rester éternellement sous cette
tutelle, qui pour la moraliser a absorbé sa volonté.
L'heure de l'émancipation sonne enfin pour elle, il faut
qu'elle entre dans la société pour laquelle elle est née,
dont elle est membre, dont elle n'a encore connu que
les bienfaits, sous les lois et dans les rapports journaliers
de laquelle sa vie va désormais s'écouler entre des droits
et des devoirs. Plus de règles obligatoires dont elle su-
bisse les prescriptions; plus de maîtresses auxquelles
elle soit tenue d'obéir, mais aussi plus de voix qui
l'éclaire, plus de main qui la guide, plus de bras qui la
protége, quand tant de voix vont s'élever pour la sé-
duire, quand tant de mains vont se tendre pour l'entraîner !

L'émancipation est pour elle la liberté *æstuosa liber-
tas*, la liberté et ses orages, comme dit le poëte antique;
la liberté et ses dangers.

Libre, elle n'est pas abandonnée; le dévouement,
la sollicitude qui jusqu'alors ont enveloppé sa vie, ne
s'éloigneront pas subitement d'elle; les sociétés de
bienfaisance, les associations de philanthropie, les œuvres pieuses qui lui ont prodigué leurs sollicitudes, ne
suspendront pas brusquement leurs secours et leurs
conseils. Ancienne pupille des *Jeunes économes*, de
la *Sainte Enfance*, de l'*Immaculée Conception*, de la
Providence, des *Saints-Anges* ou de la *Sainte famille*,

elle conservera des patronnes dans celles qui furent ses maîtresses, des amies dans celles qui furent ses protectrices. Qu'elle ait quelque droit à revendiquer, quelque faveur à obtenir, elle trouvera en elles des intermédiaires souvent puissantes, toujours dévouées ; ses anges gardiens ne seront pas envolés loin d'elle, ils seront les bons génies de sa mansarde d'ouvrière, comme ils ont été ceux de son berceau d'enfant, de son pupitre d'écolière et de sa table d'apprentie. Elle leur devra du travail dans ses jours de chômage, des secours dans ses heures de détresse, des soins et des consolations dans ses nuits de maladie et de malheur.

Mais indépendamment et à défaut pour quelques-unes de la protection de ces Associations et de ces Œuvres, les jeunes filles du peuple trouvent dans cette société, où elles peuvent tomber dans un abandon d'autant plus déplorable qu'il est souvent moins mérité, de nouvelles institutions prêtes à les secourir et au besoin à les relever.

Il en est peu à qui le travail fasse défaut. Indépendamment des efforts que les sociétés de bienfaisance qui les ont déjà secourues font toujours pour leur procurer une occupation productive de leurs instants, il est des institutions particulières dont l'objet spécial est de fournir du travail aux ouvrières sans ouvrage, ou de trouver des places avantageuses ou convenables aux jeunes filles sans emploi.

L'ouvroir de la Madeleine, présidé par Mme la baronne de Mackau, doit figurer au premier rang de ces œuvres. Son action moralisante est d'autant plus évidente que ses bienfaits ne se répandent sur la classe indigente qu'en travaux.

Son siége est rue Saint-Honoré, 357. C'est là qu'habite la directrice; elle reçoit et inscrit les demandes d'ouvrage, fait une enquête sur les postulantes, à moins qu'elles ne soient recommandées par les membres de l'OEuvre, par MM. les curés ou par d'autres personnes notables; elle coupe, ou fait tailler sous sa direction, les pièces d'ouvrage, perçoit le prix des confections et paye aux ouvrières ce qu'elle a reçu pour leur travail, déduction faite des fournitures qui leur ont été remises. Un point important pour les bénéficiaires de cette œuvre, c'est que les matières premières de leur travail leur sont confiées et qu'elles peuvent exécuter ces confections à domicile.

Cet ouvroir fournit annuellement du travail à près de 200 ouvrières. Sa trésorière est Mme de Villiers, 2, Cours la Reine.

Une OEuvre non moins précieuse est celle du *Patronage des jeunes ouvrières*. Son objet principal, comme l'indique son titre, est le placement des jeunes filles qui, au sortir des écoles ou des ouvroirs, veulent suivre une carrière industrielle ou mercantile. L'institution ne se charge pas seulement de régler les conditions de leur apprentissage et d'en payer les frais, il donne aussi à chacune d'elles une dame patronesse qui la visite, la conseille, l'encourage et entoure sa jeunesse de l'intérêt et des soins d'une vigilance toute maternelle.

Cette société, dont les premiers centres furent établis dans les paroisses de la Madeleine, Saint-Germain l'Auxerrois, Saint-Eustache, Sainte-Marguerite et Saint-Médard, s'est étendue dans tous les autres quartiers de Paris.

Les noms les plus honorés se sont empressés de s'inscrire sur les listes de ses membres et de ses dignitaires. Elle a pour présidente Mme la comtesse de

Melun et pour secrétaire Mme la comtesse d'Armaillé ; Mme la comtesse de Kersaint est sa trésorière.

L'ingénieuse et touchante création de la maison de famille, si heureusement conçue et réalisée par les fondateurs de la *Société des Amis de l'Enfance*, a été adoptée avec un grand succès par cette institution dont la fondation ne remonte qu'à 1851. S'il est une classe de la société pour laquelle les dissipations des jours de loisirs soient pleines de dangers, c'est incontestablement celle des jeunes filles, à cet âge de l'éveil des passions, où la pente des plaisirs mondains est trop souvent celle de l'abîme.

L'OEuvre a soustrait ses jeunes protégées à ces épreuves au milieu desquelles leur innocence, loin d'être un préservatif, n'est souvent qu'un nouveau danger.

Les dimanches et les jours de fêtes, de leurs quartiers respectifs elle les réunit dans la maison des sœurs de Saint-Vincent de Paul, où les journées s'écoulent pour elles dans une heureuse succession d'offices religieux, de récréations et d'enseignements. Chaque trimestre, les dames patronesses viennent assister à leurs réunions, et remettre comme témoignage de satisfaction à toutes celles qui se sont signalées par leur assiduité et leur zèle, des objets de toilette ou des livres moraux.

Ces réunions dominicales où les jeunes filles, souvent orphelines, trouvent des sœurs dans leurs compagnes, et toute l'affection dévouée d'une mère dans les bonnes religieuses qui leur prodiguent les soins de la plus tendre hospitalité, ont produit des résultats si heureux, que la charité dont elles étaient une inspiration a dû chercher à les étendre à toutes les jeunes ouvrières qu'il a été possible d'associer à leurs bienfaits. Tous les arrondissements de Paris ont aujourd'hui de ces centres moralisateurs, où jeunes apprenties et jeunes ouvrières viennent ainsi, chaque jour de repos, s'initier aux sentiments affectueux de la vie sociale sous l'inspiration d'un dévouement éclairé qui les dirige et sous la consécration de la religion qui les sanctifie et les bénit. Quelle garantie de moralité et de bonheur pour les ménages, où épouses et mères de famille, elles porterons les trésors de tendresse et de vertu si précieusement conservés dans la pureté de leur cœur!

Nous devons une mention particulière, au milieu de ces institutions, à celle de la paroisse de Notre-Dame de Lorette dont Son Éminence le cardinal-archevêque de Paris à voulu bénir lui-même le nouvel édifice, et à celle de Saint-Thomas d'Aquin que l'élite de la population aristocratique du faubourg Saint-Germain vient doter, chaque année, dans l'assemblée de charité qui se tient dans l'église de cette paroisse.

Des réunions analogues mais beaucoup plus restreintes, ont lieu dans la plupart des communautés de femmes, à Paris, auprès des riches pensionnats où elles reçoivent les enfants des classes opulentes ; beaucoup ouvrent aux jeunes filles du peuple des classes et des ouvroirs gratuits, dont les apprenties consacrent chaque jour de fête, dans le monastère, à une douce alternative d'exercices pieux et d'innocents plaisirs.

Il est une classe de jeunes filles qui devait exciter plus particulièrement encore l'intérêt de la charité publique. C'est la classe des ouvrières arrivant des départements à Paris. Jeunes et inexpérimentées, elles viennent souvent, animées par l'espoir de gagner de gros gages, se jeter au milieu d'une vie dont elles n'ont pas soupçonné les difficultés et les dangers. Combien, appelées dans ce tourbillon de passions et d'intérêts par des voix imprudentes ou des incitations perfides, s'y trouvent sans ressources et sans places, livrées à tous les dangers de l'abandon !

La bienfaisance sociale qui s'était déjà occupée de cette classe populaire en fondant, en 1824, la maison Sainte-Marie de Lorette, pour l'éducation des jeunes filles, dans le but spécial d'en faire d'honnêtes et d'habiles domestiques, sentit qu'il y avait dans cette voie des œuvres plus utiles encore à créer : l'asile de Notre-Dame Auxiliatrice, fut fondé, à l'entrée du faubourg Saint-Jacques, sous la surveillance des curés de Saint-Étienne et de Saint-Médard, par les Bonnes Sœurs de la Croix. Ces religieuses, qui ont reçu leur constitution de saint François de Sales, et qui ont eu saint Vincent de Paul pour leur premier supérieur, avaient quitté Paris en 1830. La fondation de la maison de Notre-Dame Auxiliatrice, y inaugura leur réapparition en 1835.

Ce refuge ouvert aux ouvrières sans travail et aux servantes sans place, a pour but de soustraire ces jeunes filles, restées sans guide, sans protection quelquefois sans asile, souvent sans ressources, aux périls qui entourent leur misère et leur abandon. L'hospitalité qu'elles y reçoivent est toute provisoire. Elle ne dure que le temps nécessaire à leur procurer de l'emploi. En attendant elles s'y livrent à un travail par lequel l'établissement s'efforce de leur faire gagner les soixante quinze centimes qu'elles lui doivent, par jour, pour concourir à ses frais.

Il est aisé de comprendre que cette faible somme, ne pourrait suffire aux dépenses de la maison ; mais, les sœurs directrices y suppléent par les dons qu'elles reçoivent de la bienfaisance . publique, et par la quête faite, chaque année, à la suite d'un sermon de charité. Ce sermon fut prononcé le 2 mars dernier, dans l'église de Saint-Thomas d'Aquin, par le R. P. Lavigne. On remarquait parmi les dames quêteuses, Mlles Eugénie Tascher de la Pagerie, habitant au château des Tuileries, Laure de Combes, au palais du Luxembourg, Giraud de l'Ain, rue de la Santé, 29, Mmes la comtesse de l'Escalopier, rue Vanneau, 20, et la vicomtesse d'Armicourt, rue d'Enfer, 43. Pour faire comprendre l'étendue du bien que réalise cet établissement, il suffira de faire connaître le nombre des jeunes filles qu'il a déjà secourues : ce nombre s'est élevé annuellement, depuis 1835, à environ 1500.

Les religieuses Ursulines ont ouvert un asile semblable, rue Chanoinesse, 2. Il est soutenu par cet ordre avec le concours d'une association, sous le titre de *Œuvre du placement des filles domestiques*.

Un comité de dames zélatrices s'est formé sous la protection de Mgr l'archevêque de Paris, et sous la direction de M. de la Bouillerie, vicaire général, pour organiser et administrer gratuitement une société mutuelle de secours entre les domestiques sous le vocable : d'*Association des servantes de Marie*. L'objet principal de cette association, dont les membres doivent être de jeunes filles ou des femmes en place jouissant d'une bonne réputation, est de leur offrir, en cas de manque de travail, moyennant une légère rétribution, un asile convenable. Elles y trouvent un travail dont le produit achève de couvrir leur dépense. Elles sont placées gratuitement par l'œuvre. L'asile reçoit annuellement de cent cinquante à deux cents associées. Le terme moyen de leur séjour flotte entre une et deux semaines.

Cette série d'œuvres spéciales est couronnée par une institution qui ne le cède en rien à aucune d'elles; c'est l'association pour le renvoi dans leurs familles des jeunes filles sans place et des femmes délaissés. Le retour dans leur pays, c'est en effet le grand et le seul remède à la position de jeunes filles qui, conduites à Paris par des motifs honnêtes, s'y trouvent subitement dans un abandon complet, jetées entre la cruelle alternative de la misère ou du désordre. Combien ont évité de tomber dans cette extrémité déplorable, par la fermeté la plus honorable, pour échapper aux dangers qui menaçaient leur honneur! Nous n'en citerons pour preuve que les exemples suivants, empruntés à un des derniers rapports annuels faits à la société par M. Cramail, secrétaire de l'ordre.

« Plusieurs de nos jeunes protégées, y lit-on, échapent, grâce à nous, aux piéges dont la misère les environne, et quelques-unes même, inquiètes des dangers qu'elles entrevoient, réclament notre entremise dès les premiers moments du péril. » Voici quelques-uns des faits par lesquels il justifie son assertion.

«Annette D... a dix-huit ans; elle est sans ressource. Un oncle l'appelle à Paris; maîtresse de maison plutôt que servante, elle doit faire et tenir son ménage. Elle arrive... Son oncle n'habite pas seul; une femme est chez lui, elle y réside, elle y commande. La jeune fille trouve le désordre régnant là où elle croyait rencontrer la régularité d'une vie honnête; elle tombe au milieu des scandales d'une union concubinaire, là où l'avait appelée l'espérance d'une vie honorable. Que faire? accepter un service dégradant? Se faire la complaisante

de ses hontes? Son oncle croit lui en imposer la nécessité en lui refusant l'argent nécessaire pour retourner dans son pays. L'œuvre vient à son secours. Elle
rentre dans sa famille, où l'ouvroir d'un couvent la reçoit, en attendant qu'elle puisse se procureur d'autres
ressources.

» Annette R... est dans sa vingtième année et dans
tout l'éclat de sa beauté. Son frère l'attire à Paris par
l'attrait des gages élevées qu'elle doit trouver dans une
grande maison. Pendant les premiers jours, il veut lui
faire connaître la capitale ; voyant la rapidité avec
laquelle son petit pécule s'écoule dans ces courses, elle
s'inquiète ; elle veut entrer dans le service dont on a fait
briller à ses yeux les gages élevées. Ce service qu'on
doit trouver si aisément, on le cherche et on le cherche
en vain... les jours s'écoulent et la pauvre fille se trouve
un beau jour sans argent et sans place. Ses larmes cou-
lent... ce n'est qu'alors que les consolations qu'ose lui
murmurer son frère lui révèlent la profondeur de
l'abîme où elle est tombée... Elle peut trouver dans le
désordre des ressources bien autrement fécondes que
celles qu'elle est venue demander au travail. Ces honteuses insinuations l'éclairent ; elle se hâte de fuir
l'homme qui lui a infligé la flétrissure de pareils conseils. Elle est recueillie par une personne bienveillante
mais pauvre, qui ne peut la garder longtemps près
d'elle. L'œuvre intervient encore et la jeune fille est
tendue à la société de Saint-Vincent de Paul de Lorient,
qui la réclame et qui se charge de sa réinstallation dans
la famille.

» Combien de jeunes servantes ont à lutter contre les
séductions dont Rosalie B... est forcée de fuir les dangers !
comme Annette R... elle possède tout ce qui peut

plaire et charmer : la jeunesse, la beauté et la grâce, et nous pourrions ajouter cette grâce morale qui est le plus beau rayonnement de la beauté, la pudeur. Son maître la voit et s'éprend d'elle ; c'est dans l'ombre du foyer conjugal que l'adultère s'efforce de corrompre la vertu. Les obsessions qu'elle subit chaque jour deviennent telles, qu'elle doit enfin fuir cette maison où il n'y a plus ni repos ni sûreté pour elle. L'œuvre est toujours là pour la recevoir. »

Voici enfin le pressant post-scriptum d'une lettre que le préfet de police remettait à la jeune Anna E... en l'adressant au vénérable président de l'association :

« Je recommande particulièrement cette pauvre fille, qui est sur le bord du précipice. »

Les secours que l'association accorde à ses protégées sont toujours mesurés sur leurs besoins. Elle s'est assuré des remises considérables, auprès des administrations des chemins de fer et de toutes les entreprises de transports, qui se sont empressées de s'associer à ses bonnes œuvres. Elle se contente d'en faire jouir les personnes qui possèdent quelques ressources, ou qui peuvent en obtenir de leurs bienfaiteurs. Pour les autres, elle subvient à tous les frais du voyage, et lorsque le dénûment des infortunées qu'elle assiste est complet, elle ajoute à cette assistance les secours en argent, en linge et en vêtements qui peuvent leur être utiles pendant leur voyage, et jusque dans les premiers jours de leur retour au pays.

Pendant les dix premières années de son existence, du 1er juillet 1844 au 31 décembre 1853, elle a effectuée 2,049 départs.

En 1854. . . . . 322 —
    1855. . . . . 412 —
    1856. . . . . 466 —
    1857. . . . . 514 —

Total général. . . . . 3,763 départs.

Les dignitaires de l'OEuvre sont :

Président, le R. P. Petetot, ancien curé de Saint-Roch, supérieur de l'Oratoire;

Secrétaire honoraire, M. de Royer, ancien garde des sceaux;

Secrétaire général chargé des départs, M. l'abbé Viella-Abadie, vicaire de Saint-Louis d'Antin;

Trésorier, M. Dosseur, conseiller référendaire à la cour des comptes;

Secrétaire, M. Cramail, juge d'instruction.

Nous citerons parmi les dames patronesses:

Mmes Baudin de Vesvres, Auguste du Paty, Chauveau, la comtesse Emmery, la baronne de Ponthon, etc.

Le dévouement de la charité est intarissable; aucun sacrifice ne l'épuise, aucune difficulté ne l'arrête, aucune misère ne le rebute, il ne recule même devant aucune indignité; nous l'avons vu jusqu'à présent aux prises avec le dénûment, la faiblesse, toutes les détresses, toutes les souffrances; nous allons le voir, comme le bon pasteur, s'attacher aux pas des brebis égarées, aller les prendre jusqu'au milieu des précipices pour les ramener au bercail. Ce n'est pas seulement les jeunes filles restées pures dans une honorable misère qu'embrasse son patronage : celles qui, séduites par les perfides insinuations de la misère, ou égarées par un premier éblouissement de leur raison, ont retrouvé dans leur cœur la seconde innocence qui naît du repentir ont des droits égaux, sinon plus impérieux, à ses sympathies et à ses secours. Combien, d'ailleurs, de ces malheureuses, sont moins les complices que les victimes de la faute qui les a perdues ! un grand poëte l'a dit, et son vers est souvent d'une vérité navrante :

> Oh ! n'insultez jamais une femme qui tombe !
> Qui sait sous quel fardeau la pauvre âme succombe,
> Qui sait combien de jours la faim a combattu
> Quand le vent du malheur ébranlait sa vertu ?
> Qui de nous n'a pas vu de ces femmes brisées
> S'y cramponner longtemps de leurs mains épuisées,
> Comme au bout d'une branche on voit étinceler
> Une goutte de pluie où le ciel vient briller,
> Qu'on secoue avec l'arbre, et qui tremble et qui lutte,
> Perle avant de tomber, et fange après sa chute.
> La faute en est à nous ; à toi, riche, à ton or !
> Cette fange, d'ailleurs, contient l'eau pure encor.
> Pour que la goutte d'eau sorte de la poussière
> Et redevienne perle, en sa splendeur première,
> Il suffit, c'est ainsi que tout remonte au jour,
> D'un rayon du soleil ou d'un rayon d'amour !

Ce rayon d'amour est celui de l'amour purifiant, le rayon de la grâce qui pénètre dans l'âme avec le repentir. Aussi est-ce ce repentir que tant d'associations, que tant d'œuvres s'efforcent de faire briller, d'entretenir et de féconder dans les cœurs que le vice a souillés sans les corrompre.

Ces institutions ne sont pas nouvelles dans notre

société française. L'ancienne monarchie en avait vu plusieurs naître et se développer presque simultanément dans Paris. La communauté de Sainte-Pélagie remonte à la première moitié du dix-septième siècle. Cette maison de refuge, fondée par Mme de Miramion et par la duchesse d'Aiguillon, qui la dotèrent par leurs libéralités, était un asile ouvert aux filles repenties; elles venaient s'y laver des souillures de leur existence passée, dans les pratiques d'une vie de recueillement et de prière. La direction de cette communauté avait été confiée aux dames de Saint-Thomas de Villeneuve.

La communauté de Sainte-Valère, créée en 1688 par le zèle du R. P. Daure, religieux dominicain, et celle des filles pénitentes du Bon-Pasteur, dont Mme de Combé était la fondatrice, avaient le même objet; c'étaient les mêmes maux de cette société prête à glisser sur les déclivités fangeuses de la Régence, que ces associations s'efforçaient de traiter et de guérir par les mêmes moyens : les austérités d'une vie religieuse et occupée.

Le succès de ces maisons en suscita de nouvelles. Messire Raveau, prêtre de l'église Saint-Jean en Grève, institua, en 1699, l'asile hospitalier du Sauveur, qu'enrichirent à l'envi Mme la comtesse de Bailleul et Mme la lieutenante Le Camus.

C'est presque à cette époque que remonte la fondation de l'établissement que poursuit de nos jours l'OEuvre de charité et de moralisation commencée par ces communautés anciennes : le refuge de Saint-Michel, rue Saint-Jacques, 193.

L'objet principal de cette communauté, desservie par les religieuses de Notre-Dame de Charité, est de recueillir les jeunes filles qui ont eu le malheur de tomber dans des écarts, et de les replacer dans les voies d'une vie régulière. D'innombrables miracles de transformation se sont opérés dans cet asile sous l'inflence du zèle pieux dont ces dames enveloppent leurs pupilles. Le nombre de ces jeunes filles, qui s'élevait naguère encore à peine à deux cents, a atteint, durant ces dernières années, le chiffre de trois cent vingt-cinq. L'établissement a pris récemment lui-même des développements qu'attestent le succès de l'institut primitif. Deux classes de persévérance et un asile de préservation ont été ajoutés à ses spécialités anciennes. Ces développements, pour lesquels les dames de Saint-Michel ont moins consulté leurs ressources matérielles que leur zèle, ont motivé l'appel que, sous les auspices de S. Ém. le cardinal-archevêque, elles ont adressé à la charité publique.

Cet établissement indiquait plutôt un des grands besoins de notre société qu'il ne lui donnait une satisfaction complète : un grand nombre de jeunes filles saisies par le repentir et par le remords, au sein des désordres où les avait entraînées la séduction ou l'imprudence, s'efforçaient inutilement d'en sortir, et se trouvaient emportées définitivement par le torrent de cette vie faute d'avoir trouvé un objet où se prendre, un asile où se réfugier. Ce besoin a été compris par une personne dont le dévouement égale la vertu, et le *Refuge Sainte-Anne*, fondé et dirigé par Mlle Chapus, a été créé boulevard Saint-Jacques, 16. Une œuvre spéciale soutient cet établissement, qui compte près de deux cents jeunes réfugiées, et qui pourtant se trouve chaque jour dans la nécessité de refuser son hospitalité réparatrice aux infortunées qui viennent y solliciter un asile. Nulle misère, disons-le, n'a plus de droits à la commisération publique et à ses secours. La commission de patronage est formée de : MM. Son Exc. le duc de Bassano, grand chambellan de l'Empereur, sénateur, président; le prince de Beauvau, sénateur, vice-président; Moreau, curé de Saint-Médard; Debeauvais, curé de Saint-Jacques du Haut-Pas; le R. P. Chocarne, prieur des Dominicains; le baron Zangiacomi, conseiller à la cour de cassation; Chassériau, conseiller d'État; le vicomte de Melun; le comte Ch. de Lavau; Guillemin, ancien avocat à la cour impériale; le baron B. de Monestrol, secrétaire. Les offrandes sont reçues chez : MM. l'abbé Moreau, curé de Saint-Médard; l'abbé Debeauvais, curé de Saint-Jacques; le R. P. Chocarne, prieur des Dominicains, rue de Vaugirard, 70; le baron de Momestrol, secrétaire de la commission, rue Monsieur-le-Prince, 30; Mlle Chupin, directrice de l'œuvre, boulevard Saint-Jacques, 16.

CHAPITRE V.

LA CHARITÉ DANS LES PRISONS

SOMMAIRE. — Nouveau pas de la charité. — Jeunes condamnés. — — Refuge moralisateur de la rue des Grès. — Pénitencier des Madelonnettes. — Système réformateur américain. — Ses effets. — Solution du problème. — Colonie agricole de Mettray. — Un essai. — Résultats heureux. — Une visite à la colonie. — Site riant. — Le registre des épanchements. — La maison et la famille. — Captivité volontaire. — Anecdotes. — Nombreuses créations de colonies pénitentiaires. — Encouragements administratifs. — Statistique. — Succès des institutions privées. — Puissance réformatrice. — Ce que l'administration ne peut attendre de ses employés. — Société de patronage pour les jeunes détenus et les jeunes libérés du département de la Seine. — Maison d'Asile. — Récompenses. — Œuvre du patronage des jeunes libérés. — Maison de refuge de la rue de Vaugirard. — Dames patronesses. — Mme la marquise de Lagrange. — Œuvre du Bon-Pasteur. — Son asile. — Triple force régénératrice. — Mme la comtesse de Vignolles. — Œuvre du patronage des prévenus acquittés. — Placement et secours.

Nous avons vu par combien d'institutions diverses·la sollicitude des classes riches s'est efforcée de secourir et de moraliser l'enfance et la jeunesse dans les classes indigentes ; nous l'avons vue animée par cette mansuétude miséricordieuse qui descendit en paroles de réhabilitation sur Marie-Madeleine, étendre son patronage au désordre repentant; elle avait encore un pas à faire, elle l'a accompli : elle est allée jusqu'au délit, jusqu'au crime. Elle s'est dit que ce n'était pas assez de s'efforcer de prévenir la chute, qu'il fallait encore tendre une main secourable à celui qui était tombé, quand elle pouvait l'empêcher de rouler dans l'abîme.

Les jeunes condamnés ont surtout excité sa pitié et son intérêt. Combien expient très-justement dans les prisons des actes qui sont au fond, cependant, bien plutôt les écarts d'un esprit dévoyé, que les mouvements d'un cœur corrompu! Si la justice, dans son inflexibilité salutaire, a dû frapper le fait criminel, la charité, elle, a dû descendre vers les coupables pour éclairer leur cœur, empêcher les germes du mal de s'y convertir en racines profondes, reconquérir enfin ces malheureux sur la corruption prête à les envahir.

Il y a près d'un demi-siècle que cette préoccupation généreuse, que le christianisme avait toujours rangée parmi ses œuvres de miséricorde, saisit l'esprit de quelques philanthropes. Ils furent surtout touchés du danger que couraient dans les prisons les jeunes détenus, frappés d'une première condamnation pour des infractions ou des délits souvent sans gravité. Que pouvait-il, que devait-il arriver de ces pauvres enfants, confondus fréquemment, dans les maisons de détention, avec des scélérats endurcis? Quels effets désastreux ne produisaient pas sur ces cœurs impressionnables les récits et les conseils de tels compagnons, quels ravages n'exerçaient pas dans ces esprits curieux et avides de cyniques enseignements ! ce qu'ils avaient conservé de bons sentiments s'éteignait dans leurs âmes à ce souffle funeste ; à leur étourderie succédait l'impudence du crime. Ces petits malheureux , que les avis d'une voix affectueuse, l'empire de la réflexion et l'influence du travail eussent pu ramener aux habitudes d'une vie morale, voyaient s'évanouir toute chance de retour à la vertu. Ils étaient entrés dans la prison turbulents et insoumis ; façonnés par ces leçons perverses , ils en sortaient capables des délits les plus caractérisés.

On chercha les moyens de combattre les inconvénients et les dangers d'une situation si dangereuse. Un établissement fut fondé en 1817, rue des Grés ; l'autorité lui confia quelques jeunes détenus ; mais tout était à improviser dans une telle maison : la discipline, l'organisation du travail, l'enseignement, les exercices. Il périclita dans les diverses expériences qu'il dut tenter, dans la recherche de la méthode qui pouvait le mieux réaliser les vœux et les espérances de ses fondateurs. En 1831, il ne comptait plus que six jeunes détenus. L'autorité les transféra à Sainte-Pélagie et les réunit, peu après, à d'autres détenus, dans la prison des Madelonnettes, où l'administration tenta la création de l'un de ces pénitenciers dont l'Amérique vantait la puissance réformatrice. Ce système de moralisation, fondé sur l'isolement constant des détenus, produisit incontestablement des résultats heureux, mais ils furent obtenus au prix d'autres résultats si funestes, que l'on dut chercher la solution du problème hors de cette voie. Ce fut alors que MM. de Courteilles et Demetz démontrèrent, par la fondation de la colonie agricole de Mettray, tout ce qu'avait de fécond l'emploi de ces enfants dans les diverses occupations d'une grande exploitation rurale ; la puissance et la rapidité avec lesquelles leur régénération s'opérait dans l'apaisement de la vie champêtre et sous l'influence moralisatrice de ses travaux. L'administration comprit tout ce qu'offrait d'heureux cette nouvelle institution et s'empressa de l'encourager en lui confiant de nombreux enfants tirés des maisons centrales. Tous furent employés dans la colonie aux travaux des champs, ou aux diverses industries qui en étaient les accessoires.

L'excellence de cette œuvre ne tarda pas à être attestée par ses résultats : 521 jeunes détenus y avaient été admis durant les six premières années de son existence ; elle en renfermait encore 348 en 1845, sur les 144 qui avaient été placés par la direction ; à leur sortie de la colonie, 7 seulement, en 1847, étaient tombés récidivistes, 9 tenaient une conduite médiocre ; celle des 128 autres était irréprochable.

Le récit de la visite de M. Dufau, directeur de l'institut des Aveugles de Paris, fera mieux connaître cet établissement que toute description ou tout commentaire. « Je me rendis, dit-il, dans l'automne de 1843, à Mettray ; j'exprimerais difficilement le vif sentiment d'intérêt dont je fus saisi lorsqu'après avoir traversé plusieurs des charmants coteaux qui entourent la métropole du jardin de la France, je vis s'étaler à mes yeux ces deux files de petits bâtiments terminées par le clocher élégant de la chapelle. C'était un dimanche. Je fus reçu par les deux dignes directeurs de la colonie, MM. de Metz et de Bretignières, dont le dévouement à cette œuvre n'a plus besoin d'éloges. Le premier allait partir pour Paris : il consacra toutefois à me donner d'intéressants détails le peu d'instants qui lui restaient. Il me communiqua un registre sur lequel est inscrit l'interrogatoire très-précis que subit, sur ses antécédents, tout enfant à son arrivée dans la colonie. Je parcourus ces pages non sans émotion. Qu'y voit-on?

hélas ! que la plupart de ces enfants avaient été perdus par leurs parents eux-mêmes, qui les poussaient au vol et au vagabondage, parfois en usant de mauvais traitements pour surmonter une répugnance instinctive. Je visitai ensuite les bâtiments sous la conduite d'un jeune surveillant. Chacun de ces bâtiments sert d'habitation à un certain nombre d'enfants; c'est ce que l'on appelle heureusement une *famille*, dont le chef porte le titre de *père*, et les membres celui de *frères*. Ainsi se trouvent rétablis ces rapports d'affection, si nécessaires à cet âge, et qui exercent, pour changer les dispositions, une influence décisive. Vous croiriez, au premier abord, que des moyens répressifs très-sévères sont indispensables pour contenir ces 3 ou 400 jeunes êtres, si bien préparés pour le mal? Il n'en est rien. La colonie est en plein champ. Tout est ouvert, et pourtant aucune évasion n'a encore eu lieu ; tant il est vrai que l'action morale a autant d'empire sur les hommes que les plus solides clôtures ! Mon guide me citait à ce sujet le mot très-significatif d'un de ces enfants, que l'on n'avait pu jusque-là garder nulle part, malgré la plus active surveillance. Comme on s'étonnait qu'il n'eût fait aucune tentative pour s'enfuir de Mettray : —« Bah! dit-il, il n'y a pas seulement un mur à franchir. »

» J'assistai à des jeux, à des évolutions gymnastiques, puis à l'office du soir, où chacun me parut manifester des dispositions convenables. Quelques enfants, pour des infractions graves à la règle, étaient en cellule derrière la chapelle. Une de ces petites chambres me fut ouverte. Là se trouvait un de ces enfants de Paris, à l'œil intelligent et vif, qui vont si vite et si loin dans la carrière du bien ou du mal. Ses traits et sa contenance portaient déjà quelques traces de la flétrissure du vice. On ne l'avait pas encore dompté. Touché d'un sentiment de pitié, je l'engageai à écouter les avis qui lui étaient donnés, à oublier les mauvais exemples qu'il avait eus sous les yeux, à revenir à la vertu. Il avait, en m'écoutant, l'attitude de la réflexion ; et je restai saisi, quand me taisant, je l'entendis me dire avec calme :

— « Je tâcherai, monsieur..., mais c'est difficile !... »

» Pauvre enfant ! il avait raison. Il est bien difficile, en effet, à cet âge, de rentrer dans la bonne route, d'imposer à des sentiments, à des passions qui ont été déchaînés avant le temps. C'est une grande victoire qu'il faut remporter sur soi-même, et les forces humaines sont rarement suffisantes pour l'obtenir.

» Je ne quittai Mettray que le soir, emportant un souvenir profond de tout ce que j'avais vu... »

L'exemple donné par les fondateurs de Mettray, ne fut pas stérile. Leur dévouement suscita de nombreux dévouements semblables, dont l'administration s'efforça d'encourager les efforts et d'accueillir les services. Dès qu'une institution analogue s'organisa dans des conditions possibles de succès, le gouvernement se fit un devoir d'étendre sa protection sur elle, en y plaçant de jeunes détenus moyennant une rétribution déterminée [1].

Ces établissements se multiplièrent avec une rapidité qui explique seule la profondeur du sentiment de charité dont est pénétrée la société moderne. Comme toutes les œuvres philanthropiques, ce fut dans les hautes classes du monde parisien qu'ils trouvèrent leurs capitaux ou leurs souscripteurs. Dès 1856, ils étaient au

---

[1] *Moniteur* du 23 décembre 1840. Rapport de M. Come, à l'assemblée législative, au nom de la commission d'assistance.

nombre de 48 : cinq quartiers ou colonies annexés aux maisons centrales, huit établissements départementaux, dix-sept établissements conventuels, deux sociétés de patronage, et seize colonies privées semblables à celle de Mettray. Parmi ces dernières, nous appellerons l'intérêt sur celle de Saint-Han, fondée au milieu des landes de la Bretagne, où elle est devenue une école agronomique ; celle du Petit-Quévilly, près de Rouen ; d'Oswald, près de Strasbourg ; d'Oullins, près de Lyon ; de Cîteaux, près de Beaune ; du Val d'Yèvre, près Bourges ; de Boussaroque, près d'Aurillac ; de Saint-Louis, près de Bordeaux ; et de Ligny, sur les bords de la Marne, sous Paris, etc.

L'expérience a consacré le succès de ces institutions privées, en faveur desquelles l'État s'est dessaisi, en grande partie, du droit que la loi avait confié à son autorité morale, d'élever et de transformer les enfants frappés de détention correctionnelle. Il a compris que l'ardeur spontanée de la charité seule pouvait remplir complétement cette œuvre régénératrice, dont l'objet était d'arracher l'enfance égarée aux pentes déplorables où l'avaient trop souvent poussée de funestes incitations, et de la faire rentrer dans la route de l'honnêteté et du travail.

Le zèle ne suffit pas à une telle mission ; il faut cette largeur et cette générosité de sentiments qui ne jaillissent des profondeurs de la conscience que sous l'empire d'une autorité plus puissante que celle du devoir social. « L'administration publique, a dit M. A. de Magnitot, dans son excellent ouvrage *De l'Assistance*, peut introduire, dans des établissements fondés par elle, un ordre régulier et une discipline exacte ; mais elle ne peut commander à ses fonctionnaires la chaleur d'âme et le zèle religieux qui font tout le succès des œuvres morales. »

Nous pourrions parler ici de l'*OEuvre de la visite des prisons*, dont la sollicitude s'étend à la jeunesse comme aux détenus d'un âge plus avancé ; mais son caractère général nous fait ajourner l'examen que nous porterons plus tard sur la nature et l'étendue de son action bienfaisante et réparatrice.

Le but des œuvres diverses qui se consacrent à visiter et secourir les prisonniers, est, avant tout, de préserver leur cœur, lorsqu'il n'est pas déjà corrompu, de l'influence dissolvante qu'exercent trop souvent le vice éhonté et le crime endurci, et de le reconquérir aux sentiments et aux habitudes d'une vie laborieuse et morale. L'attention et la vigilance de leurs membres ont donc dû redoubler au moment où les détenus, placés sous la main de la justice, rentrent au sein de la société, libres de nouveau, c'est-à-dire de nouveau placés entre la voie du crime et celle de l'honneur.

Plusieurs sociétés se sont imposé la tâche salutaire de patronner les enfants, déjà frappés par la loi, dans leur nouvelle expérience de la vie sociale. Nous parlerons d'abord de la société qui a pour président celui de la cour de cassation, M. Bérenger. Cette société est celle de *Patronage pour les jeunes détenus et pour les jeunes libérés du département de la Seine.*

Elles les recueille, à leur sortie des prisons de la Roquette et des Madelonettes, dans une maison d'asile, où elle les garde jusqu'à ce qu'elle leur ait trouvé un placement convenable. Chaque jeune libéré qui accepte la tutelle de la société reçoit un patron spécial qui le visite chez le maître où il est placé en apprentissage ou en fonction, le conseille, l'encourage et le secourt. Le pécule gagné par le détenu est appliqué à ses besoins par l'entremise de la société, à laquelle il est remis. La maison d'asile lui est toujours ouverte quand il tombe malade, ou qu'il se trouve momentanément sans place. Des encouragements et des prix sont fréquemment distribués à ceux de ces jeunes libérés qui se distinguent par leur zèle, leurs succès et leur moralité.

Un des derniers comptes rendus présentés à la société par son président fournit des renseignements qui attestent les heureux résultats obtenus par cette œuvre. 182 patronnés restaient sous sa surveillance, au 1er janvier ; 267 y étaient entrés dans le cours de l'année précédente. Sur ce nombre, 58 se conduisaient *très-bien*, 123 *bien*, 26 laissaient à désirer, 5 se conduisaient *mal*, 16 étaient tombés en récidive ; les autres étaient morts, avaient renoncé au patronage, ou avaient été abandonnés comme incorrigibles. Les récidives ne s'étaient pas élevées à sept pour cent ; elles montaient anciennement à soixante-quinze !

Le trésorier de la société est M. le baron Mallet.

Il existe une association semblable pour les jeunes filles détenues, libérées et abandonnées. Il n'est pas nécessaire d'insister sur l'importance de cette œuvre. Combien de ces malheureuses, ramenées au sentiment de l'honneur et à l'empire du devoir par les voix pieuses qui les avaient consolées et éclairées pendant leur détention, appréhendaient le jour qui, en leur rendant la liberté, allait les livrer, dans leur faiblesse, aux tentations du vice et de la faim ! Quelle position fatale, en effet, était la leur : « Rejetées par la société, comme dit M. l'abbé Coural, et épiées par la licence, elles se voyaient, d'un côté, privées de travail et maudites à cause de leurs fautes; de l'autre, poursuivies, attirées ; elles cédaient au désespoir plus encore qu'à leur faiblesse, et se vendaient, corps et âme, pour un morceau de pain. » La société de patronage pour les jeunes filles libérées a changé cette position lamentable. Un refuge leur est ouvert au sortir de la prison. Une société, qui compte parmi ses membres les noms qui réunissent toutes les illustrations et toutes les splendeurs, celles de la naissance, de la fortune, du génie et de la vertu, les prend sous sa protection, et, par cette protection, commence leur réhabilitation en les relevant à leurs propres yeux. Dans la maison, dirigée par des sœurs religieuses, où elle les reçoit, rue de Vaugirard, n°81, elle leur donne tous les enseignements d'une éducation pieuse, leur apprend la cuisine, la couture, le blanchissage. Puis, lorsqu'elle les a instruites et réformées, elle les place comme domestiques, ou comme ouvrières dans des maisons choisies avec intérêt et circonspection. Des dames de l'œuvre leur servent de patronesses dans cette position nouvelle, les surveillent et les visitent, en affermissant leurs pas dans le droit sentier où elles sont rentrées, par des encouragements pour leurs efforts, des félicitations pour le succès, et aussi par des réprimandes pour les fautes. Cette société de patronage compte plus de 800 protégées: 120 environ dans la maison de refuge, 700 qui, après être passées par l'établissement de réforme, sont placées en ville et surveillées par les dames de l'œuvre. La présidente est Mme la marquise de Lagrange ; la trésorière, Mme la comtesse de la Bouillerie.

Une association de dames, fondée, en 1821, par le

vénérable abbé Legris--Duval, sous le vocable de l'OEuvre du *Bon-Pasteur*, s'est imposé la même mission. Comme l'œuvre de patronage dont nous venons d'indiquer la tâche bienfaisante, elle s'efforce de rouvrir la société, et, dans la société, une carrière honnête, aux jeunes filles qui en étaient honteusement sorties par la porte de la prison ; comme la société précédente, elle leur offre tout d'abord un refuge gratuit. Sa maison hospitalière, située rue d'Enfer, n° 89, est desservie par des religieuses de l'institut de Saint-Thomas de Villeneuve.

Les récipiendaires ne doivent être âgées que de seize à vingt-trois ans. Leur entrée et leur séjour dans l'établissement sont volontaires. Une régénération morale s'y opère sous la triple influence de la prière, de l'instruction et du travail. Dès qu'elle est opérée, ces filles sont placées dans des maisons de confiance par des dames de la société. La présidente de l'OEuvre est Mme la comtesse de Vignolles.

Les prisons ne se referment pas seulement sur des coupables. L'administration de la justice a de dures nécessités. Quand un crime a été commis, il importe à la vindicte publique qu'elle s'assure de tous ceux sur qui planent de graves présomptions ; de là l'arrestation provisoire de beaucoup de prévenus, dont les enquêtes constateront plus tard l'innocence. Le crime, d'un autre côté, s'entoure souvent d'un mystère, dont une longue et patiente instruction peut seule percer les ténèbres. De là encore ces détentions prolongées, détentions telles que, lorsque vient à briller pour l'accusé le jour de la justice, il éclairera simultanément quelquefois son innocence et sa ruine : ouvrier, il se trouve sans travail ; employé, il a perdu sa place ; petit commerçant, il a vu son avoir s'évanouir entre les mains de créanciers inquiets. Pour lui tout est perdu, et souvent, quelle que soit son innocence, il ne peut pas dire *fors l'honneur*, car le stigmate de la prévention ne s'efface pas toujours sous le verdict d'acquittement ou sous l'arrêt de non-lieu. Que va-t-il devenir? La sollicitude généreuse qui, dans ce moment critique, ne s'éloigne pas du coupable, ne pouvait manquer à l'innocent, dont le malheur immérité a tant de droits à l'intérêt et aux secours.

Aussi est-ce au sein même de la magistrature que s'est formée l'*Œuvre du patronage des prévenus acquittés*, dont le président est M. Perrot de Chézelles, et le trésorier M. Foucher.

Un asile, situé rue de Lourcine, reçoit ses clients; on leur fournit de bons aliments, les vêtements les plus utiles, et on s'occupe de leur trouver une position, ou, s'ils ne sont pas de Paris, on leur donne les moyens de retourner gratuitement chez eux.

Cette maison reçoit annuellement de 500 à 600 hôtes; ils y restent, en moyenne, trois jours. Un quart environ est placé à Paris, un tiers se dirige vers l'Algérie, avec le concours du ministère de la guerre; les autres regagnent leur pays d'origine avec des passeports et des frais de route; tous reçoivent en sortant des secours proportionnés à leurs besoins.

CHAPITRE VI

ASSISTANCE DE L'ADOLESCENCE MALADE ET CONVALESCENTE

SOMMAIRE. — Œuvres d'assistance pour la jeunesse malade. — La jeune fille à la sortie des hôpitaux. — La convalescence. — Ses nécessités. — Ses dangers. — Asile de la rue de Babylone. — Asile du Cœur-de-Marie. — Ses bienfaits. — Mme la comtesse Gontaut-Biron. — Œuvre de l'asile de Sainte-Marie. — Hôpital Sainte-Eugénie. — Établissement champêtre de Fublame. — Convalescence et moralisation. — Œuvre pour la visite des hôpitaux. — Asile-ouvroir de Gérando. — Son organisation. — Statistique. — Son influence réformatrice. — Résultats heureux. — Assistance spéciale de la jeunesse infirme. — Sourds-muets. — Asile-ouvroir des sourdes-muettes de la rue Sainte-Geneviève. — Refuge de la rue des Postes. — M. l'abbé Lambert. — Religieuses de Notre-Dame du Calvaire. — Situation riante et salubre de l'établissement. — Jeunes aveugles. — Société de patronage et de secours pour les aveugles travailleurs. — M. le comte de Portalis. — Apprentissage. — Travaux. — Enseignement. — Éducation. — Maison des sourds-aveugles de Saint-Paul.

Nous n'avons à nous occuper dans ce chapitre que des établissements et des œuvres dont l'objet spécial est de soigner et de secourir la jeunesse malade, infirme ou convalescente. Nous signalerons, plus tard, à l'intérêt et à la reconnaissance, les sociétés et les établissements généraux dont la bienfaisance privée et la sollicitude gouvernementale ont si largement doté Paris, et où la jeunesse, comme tous les autres âges, trouvent des secours si complets. Nous avons fait connaître, en parlant de l'assistance de l'enfance malade, les hôpitaux et les œuvres dont la jeunesse reçoit également, dans ses maladies, les soins et les secours. Mais l'hôpital n'accorde son hospitalité qu'à la maladie ; or, entre celle-ci et la santé, il y a l'abîme de la convalescence. Pâle, dolente, affaiblie, la jeune fille ne peut passer de l'infirmerie à l'atelier. La nécessité où elle s'est trouvée de demander un lit de souffrance à une salle hospitalière, révèle assez son indigence. Et pourtant, ce moment où sa faiblesse se refuse encore à tout travail, du moins à tout travail assidu, est celui où elle aurait le plus besoin de soins hygiéniques et d'aliments de choix. N'est-il pas à craindre, dans cette position, qu'elle n'accepte, de la main corruptrice de la séduction, les ressources qu'elle ne peut obtenir du travail ?

La charité a prévu ce péril. Il existait, nous l'avons vu dans les chapitres consacrés à l'enfance, des œuvres d'assistance pour les jeunes convalescents. Paris avait, depuis 1847, son asile de la rue de Babylone, et, depuis 1850, cette villa de convalescence, si généreusement fondée par M. le comte Georges de Larochefoucault, dans le beau parc de la Roche-Guyon, appartenant à M. le duc de Larochefoucault, son père; mais ces établissements ne recevaient que des garçons.

Paris ne possédait, pour l'assistance des jeunes filles convalescentes, que *l'Asile du Cœur de Marie*, fondé en 1840, par *l'Œuvre de la Visite des pauvres malades*. Les jeunes filles, visitées par les dames de cette association, sont accueillies gratuitement, à leur sortie de l'hôpital, dans l'asile, où elles passent leur convalescence en s'occupant à des travaux d'aiguille. Dès que leur rétablissement est complet, l'œuvre leur procure une place, ou du travail. Elles reçoivent, en quittant la maison, du linge et des vêtements convenables.

Mme la comtesse de Gontaut-Biron est la présidente de l'œuvre, dont le supérieur est M. l'abbé de Girardin et la directrice Mlle de Guinaumont. L'asile est situé rue Notre-Dame-des-Champs, n° 35. Plus de 3,000 jeunes filles y ont été reçues depuis la fondation. La plupart ont conservé dans les dames patronesses d'actives et généreuses protectrices.

Cette institution était cependant manifestement insuffisante. Les effets salutaires produits par l'établissement de la Roche-Guyon firent sentir la nécessité d'assurer aux jeunes filles le bienfait d'asiles semblables. Les médecins de l'hôpital Sainte-Eugénie, frappés de l'abandon déplorable où tombaient beaucoup de jeunes filles, à qui l'administration hospitalière devait cesser les secours, songèrent, avec l'aide des vénérables religieuses de leur établissement, à créer un asile champêtre qui pût les recevoir dans les conditions de salubrité et d'hygiène les plus désirable. S. Ém. le cardinal-archevêque de Paris s'empressa d'accorder à cette œuvre ses encouragements et son appui ; M. le directeur Conneau, premier médecin de l'empereur, et M. l'abbé Deguerry, s'en firent les zélateurs. La liste de souscription, où LL. MM. l'Empereur et l'Impératrice s'inscrivirent pour 10,000 francs, se couvrit des noms les plus honorables. L'œuvre, qui prit le nom de l'asile de Sainte-Marie, acheta une maison de campagne entourée de jardins, de vergers et de pâturages, dont l'administration fut confiée aux soins si dévoués des sœurs de Saint-Vincent de Paul. Cette maison de campagne, située à Fublame, près de Meaux, est ouverte aux jeunes filles convalescentes qui sortent de l'hôpital de Sainte-Eugénie, et les garde tout le temps que réclame la consolidation de leur santé. Pendant ce temps, elles y reçoivent, dans un travail modéré, mêlé de pieux loisirs, les soins physiques et spirituels qui les préparent à reprendre, dans les meilleures conditions, leur vie laborieuse.

Il est d'autres convalescentes dont l'abandon, généralement plus complet, et la situation, beaucoup plus perplexe, sollicitent tout aussi vivement la commisération, sinon l'intérêt : ce sont les malheureuses qu'une première faute a quelquefois jetées sur la couche d'un hôpital, où le repentir est descendu à la suite de la douleur. Les dames de cette association pieuse, qui s'est imposé la mission de porter des secours et des consolations partout où gémit une souffrance, ne peuvent s'éloigner sans pitié de cette couche où s'accomplit une douloureuse expiation. Elles s'en approchent avec des paroles de bienveillance, apaisent les déchirements de ce cœur ulcéré, et prodiguant leurs pieux secours au corps malade, fortifient les bons sentiments, calment les remords, adoucissent les regrets, font briller l'espérance dans l'ombre de cette âme abattue, et rendent à la vie morale la malheureuse que les soins médicaux rendent à la santé.

Mais leur traitement terminé, ou les neuf jours d'hospitalité que l'administration leur accorde après leur accouchement, écoulés, il faut céder à d'autres le lit qui les a reçues. L'hôpital les rend à la société pâles, affaiblies, troublées, le corps et le cœur à demi guéris. Dans cet état d'épuisement physique et d'agi-

tation morale que vont-elles, que peuvent-elles devenir? Le souvenir de leur faute, ou de leur inconduite,
ne les attend-il pas dans le centre où elles ont vécu?
Qu'elles y reparaissent, les maisons qui leur étaient
ouvertes se ferment presque toutes devant elles; leur
position est presque toujours détruite. Dans l'abandon
où elles se trouvent, dans la misère qui les reçoit, ne
sont-elles pas fatalement poussées à céder aux coupables suggestions qui les entourent, et à chercher les
ressources qui leur défaillent là où elles ont trouvé le
déshonneur? C'est ainsi qu'un premier écart menace de
les entraîner irrésistiblement dans l'abîme.

Une lamentable expérience n'avait que trop prouvé
les conséquences funestes de cette situation précaire,
lorsqu'un philanthrope songea à en conjurer les dangers.

Ce fut en 1829. Un pair de France, M. le baron de
Gérando, jeta les bases de l'Asile-Ouvroir qui a reçu
son nom. Ce précieux établissement, fondé tout près
de l'hospice de la Maternité, rue Cassini, n° 6, s'offrit
pour recevoir celles de ces malheureuses qui se trouvaient jetées dans la déplorable alternative du désordre
ou de la misère. Il fut reconnu comme établissement
d'utilité publique par ordonnance royale du 2 août 1843.

Admises sur la recommandation du directeur de l'hôpital ou du comité de l'OEuvre, les jeunes convalescentes sont nourries, vêtues, instruites et gardées jusqu'au moment où l'on peut leur procurer de l'ouvrage
ou une place.

Leur sortie ne rompt pas les liens qui les unissent à
l'asile, que l'inconduite peut seule leur fermer. Si
elles se retrouvent sans place ou sans travail, si
quelque danger les menace dans l'isolement de leur

vie, l'établissement leur offre son toit hospitalier et du travail.

· Jusqu'en 1832, la moyenne de la durée du séjour dans l'Asile a été de cinquante-cinq jours, et chaque jeune réfugiée a coûté à peu près cent francs. Le compte rendu de 1856 fera connaître les mouvements de son personnel.

ADMISSIONS EN 1856

Jeunes filles restant dans la maison le 31 décembre 1855,   14
—   Venues de la maison d'accouchement et des hôpitaux.,.......................... 100
—   Venues de l'hôpital de Lourcine.......... 47

Total.......... 161

SORTIES

Jeunes filles placées par la directrice................. 99
—   Rentrées dans leurs familles............. 11
—   Rentrées chez leurs maîtres............ 6
—   Mariée........................... 1
—   Sorties volontairement 14
—   Décédées à l'hôpital.................. 4
—   Renvoyées pour diverses causes.......... 6
—   Restant dans la maison le 31 décembre 1856. 20

Total égal.............. 161

On ne saurait méconnaître l'heureuse influence qu'exerce sur l'esprit et le cœur de ces infortunées leur séjour dans l'Asile-Ouvroir. Beaucoup d'entre elles, dont la vie antérieure offrait d'affligeants désordres, sont rentrées dans la voie d'une existence régulière et morale et y ont persisté avec la plus louable fermeté. Les maisons honorables qui les reçoivent sont en général très-satisfaites de la rectitude de leur conduite et de l'exactitude de leur service. Beaucoup, vraies Madeleines repenties, sont devenues des objets d'édification dans les maisons religieuses où elles ont prononcé les vœux et pris l'habit.

Les principaux membres du conseil de cette institution, sont :

M. l'abbé de Beauvais, curé de Saint-Jacques du Haut-Pas, chanoine de Paris, président honoraire ;

M. le baron de Gérando, procureur général à la Cour impériale de Metz, président ;

M. de Verdieu, ancien avocat à la Cour de cassation, secrétaire ;

M. Ernest Cauchy, ancien maître des requêtes, vice-secrétaire ;

Mlle Morin, directrice.

De même que les jeunes convalescents, les jeunes infirmes, tout en prenant une part importante dans les secours des institutions dont l'action embrasse la vie entière, possèdent cependant quelques établissements qui leur sont spéciaux.

Nous avons vu ce que la charité publique fait pour l'enfant sourd-muet : elle l'arrache aux ténèbres de la vie matérielle pour l'élever à la sphère supérieure de l'existence intellectuelle, à la vie morale de l'être intelligent et libre.

M. Dufau l'a dit avec raison : « L'éducation renouvelle entièrement le sourd-muet. C'était primitivement un être, la plupart du temps, plongé dans une sorte d'abrutissement, dont l'esprit restait endormi au sein de son enveloppe matérielle, et qui, témoin inintelligent de tout ce qui s'accomplissait autour de lui, devenait même quelquefois une sorte d'idiot fort dangereux, par suite de cette fougue des instincts que la raison ne dominait pas. Par l'influence de l'éducation, il s'éveille ; toutes ses facultés sont en jeu ; il prend rang dans la société. »

Il n'en a cependant pas moins besoin d'une protection constante, et, s'il est indigent, d'un patronage dont le dévouement veille incessamment sur lui et supplée généralement à l'insuffisance de son travail. C'est là un des principaux objets que se propose *la Société centrale d'éducation et d'assistance pour les sourds et muets*, dont la tâche tutélaire embrasse la vie entière de ces malheureux. Non-seulement elle l'initie à la pratique de quelque travail professionnel, encore mais elle use de l'influence de ses membres pour lui procurer de l'emploi, ou les places que comportent ses facultés, dans les bureaux des ministères, ou des grandes administrations publiques.

On concevra l'importance que l'OEuvre met à procurer à ses protégés une profession et un emploi, en lisant dans ses statuts que la condition absolue qu'elle met aux secours qu'elle dispense, est le travail des sourds-muets dans la mesure de leurs forces et de leurs moyens.

La Société est représentée par un conseil supérieur de soixante membres, élus pour cinq ans au scrutin de liste, dans une assemblée générale des membres de l'association, convoquée à cet effet. Il doit toujours compter dans son sein au moins six membres sourds-muets. Son bureau se compose d'un président, de six vice-présidents dont un sourd-muet, un secrétaire général, deux secrétaires adjoints dont un sourd-muet, quatre censeurs dont un sourd-muet, et d'un trésorier.

Un comité de dames est chargé plus particulièrement du patronage des jeunes sourds-muets et de la surveillance des établissements où les sourdes-muettes, enfants ou adultes, peuvent être placées par la Société.

Les ressources de la Société consistent dans les cotisations des membres; les souscriptions de toutes sommes et les dons de toute nature; le produit des quêtes, ventes, loteries, etc., qui peuvent être organisées au profit de l'Œuvre; les rentes et capitaux leur appartenant; les subventions accordées par le gouvernement et les administrations publiques; les donations enfin et les legs qui peuvent être faits à l'Œuvre.

Une Société ayant le même objet fut fondée peu après 1848 par le docteur Blanchet, sous la présidence de M. le curé de Saint-Roch. Son trésorier est M. Carterdun, rue de l'Université, n° 13.

Les jeunes filles pauvres, ont surtout besoin d'une protection toute spéciale. La couture est généralement l'occupation à laquelle elles s'appliquent; mais, on le sait, à Paris comme dans presque toutes les grandes villes, c'est la moins productive des professions. Si ces ressources suffisent à peine à la vie de la jeune fille en possession de l'exercice complet de tous ses organes, que sont-elles pour la jeune sourde-muette, à qui un intermédiaire est presque toujours indispensable? que deviennent-elles surtout pour les jeunes sourdes-muettes, orphelines et sans appui ? Cette position déplorable a appelé les sollicitudes de la charité. Une association s'est formée dans le but spécial de secourir ces infortunées. Cette OEuvre, dont la présidente est Mme la comtesse de Sainte-Aulaire, a fondé, rue Sainte-Geneviève, n° 33, une maison où sont reçues un certain nombre de jeunes sourdes-muettes qui, à leur sortie de l'Institut impérial, se trouvent abandonnées, sans ressources et sans famille. Malheureusement, la dotation précaire de cet établissement est loin de répondre à tous ses besoins. Comme la durée du séjour de ses hôtes est illimitée, qu'elles peuvent y rester jusqu'à l'extrême vieillesse, les places dont le nombre, en voie de progrès, il est vrai, est de 25, y deviennent rarement vacantes.

Le spectacle qu'offre l'intérieur de l'Asile est des plus intéressant : c'est la vie de famille dans ce qu'elle a de plus tendre et de plus serein ; le régime est très-sain et la régularité de l'administration parfaite ; la maison est tenue par les sourdes-muettes elles-mêmes. On admire tout d'abord l'ordre et la propreté qui règnent dans tout l'établissement. Il est bien rare qu'il s'y produise la plus légère infraction à ce que l'on pourrait plutôt appeler les habitudes que les règlements de l'institution. Les pensionnaires ont les clefs de tous les magasins, et se font elles-mêmes leur portion au repas, sans qu'il y ait jamais d'abus.

La fondation de cette OEuvre remonte à 1829. L'ordre parfait avec lequel elle n'a jamais cessé de fonctionner depuis cette époque, est la consécration de l'excellence de ses règlements.

Il existe une autre institution vouée, à la même infortune, rue des Postes, n° 52, à Paris. Cette maison, dont nous avons déjà parlé à l'occasion de l'enfance infirme, a été fondée, sur la proposition de M. l'abbé Lambert, par la Société centrale d'éducation et d'assistance pour les sourds-muets; elle compte parmi ses dignitaires : Leurs Excellences Messieurs les ministres de l'intérieur et de l'instruction publique, Son Éminence l'archevêque de Paris, et M. le préfet de la Seine, comme présidents honoraires.

Cet établissement, administré par les religieuses de Notre-Dame du Calvaire, ne s'occupe pas seulement de donner à ses élèves les diverses notions qui constituent l'instruction primaire ; elle leur enseigne aussi tous les travaux qui peuvent employer fructueusement leurs instants et leur assurer, par une profession productive, une position indépendante dans la société.

Une classe d'infortunés, plus à plaindre encore, est celle des aveugles. Elle ne pouvait rester déshéritée des sympathies et des secours que la bienfaisance privée répand sur toutes les infirmités, sur toutes les détresses. La charité est accourue près d'elle comme auprès des sourds-muets, avec lesquels son infortune a tant d'analogie ; et pour eux, elle a embrassé tous les âges dans sa sollicitude et ses soins, de même que l'action de ses œuvres protectrices ne pouvait manquer de s'étendre à l'âge adulte.

La Société de patronage et de secours pour les aveugles travailleurs, fondée sous la présidence de M. le comte de Portalis, s'efforça non-seulement de les faire initier à la connaissance et à la pratique d'une profession industrielle, carrière féconde que semblait leur avoir interdite la nature, elle s'attacha encore à leur procurer du travail.

La maison d'apprentissage pour les aveugles, créée

près du boulevard Mont-Parnasse, dans une situation des plus salubres, est son œuvre.

Les apprentis y sont dressés et exercés aux travaux de tour, de vannerie et particulièrement au rempaillage des chaises, dans lequel ils ne tardent pas à acquérir une remarquable habileté. Leur séjour dans la maison est fixé à trois ou quatre ans. On leur attribue, sur les produits du travail, des remises et des primes dont le petit capital devient pour eux, en rentrant dans le monde, une ressource précieuse. Leurs occupations sont entrecoupées d'enseignements qui suppléent à leur instruction, souvent presque nulle et toujours des plus incomplète. Ils reçoivent des leçons de lecture, d'écriture, de calcul et de chant d'après des modes spéciaux appropriés à leur infirmité. Des lectures instructives et morales faites, de temps en temps, pendant leur travail, complètent ce supplément d'éducation, dont l'esprit méditatif et le caractère réfléchi de ces jeunes gens tirent les fruits les plus heureux.

L'OEuvre étend son patronage sur un certain nombre de jeunes filles, qu'elle place en apprentissage dans la maison des sœurs aveugles de Saint-Paul.

TROISIEME PARTIE

AGE VIRIL

CHAPITRE PREMIER

DE L'ASSISTANCE PUBLIQUE

SOMMAIRE. — Développement complet de l'être humain. — Nouvelle mission de la charité. — Dons faits aux établissements de bienfaisance. — Source des richesses que dispense l'assistance publique. — Immeubles formant sa dotation. — Sources secrètes ou indirectes de ses revenus. — Objet de ses secours. — Bureaux de bienfaisance. — Leur composition. — Leurs intermédiaires. — Maisons de secours. — Sœurs de Saint-Vincent de Paul. — Administration et nature des secours. — Leur caractère. — Sagesse et prévoyance. — Bienfaisance privée. — Aumônes presbytérales — Association des Dames de charité. — Pauvres honteux. — Mystères. — Délicatesses de la charité. — Visites des pauvres. — La grande dame et l'indigent. — Ce dont a besoin le malheureux. — Un mot de Mme de Pastoret. — Comité consistorial israélite. — Secours à domicile. — Hôpital et asile Rothschild. — Société de Saint-Vincent de Paul. — Son histoire. — La Société philanthropique. — Son origine. — Dispensaires. — Fourneaux économiques. — Son budget. — Souscriptions. — Étendue de ses secours.

Nous avons atteint cette époque de la vie où l'enfant du peuple a obtenu tout son développement, grâce aux soins ingénieux et dévoués dont n'a cessé de l'entourer la bienfaisance publique ; son cœur fécondé par une éducation religieuse et morale, son esprit éclairé par l'instruction scolaire, son adresse pratique sortie de l'apprentissage professionnel se sont formés comme son organisme ; il est entré dans toute sa force, dans toute sa puissance : l'apprenti est devenu ouvrier, l'enfant s'est fait homme ; la jeune fille elle-même a un état qui offre à sa vertu un sentier sûr à travers les séductions et les abîmes ouverts sous ses pas par la misère.

La tâche de la bienfaisance, la mission de la charité sont-elles donc totalement accomplies ? Leurs obliga-tions sont-elles épuisées ? N'ont-elles plus à se préoccu-per de ces pupilles, émancipés de toutes les faiblesses de l'âge, de toutes les entraves du dénûment, de toutes les impuissances ; de ces enfants enfin de leur adoption, à qui elles ont ouvert les voies de l'avenir ?

Elles ne l'ont pas pensé ; elles connaissent la nature de l'homme et les vicissitudes auxquelles le soumettent ses infirmités, ses passions et jusqu'aux inconstances de sa destinée : la maladie, les accidents, le chômage et tant d'autres causes imprévues, sans compter les excès et les écarts. Elles savent que des fléaux de toute nature : disette, guerre, épidémies, désastres météoro-logiques, doivent le plonger dans une misère d'où leurs secours seuls peuvent l'arracher. Aussi, loin de croire leurs devoirs remplis et leur œuvre terminée, n'ont-elles songé, au contraire, qu'à multiplier les institu-tions et les secours au moyen desquels elles allaient avoir à combattre toutes les formes nouvelles sous lesquelles allait leur apparaître la misère des classes inférieures. Ce sont ces institutions qui offrent à notre examen, de la manière la plus saisissante, tout ce que

la charité peut se créer de ressources dans notre société chrétienne. La noble terre de France a toujours
été le sol privilégié des vertus généreuses ; et si
quelqu'un pouvait en douter, il suffirait de lui ouvrir
les documents publiés par le bureau de la statistique
générale de France, au ministère de l'agriculture et du
commerce, c'est-à-dire le relevé des dons faits depuis le
commencement du siècle, par la charité privée, aux
établissements de bienfaisance, et dont l'acceptation a
été autorisée par l'État. A quelle somme pensez-vous
que se soit élevé le capital de ces dons, de l'an IX au
31 juillet 1855 ? — A 163 MILLIONS ET DEMI !

Du consulat à la fin du premier empire, le total en a
été de 14,921,703 fr., c'est-à-dire d'environ 1 million par
an. Du 27 mars 1814 au 31 juillet 1830 de 51 millions,
soit de 3 millions par an. Du 1er août 1830 au 25 février 1848, de 64 millions et demi, ou de 3,800,000 fr.
par an. Enfin, du 26 février 1848 au 1er janvier 1855,
de 28 millions en chiffres ronds, donnant 4 millions
par annuité.

Or, ces chiffres, qui n'expriment que l'ensemble des
libéralités dont l'acceptation a été autorisée par ordonnances royales ou décrets, ne comprennent pas
celles qui ont été approuvées par les arrêtés préfecto-
raux, et dont le relevé n'a été fait par l'administration
que de 1836 à 1855. Ces dons, acceptés sur l'autorisation des préfets, se sont élevés pendant ces dix-neuf
années à un capital de 28 MILLIONS, c'est-à-dire à une
moyenne annuelle de 1,500,000 fr. Si l'on porte,
d'après le calcul des probabilités, à la moitié seulement
la valeur moyenne de ces libéralités pendant les
trente-cinq années précédentes, on obtient une somme
de 24 millions et demi à joindre aux 28 millions con-

statés par les recherches administratives; ce qui élève le chiffre total de ces dons, au profit des établissements de bienfaisance, à 216 MILLIONS. Et pourtant cette somme est loin de donner l'expression complète des nobles inspirations de la générosité privée. Chacun connaît la rigide circonspection et la sévérité scrupuleuse que l'administration apporte dans l'approbation de ces donations et de ces legs. Nul n'ignore à quel chiffre élevé monte la valeur des libéralités qu'elle refuse chaque année, dans l'intérêt des familles frappées d'exhérence. Voilà quelle puissance l'esprit de charité exerce dans nos populations si profondément chrétiennes. Pendant qu'en Angleterre la loi est forcée d'intervenir et que les textes ne parviennent que sous menace de prison et de saisie à constituer cette liste civile du malheur, nos populations, sentant mieux encore qu'elles ne comprennent la légitimité, la sainteté même de ces sacrifices dont la loi évangélique fait un strict devoir, prodiguent avec une spontanéité et un zèle merveilleux l'or, les titres et les immeubles qui constituent le patrimoine de l'indigent dans notre société humaine et pieuse.

Ces réflexions étaient nécessaires pour montrer que les richesses à l'aide desquelles s'exerce l'assistance publique ont, dans leur origine, un caractère privé. Quand on dit : l'État étend sur le pauvre sa protection et ses secours; malade, il lui ouvre ses hospices; vieillard, il le reçoit dans ses asiles, dans ce mot : l'État, dans cet être impersonnel, et cependant si dévoué, il faut voir ceux-là mêmes qui ont versé dans ses caisses l'or qu'il dispense ainsi en secours, c'est-à-dire les classes riches dont les libéralités ont formé séculairement le trésor et le domaine de la charité administrative ; car ce n'est pas à l'an ix que remontent ces dons et ces legs : c'est à l'origine du premier établissement de secours ; c'est la charité chrétienne qui a fondé ce précieux héritage du malheureux, qui l'a accru de générations en générations, qui l'a conservé de siècle en siècle. « L'histoire de nos hôpitaux, a dit un publiciste contemporain, l'histoire hospitalière du monde entier se peut résumer en une seule ligne : Toutes les fondations sont l'œuvre de la charité privée. Les fondateurs n'ont pas toujours laissé leurs noms ; qu'importe ? L'humilité chrétienne ne donne-t-elle pas à la charité ce « je ne sais quoi d'achevé » qu'une autre vertu reçoit du malheur ? »

Nous pouvons donc regarder comme faisant partie de notre tâche la recherche des nombreux bienfaits de la munificence privée que tous les services de l'assistance publique ne cessent de répandre sur le peuple. Nous ne le ferons toutefois que d'une manière sommaire, et chaque fois seulement qu'une de ces institutions viendra s'attacher naturellement à notre récit. Jetons un regard rapide sur les ressources spéciales : sur les propriétés qui forment, à Paris, le domaine de cette assistance.

Ces propriétés se divisent en deux classes : celles affectées à un service public, et les propriétés productives de revenus.

Les premières, dont la superficie de 140 hectares 32 ares, etc., offre 183,578 mètres couverts de constructions, forment 37 agglomérations : 16 hôpitaux, 12 hospices, le chef-lieu de l'administration, l'amphithéâtre d'anatomie, la boulangerie générale, la pharmacie centrale, la filature des indigents, la direction des nourrices, la ferme Sainte Anne, annexée à Bicêtre, et deux maisons destinées à loger des veuves.

Les autres propriétés, dont nous retranchons 35 maisons couvrant une superficie de 26,687 mètres, affectées la plupart à des écoles, ou à des établissements de distribution de secours, peuvent être classées en deux catégories : propriétés urbaines et biens ruraux.

Les immeubles situés dans Paris forment eux-mêmes sept groupes :

1º Soixante maisons, quatorze grandes masses de propriétés bâties, cinquante-huit terrains non bâtis et huit terrains en culture, avec ou sans maisons de maraîchers.

2º Vingt-neuf propriétés contiguës des hôpitaux, hospices, établissements généraux ou de secours, et susceptibles d'y être annexées. Superficie, 83,464 mètres.

3º Trois propriétés réservées pour des services publics. Étendue superficielle, 9,772 mètres.

4º Vingt-trois immeubles frappés de baux emphytéotiques. Surface, 62,428 mètres.

5º Cinquante-quatre grandes masses de propriétés à vendre, après l'expiration des baux et le percement des rues devant les mettre en valeur. Superficie : 144,779 mètres.

6º Soixante-cinq propriétés susceptibles d'être mises en vente et d'une étendue de 123,652 mètres.

7º Enfin, trois fondations offrant 1,423 mètres seulement de surface.

Ces divers immeubles, dont les loyers réunis ne

s'élèvent qu'à la somme annuelle de 394,600 francs, offrent une valeur réelle sans nul rapport avec ces produits.

Les propriétés rurales, au nombre de 178 articles, composent la statistique suivante :

Treize maisons;

Trente-quatre fermes;

Cinquante-deux marchés de terre, dont quelques-uns sont formés de plusieurs divisions;

Quarante et une propriétés considérées comme terrains à bâtir;

Et quinze masses de bois soumises au régime forestier.

Ces biens ruraux, dont l'étendue superficielle est de 7,025 hectares, donnent un revenu de 518,555 francs.

Ces propriétés immobilières se résument donc en 427 propriétés d'une contenance de 72,110,796 mètres de superficie et d'une valeur de 990,046 francs de revenu. Telle est la dotation dont la libéralité privée a enrichi de siècle en siècle l'assistance publique parisienne. Un fait qu'il est important de signaler, et qui proteste énergiquement contre le caractère matérialiste et personnel dont tant d'accusations ont flétri ce siècle, c'est le développement progressif que, depuis ses premières années, n'ont cessé de prendre ces libéralités. On voit par ce fait que cette fièvre de jouissances, ce sensualisme grossier qu'on lui reproche est loin d'avoir tari dans les cœurs la source des émotions généreuses et des nobles sentiments.

Examinons maintenant l'application faite par l'administration de l'assistance publique de ces richesses dont la libéralité privée vient grossir les ressources par tant d'autres canaux : dons manuels qui peuvent être remis directement aux administrateurs des hôpitaux et des bureaux de charité, produits des quêtes dans les cérémonies religieuses et dans les fêtes publiques, impôts prélevés sur les théâtres, les bals et les concerts, ressources de toute nature et ressources sans nombre que la charité est si ingénieuse à créer par ses incessants appels à la bienfaisance de tous.

L'objet de l'assistance, comme celui de la charité, est de donner satisfaction à tout besoin légitime, aide à toute faiblesse, secours à tout malheur, remèdes à toute maladie, soins à toute infirmité, protection à tout droit. Ce à quoi elle veille surtout, c'est à ce que les ressources destinées à soulager un besoin n'aillent pas alimenter un vice. Elle procure, autant que cela lui est possible, du travail à l'homme actif, des subventions en argent et en nature au père de famille, à qui le salaire de son travail est insuffisant, des soins médicaux et des remèdes aux malades et aux infirmes, enfin, des secours spéciaux aux femmes enceintes, aux enfants et aux vieillards. Telle est la tâche confiée aux bureaux de bienfaisance ; cette tâche, qu'ils s'efforcent d'accomplir par une sage et juste dispensation de secours à domicile, est confiée aux divers membres qui composent leur personnel.

Les bureaux de charité, placés à Paris sous la direction du préfet de la Seine et du conseil général des hospices, sont égaux en nombre aux arrondissements. Ils se composent chacun de douze membres présidés par le maire, et d'un secrétaire-trésorier, chargé de tous les comptes, de toutes les perceptions d'argent et de tous les payements. Ce bureau s'adjoint comme auxiliaires des commissaires adjoints qu'il attache plus spécialement aux quartiers où ils peuvent exercer plus efficacement leur intervention salutaire. Leur action est plus activement encore appliquée par l'intermédiaire des sœurs de charité. Chaque bureau possède une maison centrale, siége de l'administration, et des maisons de secours confiées au dévouement éclairé des sœurs de Saint-Vincent de Paul.

Toutes les misères, toutes les souffrances de l'indigent ont droit à ses secours. Tous les vieillards de soixante-cinq ans et au-dessus sont inscrits sur les listes, ainsi que les individus infirmes atteints d'une maladie chronique. Les autres admissions sont arrêtées après enquête par délibération du bureau. Les dames de charité et les commissaires de quartier visitent assidûment les pauvres isolés et les familles indigentes secourues. Étudiant les misères et les besoins des classes populaires au milieu desquelles les introduisent ces visites, elles les signalent au bureau, qui décide quelles personnes et quelles familles doivent être assistées et dans quelle mesure il sera avantageux de les secourir. Les listes qu'il arrête sont soumises tous les trois ans à un recensement critique, qui en fait disparaître les noms de ceux qui, par une cause quelconque, n'ont plus besoin de ses soins bienveillants ni de ses secours.

Les modes et les éléments de cette assistance ne sont pas fixés avec moins de sollicitude et de prudence que ses agents et ses destinataires. Ce qu'elle se propose spécialement, en secourant le malheureux, c'est donner à ses libéralités une influence moralisatrice. Elle tend de tous ses efforts à élever les caractères en venant en aide aux besoins, à ennoblir les sentiments en adoucissant les privations et les souffrances; aussi évite-t-elle autant qu'il lui est possible de donner à ses secours le caractère de l'aumône, et recherche-t-elle au contraire tous les moyens de lui imprimer celui de la rémunération. Ce qu'elle désire avant tout, c'est d'assurer un emploi de son activité au père de famille, à qui il suffit souvent de procurer une place, ou du travail pour éloigner le dénûment de son ménage, sinon pour y appeler l'aisance. L'activité et les relations des commissaires et des dames de charité deviennent en cela des sources de soulagement abondantes et précieuses; les entreprises municipales, les travaux que font exécuter les bureaux de charité, et les établissements de l'assistance publique, la filature des pauvres entre autres, n'offrent que des ressources bien inférieures à ces besoins. Un autre moyen aussi avantageux qu'efficace d'intervention dans la vie laborieuse de l'indigent, c'est de lui procurer les instruments de sa profession, ou les éléments de son industrie. Que d'ouvriers manquent d'emploi, faute d'outils; que de petits industriels ne peuvent exécuter les travaux qu'on leur commande, faute de matières premières; que de petits marchands ne peuvent pas exercer leur humble commerce, faute de menues marchandises ou de denrées! C'est dans de telles occurrences, qui se multiplient chaque jour par les recherches, que les secours, appliqués avec une cordiale intelligence, produisent les fruits les plus heureux. Combien de familles arrachées ainsi, par un aide accidentel, aux plus cruelles détresses, voient progressivement leur situation se raffermir, se féconder, et leur bien-être reverdir sous les sources moralisantes de l'économie et du travail! Et souvent il n'a été nécessaire que d'un léger subside, parfois même il a suffi d'un prêt, d'une avance de fonds.

Cependant, on le comprend, ce mode d'assistance a des règles de prudence dont il ne doit que bien rarement se départir. Ce n'est point en argent, c'est en nature qu'il doit remettre ses secours, s'il ne veut s'exposer à les voir disparaître dans un tout autre emploi par la violence imprévoyante du besoin, parfois même par l'entraînement brutal de passions aveugles. Vous remettez à l'ouvrier les instruments de son travail, il prend la route de son atelier ; si vous lui remettez de l'argent, êtes-vous bien sûr que l'attraction grossière du cabaret ne le fera pas dévier de la direction du magasin, en supposant même que ce soit cette direction, qu'en partant de sa demeure, il ait prise ?

L'expérience des passions trop fréquemment développées par l'ignorance et les privations dans les bas-fonds sociaux, où la misère entraîne une partie considérable des classes populaires, a, du reste, imposé cette loi d'une manière générale à l'administration des bureaux de charité. C'est en nature qu'elle répand presque exclusivement ses secours : pain, viande, bouillon, vin, bois, huile, chandelle, linge, vêtements, chaussures, médicaments, tout, — jusqu'aux cercueils pour les morts ; c'est en nature qu'elle les donne.

Cette dispensation est l'œuvre des administrateurs, des commissaires-adjoints, des dames de charité, et plus généralement des sœurs hospitalières, chargées du service des maisons de secours.

Le concours de médecins et de sages-femmes attachés à chacune de ces maisons complète le réseau de secours dont les bureaux de bienfaisance enveloppent les classes populaires. On comprendra l'étendue de leurs services en apprenant qu'en dehors de ses secours accidentels, près de 35,000 ménages, comptant environ 80,000 individus, sont inscrits sur ses rôles [1].

Auprès de cette assistance constituée par l'État avec les ressources provenant, en grande partie, des libéralités quotidiennes et séculaires de la bienfaisance privée, il s'est érigé un grand nombre d'institutions de charité et d'associations de philanthrophie, nées spontanément des sympathies que tant de souffrances excitent invinciblement dans tous les cœurs. La plus ancienne de ces créations est incontestablement l'OEuvre presbytérale des charités religieuses. C'est aux premiers jours du christianisme qu'il faut remonter pour en trouver l'origine.

Dès le xviiᵉ siècle, elle existait dans Paris, telle qu'elle existe aujourd'hui, répandant ses bienfaits sur toutes les souffrances, par la main pastorale du curé, son chef, et par celles des dames de charité qui donnent à ses œuvres leur nom et leur actif et pieux concours : *Association des Dames de Charité.*

Pour bien comprendre la grandeur et l'importance de leur pieuse mission, il faut songer aux mystères d'indigence honteuse, — et nous prenons ici ce mot, non dans l'acception de honte, mais dans celle de pudeur discrète, — aux souffrances cachées auxquelles le prêtre se trouve initié chaque jour par l'exercice même de son ministère. Que de misères profondes qui n'ont que Dieu pour témoin, en ayant des familles

---

[1] D'après les recherches statistiques, faites par M. de Watteville dans les documents officiels, le nombre des ménages inscrits dans les bureaux de bienfaisance à Paris, au 31 décembre 1852, s'élevait à 33,741 ; celui des individus à 77,999.

entières pour victimes, se trouvent ainsi discrètement allégées par la main dont le contact seul relève le prix du secours!

Ces dames ont compris, dans la délicatesse de leur cœur, qu'il ne suffit pas de secourir les classes souffrantes, qu'il faut encore savoir les secourir. Il y a des bienfaits que la brutalité ou la sécheresse de la forme parvient à rendre blessants. Il y en a, au contraire, dont la faiblesse même disparaît dans l'expression des bons sentiments qui les accompagnent. L'indigent n'a pas seulement besoin d'un morceau de pain pour sa faim, de vêtements contre le froid, de médicaments et de soins dans ses maladies; il a besoin de consolations et de conseils, il a besoin surtout qu'on lui montre de l'affection et de l'estime. On ne sait pas assez tout le bien que peut faire un mot parti du cœur, quand le cœur dont il part est celui d'une grande dame ou d'un homme riche, et que celui à qui il s'adresse est un indigent. Il s'étonne d'abord, mais à cet étonnement succède bientôt un véritable dévouement pour celui qui le lui a adressé, et un sentiment de fierté pour lui-même. Il se sent relevé à ses propres yeux en se voyant ainsi consolé et ainsi secouru. C'est ce que sentait bien une femme dont le nom est célèbre par la grandeur et la délicatesse de sa bienfaisance, Mme de Pastoret, lorsqu'elle disait : *« J'aime à faire le bien que je fais. »* On ne saurait dire, à cet égard, l'étendue et la fécondité du bien qu'accomplissent les dames de charité.

Ce sont elles, grandes dames pour la plupart par la naissance ou la fortune, et sœurs du pauvre par la foi et l'humanité, qui sont chargées de la dispensation presque exclusive des secours dont le presbytère de chaque paroisse est le centre; ce sont elles qui visitent l'indigent dans sa froide mansarde; qui lui portent, avec le secours matériel, qui soutient et réconforte son corps, le secours religieux et moral qui relève et rassérène son âme; qui font descendre le calme et la reconnaissance là où étaient la violence et l'envie; qui font pénétrer la résignation et l'espérance là où tout ce que le cœur a de bons sentiments s'aigrissait dans l'inquiétude, la révolte et le désespoir.

Une association semblable s'est formée, sous le même nom, dans les divers arrondissements de Paris, et a mis son actif et précieux concours au service des bureaux de charité. Ce sont ses membres qui distribuent une grande partie des secours à domicile que répandent ces établissements. Cette association est loin d'avoir la liberté d'action dont jouit la première. La charité religieuse, on le conçoit, peut souvent s'affranchir de la prudente défiance que l'assistance publique doit toujours apporter à la distribution de l'actif de ses budgets.

Disons aussi que cette sage discrétion lui est assurément moins nécessaire. Tandis que la bienfaisance administrative répand ses secours sur des ménages qui ne lui sont connus que par des enquêtes naturellement superficielles, les aumônes presbytérales ont le plus souvent pour objet des familles dont les secrets, les détresses, ont été révélés à son intervention sacrée ou à ses pieuses sollicitudes. Bien plus, les garanties morales que présentent ces familles, d'où la régularité d'une vie religieuse écarte les craintes les plus sérieuses d'abus, n'existent pas pour les autres, dont la misère découle trop souvent des sources même de ces abus : l'imprévoyance, l'apathie ou l'inconduite. Aussi a-t-on rarement à déplorer le faux emploi des secours pécuniaires que généralement on leur donne. A cette différence près, la dispensation en est analogue ; la tâche des deux associations de dames de charité est donc à peu près la même : rencontrant les mêmes besoins, elle répand les mêmes bienfaits.

Le comité consistorial israélite de secours et d'encouragement se place naturellement parmi ces institutions générales de bienfaisance, par la large part qu'il prend à l'allégement des misères publiques.

Ce comité offre un double caractère : il est à la fois une institution religieuse et une institution de bienfaisance. Institution religieuse, il est officiellement investi par la délégation consistoriale de l'administration du personnel et du matériel des inhumations selon le rite juif ; — œuvre de bienfaisance, il recueille les dons de la charité individuelle et les applique aux diverses attributions d'un vaste système de charité qui, spécialement consacré à ses coréligionnaires, soulage la classe indigente dans toutes ses détresses. De 350 à 400 ménages, présentant un personnel de 1,500 et 2,000 individus, reçoivent annuellement ses secours, qui, pour éviter tout abus, sont portés chaque mois à domicile par des commissaires spéciaux. Il surveille et subventionne le bel hôpital ouvert par la générosité de M. le baron James de Rothschild aux malades israélites. Le mouvement annuel de cet établissement, tenu avec un ordre parfait, est de 5 à 600 malades, dont la mortalité n'est en moyenne que de 6 pour 100. La dépense journalière de chaque malade ressort de ses comptes à 2 francs 53 centimes.

Cet hôpital a pour annexe une maison de retraite où

30 vieillards des deux sexes reçoivent tous les soins que nécessitent leur âge et leurs infirmités.

Nous avons fait connaître la sollicitude que ce comité porte à l'enfance pauvre; nous le ferons voir entourant de ses soins le cadavre de l'indigent et lui assurant les honneurs de la sépulture religieuse.

Son président est M. Albert Cohen; M. Haas est son secrétaire.

Nous avons à parler maintenant d'une œuvre dont l'origine est encore toute récente, mais qui s'est propagée avec une rapidité qui n'a d'égale que la grandeur du bien qu'elle accomplit. Cette œuvre est la *Société de Saint-Vincent de Paul*. Fondée à Paris dans le cours de l'année 1833, la Société de Saint-Vincent de Paul s'est répandue dans le monde entier, où elle compte aujourd'hui plus de 1,600 conférences. La statistique de ces centres de bienfaisance était déjà, en 1836, de 887 pour la France et de 1,532 pour le monde entier.

On sait que le génie de la charité chrétienne, qui brilla au dix-septième siècle sous les traits de saint Vincent de Paul, avait créé l'*Œuvre de la visite des pauvres malades par les femmes du monde*. Cette institution, comme les eaux de l'Aréthuse qui, d'après la tradition antique, traverse les flots pour reparaître au delà sans amertume, avait traversé la révolution sans rien perdre de son dévouement ni de sa pureté; le dix-neuvième siècle la revit ce que l'avaient connue le dix-septième et le dix-huitième. La crise profonde que développa en Europe l'invasion du choléra lui suscita, en 1833, des auxiliaires dévoués. Des jeunes gens s'offrirent pour aider les nobles associées dans cette œuvre de miséricorde dont les né-

cessités avaient subitement débordé leur puissance :
ils s'organisèrent en associations pour l'accomplissement de cette mission sainte dans tous les quartiers
où la contagion faisait le plus de victimes : la société
de Saint-Vincent de Paul était fondée. Nous avons dit
avec quelle rapidité a grandi le cercle de son activité ;
nous devons faire connaître maintenant que ce n'est
pas seulement en étendue que son action s'est déve-
loppée ; que son progrès n'a pas été moins remarquable
par la variété que par la multiplicité de ses bienfaits.
Ce n'est pas seulement sur la maladie que se sont
portés ses soins et ses secours, elle les a prodigués à
tout ce qui est misère et souffrances, et, en cela, elle
s'est faite l'active et puissante coadjutrice des deux
centres d'assistance dont nous venons d'examiner les
attributions.

« Aucune œuvre de charité, porte l'article 2 de son
» règlement, ne doit être regardée comme étrangère à
» la Société, quoique celle-ci ait plus particulièrement
» pour but la visite des pauvres. Ainsi les membres de
» la Société saisissent les occasions de porter des con-
» solations aux malades et aux prisonniers, de l'instruc-
» tion aux enfants des pauvres, abandonnés ou détenus,
» des secours religieux à ceux qui en manquent au
» moment de la mort. »

La Société s'est si profondément pénétrée de l'esprit
de son règlement, qu'ainsi que le fait observer M. A. de
Magnitot dans son livre sur l'Assistance, « les œuvres
multiples qui se partagent l'activité des nombreuses
conférences de cette association embrassent à peu
près tout l'ensemble des misères de la vie humaine,
depuis le moment où l'enfant des pauvres, entrant dans
la vie, a besoin d'être soutenu, assisté et dirigé à tra-

vers les milles vicissitudes de sa carrière jusqu'à l'instant où, la mort venant à l'enlever, sa dépouille mortelle reçoit encore, aux frais de la Société, les derniers devoirs qu'elle réclame. »

Voilà sa mission : les articles 3, 4 et 5 de son règlement vont nous faire connaître quelle est son organisation. En voici le texte :

» Art. 3. Lorsque, dans une ville, plusieurs jeunes gens font partie de la société, ils se réunissent afin de s'exciter mutuellement à la pratique du bien.

» Cette réunion prend le nom de *conférence*, qui est celui sous lequel la société a commencé à exister.

» Art. 4. Lorsque, dans une ville, plusieurs conférences sont établies, elles se distinguent entre elles par le nom de la paroisse sur laquelle leurs membres se rassemblent.

» Elles sont unies par un conseil particulier qui prend le nom de la ville où il est établi.

» Art. 5. Toutes les conférences de la société sont unies par un conseil général. »

Cette affiliation, qui rattache toutes ces sociétés à un centre commun, est le seul point qui ait soulevé contre cette institution des critiques dont on ne saurait dissimuler la justesse ni la gravité. Cette affiliation, parfaitement inutile à l'œuvre de bienfaisance, donne à la société un caractère qui peut compromettre son existence en planant comme une menace sur son avenir : ce caractère est d'autant plus regrettable qu'il est contraire à son esprit et au texte même de ses règlements.

Les conférences, qui commencent par une prière, se terminent par une quête, dont le produit forme presque exclusivement les ressources financières de l'œuvre, ressources fécondes toutefois : ses fonds de secours, qui ne montaient qu'à 2,480 francs la première année de son existence, s'élèvent aujourd'hui à près de 2 millions.

Nous terminerons cet exposé des institutions générales d'assistance par la notice sommaire d'une association dont le caractère est plus spécialement humanitaire, comme l'indique son nom : *Société philanthropique.*

Pour remonter à son origine, il faut l'aller chercher au delà de 1789. Fondée au milieu du mouvement régénérateur qui éclata durant les années qui précédèrent cette époque, elle a traversé tous nos troubles civils et les crises de nos guerres extérieures sans suspendre un seul jour son action bienfaisante au milieu des classes indigentes. Les convulsions de la société semblèrent n'avoir qu'animé son zèle en lui offrant plus de souffrances à soigner, plus de malheureux à secourir.

Elle s'appliquait alors au soulagement de toutes les misères et de toutes les souffrances. C'est là le motif qui nous l'a fait placer au nombre des sociétés générales de secours. Lorsqu'un grand nombre d'œuvres spéciales se furent constituées autour d'elle, elle songea à donner plus d'efficacité à son action, en la restreignant à deux genres de secours dont elle put dès lors étendre et compléter le service.

Le premier est le traitement à domicile des malades non inscrits aux bureaux de bienfaisance, que les conséquences mêmes de leur maladie mettent hors d'état de pourvoir aux nécessités de leur traitement.

La Société a créé, à cet effet, sous le nom de *dispen-saires*, six établissements auxquels sont attachés des chirurgiens et des pharmaciens.

Le second est la distribution de soupes de riz ou de légumes à cinq centimes la portion. Elle ouvre chaque hiver, dans les quartiers les plus populeux de Paris, neuf fourneaux économiques où se font ces distributions alimentaires.

« Ainsi restreinte, son action est devenue, dit M. G.-E. Haussmann, dans un mémoire à la commission municipale sur la répartition du fonds de secours pour 1854, un précieux auxiliaire de l'administration et justifie, par l'étendue des services qu'elle rend, l'importance des allocations qui lui sont accordées. »

Les principales ressources de son budget, dont les recettes sont d'environ 60,000 francs, proviennent des souscriptions de ses membres. Chaque souscripteur de 30 francs reçoit 100 bons d'aliments et une carte de dispensaire. Cette carte est valable pour un an ; elle donne le droit de faire traiter un malade pendant ce laps de temps. Il suffit d'envoyer la carte à l'agent du dispensaire, avec une carte portant le nom et la demeure du malade recommandé. Après la guérison, la carte est renvoyée au souscripteur, qui peut la remettre à un nouveau malade chaque fois qu'elle lui revient. Dans le cas où elle a été appliquée à un accouchement, elle ne lui est remise qu'après un délai de trois mois.

Un comité de cinquante membres, présidé par M. le duc de Larochefoucault, est chargé de l'administration de la Société, des dépenses et de la distribution des secours.

Ses dispensaires enregistrent annuellement de 3 à

4,000 malades. Les consultations gratuites données par leurs médecins s'élèvent au même chiffre ; le nombre des accouchements que fait opérer la société varie annuellement entre 50 et 60. Le nombre des portions alimentaires que distribuent ses fourneaux dépasse, chaque hiver, 200,000.

CHAPITRE II

ASSISTANCE : ŒUVRES PARTIELLES DE CHARITÉ

SOMMAIRE. — Institutions partielles d'assistance et de charité. — Société des familles. — Initiative de Mgr Sibour. — Organisation de l'œuvre. — Les dizaines. — Rapidité du succès. — Émulation généreuse. — Culte réformé. — Une ancienne maîtresse de pension et ses élèves. — Société de la Miséricorde. — Les heureux d'hier. — Détresses mystérieuses et profondes. — Formalités. — Titres et diplômes. — Aide et secours. — Société de la Providence. — Ses règlements. — Association des Dames de la Providence. — Quêtes. — Souscriptions. — Visites. — Assistance. — Association du Bon-Secours. — Institut des Dames de Sainte-Geneviève. — Banlieue de Paris. — Moralisation par la bienfaisance et l'instruction. — Marthe et Marie. — Mme du Plessis-Bellière. — Crèches, asiles, écoles, dispensaires. — Visites. — Société helvétique de bienfaisance. — Société philanthropique savoisienne.

A côté de ces institutions, qui embrassent, dans leur action bienfaisante, la vie du peuple entière : toutes ses misères et tous ses besoins, il en est un grand nombre d'autres qui, plus restreintes dans leur application, n'en sont pourtant ni moins généreuses dans leur caractère, ni moins admirables dans leur dévouement. Il en est beaucoup même, dans le sentiment et la conception desquelles la charité apparaît avec ce rayonnement ingénieux et cette grâce touchante qui charment l'esprit et, à la fois, saisissent le cœur. C'est à l'étude rapide de ces œuvres, d'un ordre cependant secondaire, que nous allons consacrer ce chapitre.

Si nous voulions nous livrer à un examen chronologique et complet de ces institutions charitables, il nous faudrait, comme pour les précédentes, remonter dans notre passé monarchique, où nous les verrions s'organiser dans les paroisses, sous l'influence et la présidence des curés, dans les corps d'état par l'association des maîtres; mais ne pouvant pas donner ce développement à notre travail, nous ne remonterons dans ce passé qu'autant que nous aurons à y chercher les sources, quelque temps taries, de plusieurs des institutions actuelles.

Parmi les créations de la charité, il en est peu qui soient l'expression d'une pensée plus heureuse que l'*Œuvre des familles*.

Un savant et généreux économiste posait un jour en fait devant Mgr Sibour, nouvellement promu au siége archiépiscopal de Paris, que si dix familles s'associaient pour soulager une famille indigente, la plaie de la misère, cicatrisée aussitôt, ne tarderait pas à disparaître du corps social. Le prélat fut si frappé de cette proposition qu'il s'en fit le zélateur et que procédant immédiatement à son application, il fonda l'*Œuvre des familles* qui, dans son espoir, devait en être un jour la réalisation complète.

L'organisation de cette OEuvre complexe est en réalité des plus simples et des plus faciles. Dix personnes se réunissent sous la direction générale du curé de la paroisse ; elles choisissent, parmi les familles nécessiteuses signalées à leur charité, une de celles qui ont le plus de droits, soit par la profondeur de sa détresse, soit par sa position particulière, soit par le caractère de ses membres, soit enfin par la facilité de l'en arracher, pour pouvoir procéder immédiatement à une autre œuvre de bienfaisance.

La réunion nomme un président ou une présidente, un trésorier ou une trésorière. On constitue la caisse sociale, où chaque membre déposera une mensualité facultative ; un commissaire spécial de secours est choisi, et la mission du groupe décennaire est commencée.

Il se réunit, chaque mois, en comité pour se tenir au courant de la situation de la famille adoptée, s'entendre sur le genre de secours à lui donner ; désigner le membre qui, durant le mois, devra visiter et faire, au besoin, les démarches réclamées par son intérêt, voilà l'œuvre.

Maintenant, qui en racontera les effets précieux ? qui dira combien de familles rendues à l'aisance, rendues à cette concorde dont la fuite est souvent la conséquence de l'apparition de la misère ; que de larmes taries, que de douleurs calmées par la présence de ce messager de miséricorde, par la parole compatissante de cet ami venu s'asseoir à ce sombre foyer ?

Le succès de cette conception sympathique ne fut pas un instant douteux. Elle s'établit simultanément dans les paroisses de Saint-Étienne du Mont, Saint-Médard, Saint-Sulpice, Saint-Jacques du Haut-Pas, des Missions, Saint-Nicolas du Chardonnet, Saint-Jean-Saint-François, la Madeleine, Saint-Nicolas des Champs et Saint-Vincent de Paul, d'où elle se fut bientôt répandue dans les autres paroisses de Paris et dans celles de la banlieue. Ce fut Belleville qui vit se former les premiers groupes extra-muros.

Les présidents de chaque *dizaine* forment un conseil paroissial sous la présidence du curé. L'œuvre est dirigée par un comité central présidé par Mgr l'archevêque de Paris.

Le rapide succès de cette combinaison ingénieuse suscita une généreuse émulation jusqu'au sein des cultes dissidents; mais comme l'organisation donnée par l'archevêque à l'OEuvre des familles ne pouvait convenir aux membres de l'église réformée, ils songèrent à former entre eux des dizaines de personnes appartenant à leur culte pour secourir leurs coreligionnaires. « Il est loin de la pensée des membres du troupeau protestant, disaient les promoteurs de cette proposition dans leur circulaire, de n'exercer la bienfaisance qu'envers les pauvres de leur communion; il n'en est certainement aucun qui ne pratique journellement les devoirs de la charité en faveur des malheureux sans aucune distinction de culte; mais lorsqu'il s'agit d'une œuvre collective il paraît très-naturel de se réunir entre personnes qui ont la même croyance; il est alors plus facile de tendre ensemble au même but. La conformité de foi est également un lien de plus entre l'affligé et celui qui vient lui donner l'assistance. Outre les secours en nature que celui-ci apporte à celui-là, il peut encore lui donner les consolations de la parole de vie, dans une langue qu'ils ont en quelque sorte apprise tous deux dès leur enfance. La confiance d'une part, la bienveillance de l'autre s'établissent alors entre coreligionnaires, comme sur la terre étrangère elles rapprochent des compatriotes qui se retrouvent loin de la mère patrie. »

Nous avons déjà rapporté ailleurs [1] comment se produisit cette généreuse répercussion de la pensée archiépiscopale. Il y a, disions-nous, dans une des rues les plus solitaires du Marais, une maison qui jouit d'un privilége, lequel peut, à bon droit, étonner les voisins et les passants; une file d'équipages y est presque continuellement en station, et les femmes opulentes, la plupart jeunes et souvent belles, qui en descendent, gravissent gaiement les quatre étages d'un sombre escalier jusqu'à la porte extrême de la maison. C'est là qu'elles frappent. Elles y vont trouver une vieille femme et ses deux filles qu'on pourrait appeler trois sœurs de charité.

La mère fut jadis la maîtresse de pension de toute une génération de jeunes personnes, aujourd'hui établies la plupart dans d'opulents mariages. Toutes l'aiment, toutes l'estiment, l'appellent maman, la tutoient et viennent continuellement la voir ainsi que ses deux filles, leurs anciennes compagnes de classe et de recréation. Ce sont ces trois femmes, mère et filles, appartenant au culte protestant, qui ont conçu la pensée de la création de nouveaux groupes concentrés dans le cercle de leurs croyances.

Toutes les anciennes élèves ou amies de la maison sont incorporées dans ces dizaines, et y ont amené des adhésions. Le réseau s'étend de plus en plus. On compte aujourd'hui environ 300 familles formant trente dizaines, soutenant 30 ménages. Entendons-nous.

Ce soutien est temporaire. Il s'adresse, non à des pauvres de situation ou de profession dont s'occupent les Œuvres de charité publique, mais bien à ces fa-

---

[1] Le *Monde illustré*, 1858.

milles déchues, que des événements imprévus, des
crises momentanées plongent dans une situation difficile, qu'il s'agit de soutenir temporairement et pour
ainsi dire de remettre à flot. Il y aurait là bien des
histoires touchantes et imprévues à révéler. Ainsi,
par exemple, celle de cette famille bourgeoise dont le
chef s'est ruiné dans des spéculations de Bourse et qui
a vu vendre jusqu'au lit de ses enfants... Les femmes
se sont vivement émues; elles ont animé leurs maris.
Ceux-ci ont fait des démarches. L'homme ruiné a été
placé dans une honorable industrie, il s'y est complétement relevé... A ce point qu'aujourd'hui, pénétré de
reconnaissance et animé du désir de s'acquitter du bien
qu'il a reçu en le rendant à un autre, il a fait agréer sa
femme dans la dizaine même qui l'avait secouru, et
l'a mise en quête d'une nouvelle famille naufragée...
Ah ! Paris sait toutes les scandaleuses histoires de certaines créatures, tous les bons mots que les foyers
mettent en circulation... mais il ignore une foule de
traits touchants qui rendent meilleur et qui inspirent
une bienfaisante émulation à ceux qui n'en doivent
la révélation qu'à certains hasards.

La Société de la Miséricorde n'éveille pas de moins
vives sympathies. Que de nobles et touchantes misères
gémissent ignorées dans ce Paris si rempli de commisération et de secours! Mais il est des infortunes
qui, loin d'appeler la pitié, la fuient. Comme le blessé
abandonné sur le champ de bataille s'enveloppe dans
son manteau, elles semblent s'envelopper dans le
mystère de leur souffrance pour mourir. Ce sont des
familles qui ont connu des jours heureux ; qui, riches,
ont joui de toutes les douceurs de l'opulence, qui ho-
norées ont joui de tout le prestige de la considération ;

mais l'adversité les a subitement atteintes. C'est un père, dont la place était toute leur richesse, que leur a subitement ravi la mort; c'est une fausse spéculation, qui les a ruinées ; c'est quelquefois même un désastre auquel elles étaient étrangères, dont le contre-coup a brisé leur fortune.... Et les voilà brusquement tombées dans une misère dont elles ressentent d'autant plus profondément les étreintes que le souvenir et les habitudes de leur opulence évanouie leur rend la détresse plus cruelle ; et cependant elles souffrent silencieusement, dans l'ombre. Lèur indigence est un dépouillement, et toute nudité a sa pudeur.

Voilà les nobles misères que la Société de la Miséricorde, fondée en 1833 par Mlle du Martray, sous les auspices de Sa Grandeur Mgr de Quélen, recherche et a pour objet de secourir.

Les pièces à produire à l'appui des droits des familles que l'on propose à son assistance sont tous titres authentiques propres à constater leur position et leur origine : contrats généalogiques, brevets d'officiers, états de services, patentes commerciales, diplômes de nominations à des professions libérales.

La famille doit être française et domiciliée à Paris depuis un an au moins.

L'OEuvre, dirigée par un conseil a, dans chaque arrondissement de Paris des comités spéciaux chargés de recueillir les renseignements, de visiter les familles assistées et de distribuer les secours. Ces secours consistent en argent, approvisionnements, denrées, médicaments, vêtements. Elle procure à ses protégés des emplois ou du travail; elle se charge de poursuivre leurs réclamations, de résoudre leurs affaires contentieuses et de faire valoir leurs droits.

Les secrétaires de l'OEuvre sont MM. le vicomte de Melun et le comte de Castries; le président est Son Éminence le cardinal archevêque de Paris.

Les autres familles indigentes ont leurs œuvres protectrices spéciales. La *Société de la Providence* est du nombre; elle étend ses secours à toutes les familles indigentes qui lui sont signalées : l'enfance, la jeunesse, l'âge mûr et la vieillesse se partagent ses libéralités; elle procure une éducation chrétienne et des professions aux enfants; elle porte ses secours et ses bienveillants conseils dans les ménages et place, dans des hospices spéciaux, les vieillards des deux sexes, pour qui elle paye des pensions ou des parties de pension.

Les demandes de secours comme les souscriptions et les dons, peuvent être adressés à M. Goffin, administrateur-trésorier, n° 4, rue des Vieilles Étuves Saint-Honoré, ou à M. Ad. Cramail, secrétaire, n° 24, place Saint-Germain l'Auxerrois.

La fondation de cette société remonte à 1805.

Une œuvre dont le nom est presque identique, l'*Association des dames de la Providence*, est établie depuis 1822 sur la paroisse de Bonne-Nouvelle. Ses réunions ont lieu au presbytère sous la présidence du curé, qui en est le directeur. Ces dames se partagent les quartiers auxquels s'étend leur assistance, en visitent les familles malheureuses et leur distribuent des secours dont les fonds proviennent d'une quête de souscriptions. Cette association élève en outre un certain nombre d'orphelins.

Une société semblable existe dans la paroisse de Saint-Eustache, sous le nom d'*Association du Bon-Secours*. Son organisation et son but sont les mêmes;

mêmes sont aussi l'origine et la dispensation de ses secours.

L'*Institution des dames de Sainte-Geneviève* s'est donné un champ beaucoup plus vaste, c'était la banlieue entière qu'elle avait assignée pour objet à son œuvre de moralisation et de secours. La nouvelle délimitation de Paris l'a rendue mi-partie rurale et urbaine.

Cette association a un double caractère : c'est à la fois une œuvre de bienfaisance et une congrégation religieuse. C'est surtout la moralisation de ces populations de la banlieue, livrée à tant de causes de corruption, qu'elle s'est proposée ; mais comme son action ne pouvait être efficace qu'autant qu'elle serait complète, elle l'a étendue à la fois au cœur, à l'esprit, et au corps. Elle s'est proposé de porter simultanément ses secours à tous les besoins et à toutes les misères, et elle leur a prodigué concurremment ses enseignements, ses soins et ses prières. « Oh ! mesdames, disait à ses sœurs l'assistante générale, Mme du Plessis-Bellière, dans un de ses derniers rapports, c'est un des points de vos statuts : dévouez-vous à la charité qui, dans ce siècle, se prodigue avec une admirable magnificence pour le soulagement des misères du corps ; mais dévouez-vous aussi à la charité qui soulage les misères spirituelles ; soyez Marthe, mais n'oubliez pas que vous êtes Marie ; et Notre-Seigneur l'a dit lui-même, « Marie a choisi la meilleure part. »

Les progrès de cette Œuvre furent aussi rapides qu'était ardent et profond le zèle de ses pieuses associées. Bientôt la plupart des communes importantes eurent leurs asiles, leurs écoles, leurs maisons de secours. « Grâce au généreux concours des dames de la capitale, dit la *Semaine religieuse*, dans son numéro du 27 juin 1858, l'institut des dames de Sainte-Geneviève exerce déjà son apostolat dans la moitié du diocèse extra-muros. Le malade et le vieillard, la veuve et l'orphelin, la crèche et la salle d'asile, la classe et l'ouvroir, aussi bien que les réunions dominicales et le patronage trouvent, dans son zèle, des ressources et des éléments de succès qui soulagent bien des souffrances, qui essuient bien des larmes et qui procurent le bienfait de la moralisation et du salut à bien des âmes égarées dans les voies du vice et de la perdition. »

Cette Œuvre, dont les recettes dépassent constamment les dépenses, est dans la voie de prospérité la plus complète.

Ajoutons à ces associations, qui ont toutes un caractère religieux plus ou moins prononcé, deux sociétés dont l'esprit est plus spécialement humanitaire et national : *la Société helvétique de bienfaisance*, et *la Société philanthropique savoisienne*.

La première a été fondée dans le but de venir au secours des Suisses qui se trouvent sans ressources et sans place à Paris. Son siége est rue Saint-Honoré, à l'Oratoire.

La seconde a été inspirée par le même sentiment pour les habitants pauvres de la Savoie qui se trouvent dans une position analogue; elle accorde des secours en attendant qu'elle procure un emploi ou donne à ses protégés le petit capital nécessaire pour regagner leurs montagnes.

Ses bureaux sont rue des Vieux-Augustins, n° 7.

CHAPITRE III

ŒUVRES SPÉCIALES

En classant la société philanthropique parmi les œuvres générales, nous avons plus consulté son passé que ses attributions actuelles; nous devons le rappeler en traitant des institutions qui ont pour objet de fournir des secours alimentaires à la classe indigente.

Le pain quotidien, voilà l'objet des constantes préoccupations et souvent des cruelles anxiétés de la mère de famille pauvre. Le père ne demande pas d'autre ré-compense à son incessant travail ; que le pain du jour repose près du plat modeste, et les enfants se pressent frais et joyeux autour de la table, et tout sourit dans la maison ; qu'il manque, tout change ; la mère, assise à l'écart, travaille sans oser regarder les enfants pâles, pleurant près du foyer froid. Le père, où est-il ? à épuiser ses dernières forces dans un travail stérile... s'il n'est pas à jeter les quelques sous qui adouciraient cette misère déchirante, dans une grossière ivresse où il cherche l'oubli...

Voilà le besoin suprême que tendent surtout à sou-lager les sociétés de secours ; c'est le premier résultat que se proposent dames de charité des arrondisse-ments ou des paroisses, Société des Amis des Pauvres, Société de Saint-Vincent de Paul, etc.; car ces souf-frances ne peuvent attendre ; elles ne pardonnent pas ; elles sont l'agonie de la mort la plus cruelle.

Mais il n'est pas aussi facile qu'on le suppose de les soulager ! L'argent consacré à leur apaisement peut être livré par une main imprudente, et souvent même détourné et dissipé par une main désespérée ou criminelle. La bienfaisance qui l'apporte doit donc s'assurer de la régularité de son emploi; le moyen le plus certain et celui qui est généralement employé est de donner le secours, non en argent, mais en nature : en aliments, ou en bons de pain, en bons de viande ; c'est-à-dire des autorisations pour obtenir la quantité de pain et de viande indiquée dans les boulangeries ou les étaux de boucher que les sociétés ont fait leurs dispensaires. La Société philanthropique a apporté, comme nous l'avons vu, de grandes facilités à ce mode de secours.

Les fourneaux économiques ne sont pas, du reste, une nouveauté. Il en avait été fondé plusieurs à Paris, sous la première République et sous le premier Empire ; une circulaire ministérielle du 14 mars 1812, adressée par le ministre de l'intérieur aux préfets, leur recommande de provoquer et de favoriser, dans leur ressort administratif, l'établissement de ces précieux appareils d'assistance.

Un ancien négociant, M. Champion, que la reconnaissance populaire avait désigné sous le nom du *Petit Manteau bleu*, en établissait un, sous le règne de Louis-Philippe, au commencement de chaque hiver ; il en faisait distribuer gratuitement les soupes.

Mais ces fourneaux n'avaient encore eu, jusqu'en ces derniers temps, qu'une existence temporaire et accidentelle ; la Société philanthropique en fit, la première, des établissements, sinon permanents, du moins périodiques et réguliers. C'était un premier progrès. L'utilité de ces créations devait en produire de nouveaux.

Un digne prêtre, M. le curé de Saint-Nicolas des Champs, provoqua la fondation du premier fourneau économique permanent, sous le titre touchant de *la Marmite des pauvres*. Cette fondation, dont une œuvre qui lui a emprunté son nom fait les frais, distribue tous les jours, gratuitement, des bols de bouillon et des portions de viande aux malades. Ses distributions s'étendent trois fois par semaine aux vieillards infirmes.

Le siége de l'œuvre a été transporté récemment rue du Vertbois, n° 50 ; elle est toujours placée sous la présidence de M. le curé de Saint-Nicolas des Champs ; elle embrasse dans sa sphère d'action cette paroisse et celles de Sainte-Élisabeth et de Saint-Eustache.

L'institution des fourneaux économiques devait recevoir une nouvelle impulsion de la création de sociétés
alimentaires, nées comme elle du désir d'alléger les
souffrances qui pesaient sur les classes populaires. Ce
fut en 1848 que s'organisa, à Genève, la première de
ces associations.

La révolution de Février venait d'ébranler l'Europe.
L'inquiétude qui avait frappé l'industrie avait subitement suspendu le travail. C'était une crise qui pouvait
se prolonger. Une sage prévoyance inspira à un grand
nombre d'ouvriers, restés sans ouvrage, la pensée de
combiner leurs ressources avec une économie qui
leur permît de traverser sans trop souffrir le chômage
prolongé qui les menaçait. Ce qui élève à un taux
déplorable le prix des denrées que consomme le peuple,
c'est le nombre d'intermédiaires que place entre lui et
le producteur la nécessité où il se trouve de n'acheter
ces denrées qu'au fur et à mesure de ses besoins,
faute de moyens et de local qui lui permettent d'acheter ces approvisionnements en gros. Ces ouvriers
s'associèrent pour s'affranchir de ces intermédiaires
en se réunissant à une même table. La préparation
commune des aliments réalisait une économie presque
égale.

La première association fut formée de soixante
membres, versant chacun, dans la caisse sociale, une
somme de 60 francs. Le conseil municipal favorisa de
tous ses efforts cette lutte économique du travail contre la faim. Il lui abandonna, outre un capital de
600 francs, d'anciens bâtiments d'une appropriation
facile, des approvisionnements de sel et de bois, des
fourneaux, etc.

Cette pensée s'élargit considérablement dans l'application ; ses fondateurs songèrent à en augmenter les avantages en étendant ses bienfaits à un nombre d'associés assez considérable pour qu'ils pussent acheter les denrées alimentaires en gros chez les producteurs et les préparer par grandes masses. C'était, en effet, le moyen assuré de pouvoir livrer ces préparations à des prix très-réduits aux différents membres de l'association. Au mois d'octobre 1849, le nombre des personnes qui jouissaient des bénéfices de cette combinaison économique dépassait 1,000.

On conçoit quel immense parti l'esprit de bienfaisance pouvait tirer de ces deux institutions en les combinant dans une institution mixte. Admettez des fourneaux économiques établis par une œuvre vendant à prix coûtant des portions obtenues par les procédés qui sont les base des sociétés alimentaires, et appréciez le bien qui se trouvera réalisé pour toutes les classes souffrantes ! La charité ne consiste point seulement à donner des secours à celui qui ne peut suffire à ses besoins ; son action est plus large ; nous avons vu qu'aucune détresse ne lui est étrangère. Elle n'est pas moins heureuse lorsqu'elle adoucit les souffrances de celui qui ne se suffit qu'au prix des plus rudes privations et qui trouve, dans un noble sentiment de sa dignité, le courage de travailler et de souffrir plutôt que de tendre la main. Or, c'est à cette classe, si nombreuse et si intéressante, que ces fourneaux porteront secours. Ils porteront l'aisance dans la mansarde de cette jeune fille ou de cette pauvre femme à qui leurs aiguilles laborieuses sont impuissantes à assurer la nourriture de chaque jour ; ils feront pénétrer la joie et la sécurité dans le réduit de ce père de famille dont le gain journalier a tant de peine à faire face aux besoins de sa maison ; car tout ce dont les efforts économiques de cette œuvre auront abaissé le prix des aliments, se trouve, par le fait, ajouté au salaire, en sorte que ce salaire insuffisant la veille devient presque l'aisance pour ces humbles ménages. Ils peuvent se présenter sans hésitation à ces fourneaux, qui ne sont pas des bureaux de bienfaisance, mais des comptoirs ; ils n'y tendent pas la main, ils ne reçoivent pas, ils achètent ; quoiqu'il en coûte moins à leur bourse, il n'en coûte rien à leur dignité, car ce n'est pas un don qu'on leur fait, c'est une vente qu'on réalise. Triomphe admirable de la charité, elle est parvenue dans ses ingénieuses combinaisons à enlever à ses bienfaits, en les transformant, ce qu'ils pourraient avoir de blessant pour ceux qu'elle secourt : elle a fait des clients de ses pupilles.

Ce fut la ville de Grenoble qui prit l'initiative de cette création. La crise commerciale causée par la révolution de Février se prolongeait ; le travail, presque complétement suspendu dans les grands centres de production, languissait dans la France entière. Les classes ouvrières étaient en proie à un malaise profond ; Grenoble conçut la généreuse pensée de venir à leur secours en empruntant aux sociétés alimentaires leurs combinaisons économiques, et en créant un établissement qui pût livrer au peuple des aliments sains au prix le plus réduit. Un appel fut fait au capitaux ; les souscriptions affluèrent aussitôt ; quelques mois s'étaient à peine écoulés qu'une société bienfaisante était fondée et obtenait, dans l'application, les résultats les plus heureux. Non-seulement elle réalisait complétement son but, en vendant à prix de revient, et par suite à un bon marché frappant, des aliments de bonne qualité et bien préparés, mais elle démontrait l'inanité des craintes qu'avaient manifestées quelques économistes sur les conséquences de cette innovation. Ils avaient signalé comme un grave inconvénient l'affaiblissement des liens de la famille, qui pouvait résulter de l'habitude que pouvaient prendre les ouvriers de consommer les aliments dans les établissements. Cet inconvénient fut prévenu par la facilité donnée à l'acheteur de consommer ses portions sur place, ou de les emporter à son domicile.

Les familles s'empressèrent de profiter de cette facilité qui, loin de relâcher leurs liens, ne fit que rendre leur union plus étroite. L'expérience fit ressortir d'autres avantages que l'on n'avait pas prévus. « On a trouvé, dit M. A. de Magnitot, que les ouvriers venant consommer sur place observaient dans leur tenue une réserve et une décence qui jusque-là n'étaient pas dans leurs habitudes. Enfin, l'obligation de payer comptant les astreignait à une régularité et à un ordre précieux pour leur bien-être. »

Le succès dépassait donc les espérances; les résultats économiques n'étaient pas moins constants. Pendant que les comptes, tous frais généraux payés, se balançaient par un excédant de recettes, les ouvriers, qui dépensaient antérieurement 40 francs par mois pour une nourriture inférieure, en trouvaient une saine et excellente, tout en ne dépensant que 22 francs 50 centimes, c'est-à-dire 75 centimes pour leur consommation de chaque jour.

Le problème était résolu; il restait seulement à simplifier la solution obtenue. 75 centimes de nourriture à payer chaque jour, c'était encore une dépense trop élevée pour beaucoup de professions, dont le salaire journalier ne dépassait pas fréquemment cette somme; et combien n'en était-il pas dont les gains restaient constamment au-dessous de ce chiffre! combien de jeunes filles, combien de femmes, dont le travail assidu doit se contenter, même dans les grandes villes, d'un bénéfice moyen de 50 centimes! C'était donc à abaisser le prix des aliments que devaient tendre les efforts.

C'était à Paris, la ville où toute denrée atteint un si haut prix, que le succès de cette tentative devait être porté à un point qui provoqua tout d'abord l'incrédulité, lorsqu'un philanthrope, M. Klein, annonça qu'il était possible de donner, disons mieux, de vendre à tout acheteur :

1 demi-litre de bouillon de bœuf, pour 5 centimes;

70 grammes de viande cuite, pour 5 centimes ;

45 centilitres de haricots blancs ou rouges, ou de pois de Lorraine cuits au gras, pour 5 centimes|;

1 demi-litre de potage au riz, pour 5 centimes;

On cria à l'illusion, au prodige ; le prodige était bien simple : il était tout dans la construction économique du fourneau, dans le choix éclairé des denrées, dans les achats faits en gros, sur les lieux de production en temps convenable ; dans la suppression, enfin, de tout intermédiaire gagnant à la fois sur le producteur et sur le consommateur ; il n'y avait d'autre illusion que l'abandon de tout bénéfice dépassant celui qui devait couvrir les frais généraux d'exploitation. Il fallut cependant, pour convaincre l'incrédulité, que M. Klein réalisât sa promesse. Il le fit : un fourneau économique fut établi rue Chaillot, 62, dans la maison des sœurs de la Sagesse. L'illusion se transforma en un fait ; le prodige devint une réalité palpable. Non-seulement les aliments promis furent livrés aux prix spécifiés, mais il advint encore que l'établissement naissant se trouva en bénéfice.

M. Klein ne cherchait pas à s'entourer de mystère ; il appelait les convictions, il soumit ses comptes au contrôle de l'opinion. Ses calculs, du reste, étaient bien simples. Nous allons le prouver, non en entrant dans les détails, ce qui serait long, fastidieux et pire que cela, inutile, mais en donnant les totaux.

L'établissement du fourneau, avec l'achat des ustensiles, des meubles, des marmites, de la vaisselle, etc., coûte 2,500 francs.

La viande qui sert à faire le bouillon revient à l'établissement à 85 centimes le kilogramme ; soit, pour un pot-au-feu de 100 kilogrammes, les légumes et le sel compris, 89 francs.

On trouve dans ce pot-au-feu, à raison de 7 portions par kilogramme, 700 portions à 5 centimes, plus 900 portions de bouillon. Ces 1,600 portions à 5 centimes produisent un total de 80 francs.

C'est là le côté faible de l'opération, car l'établissement est en perte de 9 francs sur les 1,600 portions, c'est-à-dire de 0,005,625 par portion. Mais le fourneau ne vend pas seulement des portions de viande et de bouillon, il débite aussi des portions de haricots, de riz et d'autres légumes qui toutes lui donnent un léger bénéfice ; de sorte qu'un fourneau, vendant six cents portions dans les proportions habituelles, réalise sur ces portions un bénéfice de 5 francs 13 centimes ; somme plus que suffisante pour couvrir les frais généraux et accessoires, le salaire des employés compris.

Or, il reste encore, en excédant de recette, le prix des os qui servent à l'industrie, et celui des eaux grasses que l'agriculteur achète comme engrais.

Il ne manquait à ces résultats que la consécration d'une vaste application : elle ne pouvait lui faire défaut. M. le préfet de police, après avoir chargé une commission d'hommes spéciaux d'un examen rigoureux des procédés et des comptes du fourneau économique de la rue de Chaillot, et après une étude approfondie des questions soulevées par cet établissement philanthropique, ordonna la création, à Paris et dans la banlieue, de 68 fourneaux organisés d'après les mêmes principes. Ces fourneaux livrèrent, pendant l'hiver 1856, de 45 à 46,000 portions par jour, c'est-à-dire plus de 5 millions de portions pendant les quatre mois qu'ils furent ouverts ; chaque consommateur prenant en moyenne deux portions, ils nourrirent ainsi, pendant les quatre mois les plus rigoureux de l'année, de 22 à 23,000 personnes par jour, au prix de 10 centimes par personne.

La société de Saint-Vincent de Paul, frappée par les avantages présentés par ces établissements, s'empressa d'en adopter les sages combinaisons pour les fourneaux qu'elle avait déjà ouverts dans plusieurs quartiers de Paris. Ces fourneaux, aujourd'hui au nombre de neuf : rue Bossuet, nº 12 ; rue Volta, 9 ; rue de Limoges, 3 ; rue Saint-Lazare, 148 ; rue du Cloître-Saint-Merri, 10 ; rue des Fossés-Saint-Jacques, 11 ; rue Stanislas, 11 ; rue de Grenelle, 29 ; rue du Banquier, 29 débitent annuellement près de 800,000 portions.

Auprès de ces œuvres, dont l'objet est d'assurer aux classes indigentes les aliments de première nécessité, se placent naturellement celles qui s'efforcent de leur procurer les moyens d'en gagner le prix ; ces œuvres sont de deux espèces : les associations et les établissements qui leur donnnent du travail ou leur procurent des emplois, et les sociétés qui donnent à l'ouvrier ou au petit marchand les moyens de se livrer à son commerce et à son industrie. Nous placerons en première ligne la maison fondée par l'administration de l'assistance publique sous le nom de *Filature des indigents*. Cet établissement a sans nul doute un caractère public, mais la charité privée peut le réclamer, comme les hôpitaux et hospices, pour une de ses créations, en considérant l'origine des capitaux qui couvrent ses dépenses. Son objet est de procurer du travail à toutes les femmes pauvres qui en réclament. Il leur suffit de se présenter dans cet établissement avec un certificat du bureau de bienfaisance, ou une attestation de MM. les maires, curés ou commissaires de police, constatant leur dénûment. On leur remet immédiatement 3 kilogrammes de filasse qu'elles emportent à leur domicile. On leur confie également tous les instruments de travail qui leur sont nécessaires : rouet, dévidoire, etc., sous la caution du propriétaire de leur habitation ou d'une personne patentée, ou bien encore contre un modique dépôt en argent.

La main d'œuvre est payée de 30 à 75 centimes par jour, d'après un tarif arrêté par le conseil général des hospices, sur le plus ou moins de finesse du fil. Cette rétribution, si minime qu'elle soit, ne laisse pas d'être onéreuse pour l'administration de l'assistance publique, tant à cause du nombre des fileuses, qui flotte entre 3,500 et 4,000, que par l'inexpérience de beaucoup de ces femmes, dont quelques-unes sont complétement étrangères à ce travail, d'où il résulte un déchet de la matière première constituant une perte certaine. Mais cette perte est entrée dans les prévisions de l'administration. La filature des pauvres n'est pas une spéculation, elle est uniquement un moyen d'accorder des secours en travail aux classes les plus nécessiteuses, et de soustraire un grand nombre de femmes indigentes à la répression de la police, en les arrachant à la mendicité.

Les fils provenant de ces travaux sont employés à la fabrication de la toile qu'absorbe la consommation des hôpitaux et hospices de Paris.

Cet établissement de bienfaisance remonte aux premières années de la révolution. Il existait dès 1791, mais dans des proportions minimes. Son siége était rue des Récollets. Déclaré établissement national par l'Assemblée constituante, sur le rapport de M. de Larochefoucault-Liancourt, il fut installé dans les bâtiments d'une ancienne communauté hospitalière, desservie par les Filles de la Charité-Notre-Dame, situés près la place Royale, dans l'impasse des Hospitaliers, qui devait son nom à cette communauté. L'établissement conventuel avait subi le sort que tous les monastères éprouvèrent à cette époque; l'établissement philanthropique le remplaça dans les bâtiments qu'il occupe encore. Il n'a cessé de rendre des services à la population indigente de Paris, surtout dans les années calamiteuses telles que 1815, 1817, 1832, 1833 et 1849, après la seconde invasion du choléra.

Nous avons déjà parlé, dans le chapitre consacré au patronage des jeunes filles, de l'*Ouvroir de la Madeleine* dont l'OEuvre, présidée par Mme la baronne de Mackau, procure de l'ouvrage à domicile aux ouvrières sans travail. Nous n'en reparlerons ici que pour dire que son assistance s'étend aussi aux mères de famille.

L'*Ouvroir de Saint-Louis d'Antin*, rue de l'Arcade, 30, diffère du précédent, en ce que le travail qu'il procure à ses clientes doit être confectionné dans ses ateliers. L'OEuvre est dirigée par un comité de huit dames qui l'approvisionnent de travaux d'aiguille et qui font reporter l'ouvrage aux maisons et aux magasins dont elles ont obtenu les commandes. Elles reçoivent également le prix des façons qu'elles remettent aux ouvrières, sauf une légère retenue destinée à couvrir une partie des frais de l'établissement.

La tâche de procurer de l'ouvrage ou des places aux personnes sans travail ou sans emploi est d'ailleurs, comme nous l'avons déjà dit, l'un des principaux objets de la plupart des œuvres de secours; nous ne reviendrons pas sur elles à ce sujet, pas plus que sur l'asile de Notre-Dame Auxiliatrice, ouvert par les *Bonnes Sœurs de la Croix*, aux servantes sans place, ni sur l'établissement que les religieuses ursulines ont fondé dans le même but, rue Chanoinesse, n° 2.

La maison de Notre-Dame de Bethléem a un caractère plus général qu'explique son sous-titre, refuge provisoire pour les femmes et les filles sans asile. C'est à cette classe trop nombreuse de jeunes femmes livrées par la misère et l'abandon à tous les égarements, à ces malheureuses parmi lesquelles le vice demande souvent ses recrues au désespoir, que l'OEuvre ouvre un refuge.

Cette maison reçoit en tout temps, mais provisoirement, les femmes et les filles sans demeure, sans protection et par suite, le plus souvent, sans ressources. A leur entrée, elles sont logées séparément; des informations sont immédiatement recueillies sur leurs antécédents et sur leurs aptitudes, afin de leur procurer un emploi qu'elles puissent convenablement remplir.

Les directrices, en attendant le résultat des démarches entreprises pour leurs protégées, s'efforcent de les moraliser par des enseignements religieux, et de les prémunir, par de sages conseils, contre les dangers de l'avenir ; si ces femmes sont étrangères à Paris, et qu'on ne puisse opérer leur placement, l'OEuvre leur fournit les moyens de retourner dans leur pays.

Le siége de cette institution, fondée sous le patronage de la Société de Saint-Vincent de Paul et sous l'invocation de *Notre-Dame immaculée des Victoires*, est rue Éblée, 12. Elle compte parmi ses principaux bienfaiteurs, S. Ém. le cardinal Morlot, archevêque de Paris, NN. SS. Guibert, archevêque de Tours, évêque de Bayeux, de Ségur, prélat de la maison du pape, Gaume, protonotaire apostolique, MM. les curés de Notre-Dame des Victoires, de Saint-Sulpice, de Saint-Germain l'Auxerrois, de Saint-Thomas d'Aquin, de Saint-Étienne du Mont, de Saint-Roch, de Saint-Louis d'Antin, de Sainte-Valère, de Saint-Germain des Prés, de Saint-Médard, A. Baudon, président général de la Société de Saint-Vincent de Paul, Guillemin, avocat, président de la Conférence de Saint-Vincent de Paul, de Saint-Sulpice, etc.

Nous devons mentionner ici la Société de patronage pour le renvoi dans leurs familles des femmes délaissées et des jeunes filles sans place dont, à l'occasion de ces dernières, nous avons signalé la pensée généreuse et les utiles services.

Nous terminerons cette importante spécialité de l'assistance charitable, en parlant de la *Maison des Ouvriers*, dirigée avec un dévouement si désintéressé par feu M. l'abbé Ledreuille. Le but de cet établissement est d'affranchir les ouvriers et ouvrières des chômages, ces crises passagères où s'évanouissent leurs faibles économies ; les nombreux rapports que la *Maison des ouvriers* a contractés avec les usines, les ateliers de fabrication, la plupart des centres industriels importants, la met à même de procurer à ceux qui réclament son concours tout le travail possible, dans les circonstances où ils se trouvent. Dire que cet important service leur est rendu gratuitement, c'est faire connaître le caractère entièrement charitable de cette œuvre. Son siége est rue des Vieux-Augustins, 27.

Mais il ne suffit pas de procurer à l'ouvrier du travail ; il est des malheureux dont le dénûment est si profond que quelles que soient leur bonne volonté, leur aptitude et leur force, ils ne peuvent accepter le travail offert, car il ne suffit pas, pour travailler, de la force, de l'aptitude et de la bonne volonté, il faut des outils ; au terrassier, il faut une bêche et une pioche ; il faut une masse au casseur de pierres lui-même. C'est ce dont se préoccupent accessoirement la plupart des sociétés d'assistance, qui font généralement entrer la fourniture des instruments de travail au nombre des secours qu'elles dispensent aux indigents ; mais ce n'était pas assez : il s'est fondé une association dont cette prestation est l'objet principal. Cette œuvre est la *Société des Amis des Pauvres.* Le travailleur sans outils peut s'adresser à elle : le maçon trouvera dans son magasin un marteau et une truelle ; le menuisier, une varlope et des ciseaux ; le portefaix, un crochet ; le charpentier, une hache ; et si le magasin n'a pas l'instrument qui lui est nécessaire, l'OEuvre, sur l'autorisation de son président, M. Louis Meyer, lui fera le prêt, ou même le don du prix.

Elle avance également au petit industriel, au marchand des quatre-saisons, au regrattier, le faible capital qui leur est nécessaire pour acheter les matières premières et les éléments divers de leur humble commerce et de leur modeste industrie. C'est le grain de la moisson quotidienne que féconde le travail de la rue, et dont vivent honnêtement des classes entières de la population indigente.

L'instrument de travail, ce n'est pas tout encore. Le manque d'outil n'est pas le dernier degré du dénûment. Il y a des malheureux, — chaque jour plus rares, il est vrai, — qui n'osaient quitter leur obscur taudis, faute de vêtements ; il y en a beaucoup dont la famille n'a pour se couvrir que des haillons. « Si l'on veut se faire une idée de cette misère, dit M. l'abbé Mullois, chapelain de l'Empereur, dans son *Manuel de Charité*, il n'y a qu'à visiter la rue Neuve-Saint-Médard, la rue Copeau, la cour Saint-Louis, et l'impasse d'Any... surtout le samedi, quand il fait beau, et que le linge des familles pauvres est étendu sur des ficelles et des bâtons. Dieu ! quelle lingerie ! Et les enfants, comme ils sont vêtus ? Un jupon en lambeaux, c'est le seul, c'est l'unique vêtement d'une jeune fille de dix à. douze ans... »

Cette misère a suscité des œuvres particulières dans cette vaste assistance, où toute pénurie a son remède. Des associations se sont formées pour rétrécir, sinon combler, ces sources de souffrances dont l'aspect nous refoule dans le passé et à ses époques les plus calamiteuses. Une des principales et des plus anciennes est l'*Œuvre du vestiaire de la Providence*, qui a pour trésorière Mme Pougnet-Mondon, rue de Vaugirard, 58. Son objet est d'acheter, au moyen des cotisations de ses membres et des souscriptions de toutes les personnes qui veulent s'associer à sa tâche généreuse, les étoffes nécessaires à la confection de vêtements destinés aux indigents, et que les dames, membres de l'œuvre, taillent et cousent elles-mêmes.

Cette pensée était trop utile et trop féconde pour ne pas voir son application s'étendre et se perfectionner dans tout Paris. Les curés de la capitale s'empressèrent à l'envi d'organiser cette œuvre dans leurs paroisses. Celui de Saint-Sulpice et celui de Saint-Germain des Prés prirent les premiers cette généreuse initiative, à laquelle les dames de leurs ressorts religieux et, parmi ces dames, les plus nobles, les plus riches, souvent même les plus jeunes et les plus belles, apportèrent, avec bonheur leur pieux concours. Le vestiaire des pauvres devint la vive préoccupation et la grande affaire de ces privilégiées de la naissance et de la fortune. On ne se contenta point d'acheter des toiles et des étoffes neuves pour les convertir en vêtements et en linge, on ne négligea aucune des ressources capables de donner toute l'extension désirable à ces touchantes et précieuses confections; on fouilla ses armoires, ses garde-robes, ses lingeries; on mit à contribution celles de ses relations habituelles. Telle robe, tel habit, tel peignoir, tel paletot, tel châle abandonné, servit à faire un vêtement chaud, solide et propre pour une jeune fille, pour un brave ouvrier ou pour une mère de famille. On tailla, dans les parties bonnes et solides des draps si amples du riche, de nouveaux draps d'une grandeur très-suffisante pour la couche de l'indigent. Les plus fins servirent à confectionner des chemises, des jupons et des layettes. Et toutes ces grandes dames, ces reines du monde par tous les prestiges de la société et de la nature, se firent les pieuses ouvrières de ce béni travail.

Et voyez comme les bonnes pensées produisent les saintes inspirations ; c'est le vendredi, à onze heures !... le jour et à l'heure où le médiateur fut dépouillé de sa robe et étendu sanglant sur le bois de la croix, que ces dames quittent les joies et les loisirs de leur vie sereine pour venir revêtir pieusement, dans la personne du pauvre, la nudité du grand supplicié.

Et chacune se met à l'œuvre avec dévouement : l'une ourle une nappe en priant Dieu d'y faire descendre le pain de chaque jour ; l'autre chiffonne avec grâce la mousseline d'un bonnet en souriant à la jeune ouvrière dont elle le voit parer le front modeste ; une jeune mère, en taillant la layette destinée à une mère de famille indigente, écoute avec joie une voix secrète murmurer à son cœur les grâces célestes qu'elle appelle sur le berceau de son enfant ; une grande dame, et c'est là la pierre de touche du dévouement, coud vaillamment la toile bleue de la blouse d'un ouvrier, sans souci de la teinte azurée dont le grossier tissu salit la délicatesse de ses doigts. Car, ainsi que le faisait remarquer une de ces nobles ouvrières, là comme partout la vertu a ses degrés ; beaucoup n'ont pas l'héroïsme d'affronter ce travail.

Tout, excepté ces affreuses blouses, disent les délicates.

Tout, même ces vilaines blouses, disent les résignées.

Tout, mais surtout ces blouses, disent les intrépides.

« Quoi qu'il en soit, ajoutait-elle dans l'effusion de sa causerie, c'est un touchant et beau spectacle que celui de ces réunions hebdomadaires : les étoffes grossières, les brunes cotonnades s'étalent avec complaisance sur le velours et la moire des robes et des manteaux ; les manches caressent de leurs dentelles flottantes le vêtement qui, demain, couvrira le corps et les bras robustes du travailleur. Voilà de belles mains qui sortent de la fourrure pour tricoter la chaude enveloppe de laine qui réchauffera les membres glacés du vieillard. »

Voilà de ces *mystères de Paris* que le peuple ignore trop.

Cette privation de linge, de vêtements, d'outils même, n'en est quelquefois, pour l'ouvrier indigent, que la disparition momentanée. Il a bien quelque linge ou bien d'autres vêtements que ces haillons, mais il ne les possède plus... Dans un jour de dénûment complet, dans un moment d'extrême pénurie, il les a déposés en nantissement contre la faible somme que le mont-de-piété lui a avancée sur ces tristes dépôts... Quand pourra-t-il les retirer?... Quand aura-t-il économisé sur le salaire, qui est le pain quotidien de ses enfants, la petite somme nécessaire à leur libération, à leur rachat?... Jamais peut-être, si la charité n'était là pour lui en fournir le petit capital; et cette triste situation a, comme toutes les crises de sa vie, une œuvre prête à lui offrir ses secours.

Cette association, fondée en 1848, est dirigée par un comité présidé par M. l'abbé Bautin, professeur d'éloquence sacrée, et ancien vicaire général de Paris.

Son objet est de venir en aide aux classes laborieuses en dégageant les objets de première nécessité que sous la coërcition du besoin leurs membres nécessiteux ont engagés au mont-de-piété. On conçoit que l'intervention de la Société se refuse à tout objet de luxe pour s'attacher exclusivement aux vêtements et aux effets mobiliers dont la privation constitue une souffrance.

L'allocation de l'OEuvre est habituellement en rapport avec les économies que le déposant a déjà réalisées et qu'il remet aux mains de la trésorière, ou de tout membre de la Société, avec la reconnaissance du dépôt pour en opérer le dégagement. Elle peut cependant opérer quelquefois la libération complète, mais cela n'a lieu que dans des circonstances exceptionnelles.

Une institution toute récente, dont tous les esprits qui connaissent les habitudes populaires apprécieront l'importance et la moralité, c'est la caisse d'économie pour le payement des loyers des familles pauvres. C'est à la société de Saint-Vincent de Paul que Paris doit encore cette création. Cette caisse est ouverte à tous les versements successifs, quelque multipliés et quelques minimes qu'ils puissent être, que les familles indigentes destinent au payement de leurs loyers. Il est accordé à tout déposant, à la fin de chaque trimestre, une prime d'encouragement proportionnée à l'importance de son dépôt total, à raison de 20 pour 100 sur les sommes versées dans les deux premiers mois, et de 10 pour 100 sur les sommes déposées le dernier. Ces primes sont payées par la société de Saint-Vincent de Paul, sur les dons et les cotisations qu'elle recueille à cet effet, et, à défaut de ces ressources spéciales, sur sa caisse.

Plusieurs bureaux de bienfaisance, celui du douzième arrondissement entre autres, ont fondé de ces caisses d'économie qui offrent des avantages analogues aux déposants. Les dépôts y sont reçus tous les lundis, de neuf heures à midi.

CHAPITRE IV

ŒUVRE DE MORALISATION

L'immoralité et la misère, dans les classes indigentes, ont le plus souvent une source commune: l'ignorance. Ouvrir des écoles n'est pas seulement « fermer des prisons, » comme l'a dit Jean-Jacques Rousseau, c'est encore fermer des dépôts de mendicité. Aussi, beaucoup d'associations de bienfaisance ont-elles pensé que l'assistance la plus efficace qu'elles pussent donner aux classes laborieuses était de les instruire ; c'était mieux que secourir l'indigence, c'était la prévenir.

La *Société philotechnique* s'est imposé tout particulièrement cette mission ; c'est à l'instruction des classes ouvrières qu'elle s'est spécialement donnée ; dans ce but, elle a ouvert au milieu de la plupart des quartiers de Paris des cours d'instruction, primaire et d'enseignement scientifique où tout ouvrier désireux de s'instruire trouve des leçons proportionnées à ses facultés et à ses besoins ; est-il resté étranger à toute instruction, des professeurs de lecture, d'écriture et d'arithmétique élémentaire l'attendent ; veut-il perfectionner l'instruction qu'il a reçue dans les écoles primaires, voilà des amphithéâtres où des voix autorisées vont l'initier à l'application des sciences, à l'industrie et à l'art. Voici, du reste, l'indication des diverses spécialités de son enseignement : langue française, arithmétique, géométrie élémentaire, géométrie descriptive, géométrie appliquée aux arts, machines, physique, chimie, hygiène, géographie industrielle, comptabilité, dessin, ornement, chant, etc.

L'Association philotechnique pour l'instruction gratuite des ouvriers de la ville de Paris a le même objet ; disons qu'elle déploie le même zèle, et ajoutons, avec Son Excellence le ministre de l'instruction publique, qu'elle obtient le même succès et qu'elle a acquis des droits égaux à la reconnaissance publique.

Puisque nous avons invoqué l'opinion de M. le ministre de l'instruction publique, nous allons emprunter au discours qu'il prononça en 1857, à la distribution des prix de ces deux associations réunies, les passages où il signale les services qu'elles rendent aux classes laborieuses : « La pensée qui domine dans cette fête populaire, dit-il, est celle de la solidarité de toutes les classes de la société, accomplissant, suivant le vœu de la Providence, le devoir sacré d'une mutuelle assistance... Ouvriers, comptez les hommes dévoués qui se pressent à mes côtés, qui prodiguent leur temps, leurs peines et toutes les forces de leur âme à faire de vous des travailleurs instruits, de dignes pères de famille et d'estimables citoyens; comptez-les avec votre cœur, et dites-moi si la société vous méconnaît ou vous oublie.

» La société n'est pas une marâtre pour ceux qui souffrent; ses entrailles sont émues et ses mains sont ouvertes pour les malheureux. Elle accepte et pratique franchement l'égalité civile et chrétienne, et elle est heureuse d'aider, par l'enseignement, quiconque travaille et se conduit bien, à prendre en ce monde la place toujours réservée à la moralité, à la sagesse et à l'application. »

Les cours de l'association philotechnique étant destinés aux adultes, l'âge de seize ans est rigoureusement exigé pour l'admission des élèves. Ces cours embrassent les langues française, anglaise et allemande; l'arithmétique, l'algèbre, la trigonométrie à courbes usuelles, la géométrie, la mécanique, la physique, la chimie, l'hygiène et la médecine usuelle, la géographie, la comptabilité, le dessin linéaire, le lavis, la bosse, la figure, l'ornement et le chant.

Son comité, élu dans une assemblée générale le 21 février 1858, était composé de MM. le comte de Lariboisière, président; de MM. Labrouste, directeur de Sainte-Barbe, et Lionnet, professeur à Louis le Grand, vice-présidents; de MM. Miquel, chef d'institution; de

Salvignac , professeur à Louis le Grand ; Menu de Saint-Mesmin, professeur de mathématiques, secrétaire, et de M. Dupuis, professeur à Sainte-Barbe, trésorier.

L'*Institut des Frères de la doctrine chrétienne* a lui-même ouvert des écoles d'adultes dans ses principaux établissements ; celle de la paroisse Saint-Augustin est composée de quatre classes, ainsi que celles de Saint-Roch et de Saint-Sulpice ; les écoles des paroisses de Sainte-Marguerite et du Gros-Caillou en ont cinq ; celle de Saint-Nicolas des Champs en compte sept. Ces cours sont suivis par 2,500 ouvriers. L'enseignement porte sur les mêmes connaissances que celui des écoles de l'enfance : la lecture, l'écriture, le calcul, le catéchisme, la grammaire, l'histoire, la géographie et le dessin linéaire ; il est complété par des leçons de dessin académique et d'ornement.

Ainsi, aucune des connaissances qui, en ornant et fécondant son esprit, lui permettent d'élever à la hauteur de l'art son habileté industrielle, ne manque à l'ouvrier laborieux, et pour lui rendre la fréquentation assidue de ces cours plus facile, c'est de huit à dix heures du soir que s'ouvrent les classes, c'est-à-dire pendant les heures qui se concilient le plus favorablement avec celles de son travail et les nécessités hygiéniques de son repos. Une sage et fraternelle sollicitude a tout calculé, tout prévu.

Cette instruction, donnée à la classe ouvrière, avait ses conséquences fécondes ou funestes ; elle faisait naître ou développait un besoin : le goût de la lecture ; il fallait lui donner une satisfaction légitime, autrement c'était l'abandonner dans l'entraînement de son inexpérience et la livrer à tous les dangers du hasard.

Or, à quelle époque ces dangers furent-ils plus nombreux?

Autrefois, le mauvais livre était rare, il fallait l'aller chercher, il fallait déjà le connaître ! aujourd'hui, c'est lui qui vient vous chercher, qui s'offre à vous sous toutes les formes, mais surtout sous celle si séduisante du roman ; ce n'était pas assez qu'il se glissât sous vos yeux, tapi au pied de votre journal, il s'est fait volume à un franc, il s'est fait recueil à un sou, se révélant par l'illustration, vous sollicitant par le bas prix.

A quelle source cachée l'ouvrier ira-t-il étancher sa soif, quand tant de ruisseaux empoisonnés, murmurant autour de lui, viennent lui offrir leurs eaux attrayantes?

Certes, quand nous parlons du roman à propos des mauvais livres, nous n'entendons pas frapper de censure une spécialité dans laquelle les lettres françaises comptent tant de chefs-d'œuvre ! En dehors de ces belles compositions dont s'honore la littérature contemporaine, combien de bons et d'excellents livres le roman n'a-t-il pas produits? Mais sont-ce bien toujours ces œuvres littéraires et morales que choisit le journalisme facile? Sont-ce bien elles surtout que l'on trouve dans ces feuilles à vil prix que chaque samedi répand par centaines de mille dans les mansardes et les ateliers? N'est-ce pas plutôt aux classes perdues, aux existences les plus équivoques que cette littérature au rabais va emprunter ses drames? Devant quelles scènes, devant quelle situation ce prétendu réalisme recule-t-il? Sont-ce bien de tels spectacles qu'il convient de faire passer sous les yeux du peuple? Quelles lueurs sinistres cette existence de passions, d'orgies, de crimes et de fêtes, ne laisse pas dans l'ombre de sa vie !

Et pourtant quelle n'est pas l'importance de la lecture dans cette vie où l'enseignement moral a si peu de retentissement? Voit-on beaucoup d'ouvriers autour des chaires d'où descendent les grandes vérités? On en rencontre aussi peu dans les amphithéâtres philosophiques que dans les enceintes religieuses; nous en appelons au témoignage d'un homme dont on ne contestera pas la compétence : de M. l'abbé Mullois, de la maison des hautes études ecclésiastiques des Carmes, et aumônier de l'empereur. « Ils ne viennent plus guère à l'église, dit-il; la soutane du prêtre est quelquefois un épouvantail pour eux, et notre parole, dans les villes surtout, va se perdre dans la solitude du temple sacré, au milieu de quelques femmes seulement. »

Le livre est donc la seule voix qui puisse les initier ou les rappeler à la vérité. C'est un ami toujours présent, qu'on peut consulter à tout instant; qui est là pour charmer votre premier loisir, prêt à tout instant à vous consoler, à vous distraire; un conseiller salutaire toujours prêt à vous instruire. Il charme l'esprit en l'éclairant; en émouvant le cœur, il le féconde. Un bon livre, on l'a dit avec une vérité frappante, « c'est l'apostolat à domicile. »

Cet apostolat populaire, la bienfaisance s'est efforcée de l'organiser. Un de ses moyens les plus puissants a été la fondation des bibliothèques paroissiales. Cette tentative a obtenu le plus complet succès. A l'appel de MM. les curés, les souscripteurs se sont empressés d'apporter leurs cotisations; les propriétaires de livres utiles ou intéressants ont envoyé leurs doubles; les plus zélés ont offert leurs meilleurs ouvrages; et ces bibliothèques, « ces pharmacies de l'âme, » comme il était

était écrit sur la porte de celle d'Alexandrie, se trouvèrent créées.

La première ouverte fut celle de la paroisse Saint-Thomas d'Aquin ; les paroisses de Saint-Sulpice, de Saint Séverin, de Saint-Roch, de Sainte-Élisabeth, de Saint-Merri, de Notre-Dame de Bonne-Nouvelle formèrent simultanément les leurs. Celle de Saint-Sulpice acquit, dès son origine, une véritable importance par le nombre de ses ouvrages de tous genres : religion, voyages, sciences, littérature, beaux-arts, etc.

Elle est située rue Cassette, 13 ; elle est ouverte tous les dimanches, de deux heures à trois, et tous les mercredis, de deux heures à quatre.

Son règlement est le même que celui des autres établissements semblables.

Tout habitant de la paroisse peut emprunter les livres qu'il désire et dont le bibliothécaire lui remet deux volumes à la fois. La seule condition est d'être présenté ou recommandé par une personne connue.

Les livres sont prêtés gratuitement à toute personne qui en fait la demande au curé ou à l'un des vicaires de la paroisse. Les autres lecteurs doivent payer dix rancs par an.

Il est des œuvres qui ont employé un moyen différent de satisfaire utilement le goût des classes ouvrières pour la lecture ; elles ne prêtent pas de livres ; elles font mieux, elles en distribuent, elles en donnent. De ce nombre est la société de Saint-François-Xavier.

La *Société de Saint-François-Xavier* est une de ces œuvres qui ont pour objet d'arracher les ouvriers aux habitudes d'ivresse et au déréglement qui sont à la fois une cause d'abaissement pour leur caractère, de dépravation pour leurs mœurs et de misère pour leur famille. A l'heure où tout est bruit et tumulte dans les cabarets des barrières, où les tables voient couler à flots le vin bleu et l'eau-de-vie brûlante, tandis que de bruyants orchestres pressent une danse épileptique de leurs pulsations fiévreuses, à l'heure où l'ouvrier jette son gain laborieux, sa raison et sa santé dans cette immonde orgie, la pieuse association réunit ses membres, appartenant en grande partie à la classe laborieuse, dans une enceinte sacrée, et récrée leur soirée par de douces et intéressantes distractions où s'alternent les lectures attachantes, les enseignements moraux et les exercices de piété. Une loterie de bons livres termine la séance d'où chacun se retire l'esprit serein et le cœur joyeux.

A la fin de chaque année, des diplômes d'honneur sont décernés solennellement aux membres qui se sont distingués par leur assiduité, ou par quelque acte de dévouement ou de vertu.

On le voit, cette association est, sous quelques rapports, pour les ouvriers, ce qu'est pour les apprentis la maison de la famille.

Elle se compose de membres titulaires, payant une légère cotisation mensuelle, et de membres honoraires dont les versements volontaires sont la ressource la plus féconde de la caisse sociale. Ces derniers membres appartenant tous à la classe aisée et aux classes riches, apportent un autre avantage à l'association. Leur contact fraternel relève le moral de l'ouvrier qui, touché par ce commerce familier, comprend à l'estime qu'on lui témoigne le respect qu'il doit avoir de lui-même. Le lieu où elles se tiennent ajoute encore à la dignité de ces assemblées. C'est généralement dans l'église de leur paroisse et de préférence dans une chapelle spéciale, celle par exemple des catéchismes, que les sociétés se réunissent sous la présidence du curé ou d'un prêtre à qui il délègue ses droits.

La caisse est une ressource précieuse pour les membres titulaires de l'association ; elle est pour eux une véritable caisse de secours mutuels. Sont-ils malades, ils ont recours à ses libéralités et elle les indemnise des pertes qu'entraîne pour eux la suspension de leurs travaux.

C'est à l'année 1837 que remonte l'origine de cette œuvre. Elle prit naissance dans l'école d'adultes des frères des Écoles chrétiennes de la paroisse de Saint-Nicolas des Champs ; mais elle franchit bientôt son berceau pour s'établir dans les paroisses de Sainte-Marguerite, de Saint-Sulpice, de Saint-Pierre du Gros-Caillou, de Saint-Louis en l'Isle, de Saint-Laurent, de Saint-Roch, de Saint-Gervais, de Saint-Ambroise, de Saint-Jacques du Haut-Pas, de Saint-Etienne du Mont et de Saint-Eustache. Elle existe aujourd'hui dans presque toutes les paroisses de Paris et dans la plupart de celles de la banlieue.

L'*OEuvre de la Sainte-Famille* a été inspirée par le même sentiment de charité, dont elle n'est qu'une application plus large. Ce n'est pas seulement sur les ouvriers qu'elle s'efforce d'étendre son influence moralisatrice, c'est sur toute la classe indigente, qu'elle arrache aux habitudes de la vie isolée et vagabonde pour la rendre aux douces affections de la famille et à la concorde du foyer.

On sait que l'un des plus déplorables effets de la misère est de dessécher le cœur : les enfants sont une charge pour le père et la mère de famille ; et comme de toute charge, on songe à s'en soulager. Combien de malheureux enfants presque constamment livrés à tous les dangers et à toutes les corruptions de la rue, passent les premières années de leur jeunesse dans les hasards et les misères d'un demi-abandon. De cette égoïste incurie naît une réciprocité funeste ; ce que leurs parents ont été pour leur enfance les enfants le sont pour la vieillesse de leurs parents. Voilà le spectacle attristant qu'offrent trop souvent les classes pauvres ; le sentiment de la famille y languit souvent et parfois y meurt.

La Société s'efforce de ranimer ce sentiment, là où il s'est oblitéré, de le faire renaître là où il a disparu. Pour resserrer ces nœuds relâchés, réformer ces liens rompus, elle a songé à réunir en une grande famille toute cette classe malheureuse, sous les ailes d'une association fraternelle. Adoptant largement la fusion des classes établie par la société de Saint-François-Xavier, elle a fait entrer dans cette association formée spécialement dans la population indigente, des membres appartenant à toutes les autres classes de la société : ouvriers et négociants aisés, gens titrés, financiers opulents, riches bourgeoises, grandes dames.

Elle n'a rien négligé pour établir dans ces réunions *composites* des rapports de politesse et d'affection ; elle fait tout pour relever les indigents à leurs propres yeux ; les égards qu'on leur témoigne les porte naturellement à les échanger entre eux ; on leur apprend en les estimant à s'estimer eux-mêmes. Quand on leur adresse collectivement la parole, c'est : « *mes chers amis, mes bons amis ;* » quand on leur parle individuellement, c'est : « *monsieur, madame,* » ou bien encore : « *mon enfant, ma chère enfant,* ou *ma bonne mère,* si c'est un petit enfant, une petite fille ou une vieille

femme ; aussi faut-il voir comme une balayeuse et un chif-
fonnier s'appellent monsieur et madame avec l'aplomb
d'un marquis et d'une comtesse ! Pour bien apprécier
le changement que ces sociétés ont opéré sur le moral
de leurs membres, il suffit de voir celui qui s'est mani-
festé dans leur aspect. La masse attristante de gens dé-
guenillés et débraillés, de visages inquiets et de figures
sinistres, que présentaient les premières assemblées, est
remplacée par des réunions aussi remarquables par la
décence du maintien et la propreté de la mise, que par
l'aménité et l'air de bien-être qui brillent dans tous les
traits. C'est un spectacle touchant de voir les efforts
que font ces braves gens pour répondre, par toutes
leurs actions extérieures, à la cordiale bienveillance des
dames patronesses qui viennent s'asseoir familièrement
au milieu d'eux. Cette association fut fondée en 1844,
dans la paroisse de Saint-Sulpice, par des membres de
la société de Saint-Vincent de Paul. Elle se réunit deux
fois par mois, le dimanche à midi, dans la chapelle
souterraine, les hommes à gauche, les femmes à droite.
Après la messe, qui se célèbre au chant des cantiques,
on dresse un bureau où vient s'établir le curé, le président de l'œuvre ou le prêtre directeur. Alors ont lieu
des allocutions, des lectures, des discussions même
dont l'objet est l'instruction et la moralisation attrayantes
de cet auditoire naïf. La séance se termine toujours par
une *tombola* dont les membres riches et les dames patronesses de l'association ont fourni les lots, toujours
en rapport avec la saison ; en hiver, ce sont des couvertures de laine, des tricots, des paletots, des tartans,
des chaussures ; en été, des chapeaux de paille, des
blouses et des pantalons de coutil, des bonnets enruba-
nés, des fichus, et toujours des jouets et des bonbons

pour enfants, et toujours aussi des lots malheureux et des surprises que saluent des explosions d'hilarité. Le tirage fini, chacun se retire, les dames patronesses mêlées à la foule et parlant affectueusement avec les femmes qui habitent leur quartier.

Ajoutons que, comme la précédente, cette œuvre est une société de secours. Elle avait trop d'éléments de succès pour rester confinée dans l'église qui l'avait vue naître. Presque toutes les paroisses de Paris ont aujourd'hui leurs saintes familles. Les premières établies furent celles de Saint-Étienne, de Saint-François-Xavier (chez les lazaristes), du Gros-Caillou, de Saint-Roch, de Sainte-Élisabeth et de Saint-Thomas d'Aquin.

CHAPITRE V

ASSISTANCE DES FAMILLES INDIGENTES DANS LEURS MALADIES

SOMMAIRE. — Historique de l'assistance hospitalière en France. — Saint-Landri et l'Hôtel-Dieu. — La reine Adélaïde et l'hôpital Saint-Lazare. — L'hôpital des Petites-Maisons. — L'hôpital de la Charité chrétienne. — Marie de Médicis et l'hôpital de la Charité. — Hôpital général de la Salpêtrière. — Beaujon. — Necker. — Cochin. — L'hospice Villas. — Lariboisière. — Établissements emportés par le temps. — Service médical et chirurgical des maisons hospitalières de Paris. — Leur budget. — Ventes d'immeubles. — Dotation magnifique. — Malades et infirmes soignés dans les hôpitaux et les hospices. — Secours à domicile. — Nombre de malades assistés. — Bureaux de consultations médicales. — Œuvres des pauvres malades. Dames patronesses. — Souscriptions. — Application des secours. — Visites. — Association pour la visite des femmes malades. — Son origine. — Bibliothèque. — Ouvroir Saint-Joseph. — Caisse Montyon pour les indigents sortant des hôpitaux. — Asile des ouvriers convalescents. — Inauguration de l'établissement de Vincennes. — Dotation. — Abonnements. — Dons. — Sociétés de secours mutuels. — Leur origine. — Organisation nouvelle. — Progrès. — Horizons nouveaux.

Nous avons vu avec quelle ardeur la charité publique multipliait ses secours et ses soins autour de l'enfance et de la jeunesse frappées de maladies, ou atteintes d'infirmités. Cette sollicitude bienfaisante ne pouvait s'éloigner du lit de souffrance, où reposent le père et

la mère de famille arrachés, par le mal, à leur travaux ;
c'est, au contraire, dans les centres de secours qu'elle
leur a créés, dans les œuvres qui leur consacrent leur
assistance et leurs soins, qu'éclate particulièrement son
action bienfaisante.

Cette assistance, du reste, remplit le passé historique
de Paris ; tous ses établissements hospitaliers n'ont
d'autre origine que la munificence des classes riches.
C'est un de ses évêques, saint Landri, qui, dans la
contagion causée par la famine de 651, jeta les bases de
l'Hôtel-Dieu « *Egenis vero ægrotantibus ut prospiceret
pius pastor Xenodochum, propè episcopum primus
instituit* [1] » et assura son existence par un revenu
fixe : « *censi quo potuit dotavit.* »

La reine Adelaïde, femme de Louis le Gros, et le
sénéchal Guillaume de Garlande fondent, au commencement du douzième siècle, l'hôpital Saint-Lazare,
transformé aujourd'hui en maison de détention.

L'*hospice des Ménages* n'est autre que l'*hôpital des
Petites-Maisons*, élevé, en 1557, sur l'emplacement et
avec les décembres de la *Maladrerie Saint-Germain*,
construit dès le onzième siècle par la pitié publique,
comme l'*École de Pharmacie* n'est autre que l'hôpital
de Lourcine ou de la Charité chrétienne, qui compte
Guillaume de Chenac, évêque de Paris, et Nicolas Houet
parmi ses bienfaiteurs.

L'hôpital de la Charité, fondé par Marie de Médicis,
fut richement doté par Claude Bernard, bourgeois de
Dijon, qui, en se consacrant au sacerdoce, disposa de
son immense fortune en œuvres de charité.

---

[1] Bollandus, *Acta sanctorum.*

La pensée de l'hospice des Incurables, rue de Sèvres, 54, appartient à Marguerite Rouillé, veuve d'un conseiller du Châtelet. Il devait ses revenus aux libéralités de messire Jean Goullet, prêtre, au cardinal de la Rochefoucauld et à la discrète munificence d'une main inconnue.

Si le cardinal de Mazarin, le président de Bellièvre et la duchesse d'Aiguillon ne sont pas rigoureusement les fondateurs de l'hôpital général de la Salpêtrière, ils assurèrent du moins son existence par leurs bienfaits.

Les noms seuls des hôpitaux Beaujon, Necker, Cochin, Leprince, Villas et Lariboisière, proclament assez haut quels sont leurs fondateurs. Pourquoi ne pas donner à celui de Saint-Merri le nom du vénérable abbé Viennet, qui le créa en 1784 ?

Combien d'autres établissements semblables, nés des inspirations de la charité privée, ont été emportés par le temps : l'hôpital Saint-Gervais, fondé en 1171 par Me Garrin, et Harcher son fils, prêtre ; celui de la Trinité, ouvert avant 1202, par Guillaume Escuacol, aux malades du quartier de la Croix-de-la-Reine ; l'hôpital de Sainte-Catherine, institué par messire About, pour les pauvres de Sainte-Opportune ; l'hôpital d'Imbert de Lyhoms, créé par un bourgeois de Paris de ce nom, en exécution des dernières volontés de ses deux fils ; l'*hôpital des Pauvres Veuves*, que Jean Chenard éleva en 1425, rue Saint-Sauveur ; *l'hospice des Veuves* de la rue Grenelle-Saint-Honoré, bâti par les neveux de Catherine du Homme, veuve d'un maître de requêtes nommé Guillaume Barthélemy, sur un jardin légué à cet effet par cette dame, et les *hôpitaux de Saint-Jacques du Haut-Pas*, de *Sainte-Anne*, et tant d'autres établissements pieux dont l'assistance publique a recueilli l'héritage [1].

C'est donc très-légitimement que nous faisons figurer les établissements hospitaliers de Paris, au premier rang des fondations de la *charité privée*. Ces établissements sont au nombre de vingt-huit : seize sont consacrés au traitement des malades, — douze sont des hospices ou des maisons de refuge pour les vieillards indigents et les infirmes incurables.

Les hôpitaux sont : l'Hôtel-Dieu, 800 lits ; la Pitié, 600 lits ; la Charité, 494 lits ; Saint-Antoine, 320 lits ; Necker, 329 lits ; Cochin, 114 lits ; Beaujon, 438 lits ; Lariboisière, 800 lits ; Saint-Louis, 800 lits ; le Midi, 300 lits ; Lourcine, 300 lits ; les Enfants malades, 600 lits ; Sainte-Eugénie, 500 lits ; la Maison d'accouchement, 525 lits ; la clinique de l'École de médecine, 120 lits ; la Maison municipale de santé du faubourg Saint-Denis.

Voici la liste des douze hospices : Bicêtre, 3,080 lits dont 760 pour les aliénés ; la Salpêtrière, 4,883 dont 1,342 pour les aliénés ; les Incurables, hommes, 414 lits pour les adultes, 70 pour les enfants ; les Incurables, femmes, 475 lits pour les femmes, 50 pour les enfants ; Enfants trouvés, 533 lits ; les Ménages, 755 lits ; la Rochefoucauld, 213 lits ; Sainte-Périne, 180 lits ; de Villas, 35 lits ; Boulard, 12 lits ; Leprince, 20 lits ; Brezin, 300 lits, et l'asile Lombrecht à Courbevoie.

Ces chiffres font comprendre quelle doit être la

---

[1] L'hôpital de Sainte-Anne, situé à l'extrémité du chemin de Gentilly, fut d'abord affecté à quelques maladies contagieuses, puis aux convalescents de l'Hôtel-Dieu. Il forme aujourd'hui, avec ses dépendances, une ferme, appartenant à ce dernier établissement hospitalier.

puissance des ressources affectées à ce vaste service. Voici les recettes qu'y a consacrées le budget de 1857.

	fr.	c.
Domaines et revenus immobiliers....	970,929	91
Intérêts et capitaux...............	700,065	23
Rentes et dividendes..............	1,316,802	21
Revenus éventuels................	214,234	17
Concessions de terrains dans les cimetières......................	162,181	» »
Droits sur les spectacles...........	1,389,240	08
Bonis du mont-de-piété............	359,157	41
Remboursements par les familles et les communes....................	3,561,121	58
Subvention municipale............	7,207,137	» »
Revenus et fondations............	546,248	28
Total...............	16,427,117	07

L'extrait suivant emprunté au mémoire adressé au conseil municipal, par M. le préfet de la Seine, en lui soumettant le budget de 1859, fera apprécier complétement les ressources que l'administration de l'assistance publique doit aux libéralités privées.

« Des immeubles que possède l'assistance publique, à Paris, les uns sont susceptibles d'exploitation, les autres sont nécessairement improductifs. Plusieurs des premiers, difficiles à administrer, d'un revenu très-faible, peuvent être utilement vendus. Toutefois, il en est dont la situation, sur tel ou tel point de la ville, où le prix des terrains doit augmenter de beaucoup dans un temps donné, permettra de réaliser, par une vente judicieusement retardée, un capital accru à raison même de ce retard.

» En vingt ans, l'administration de l'assistance publique, à Paris, a réalisé, par ses ventes d'immeubles, quatorze millions vingt-deux mille quatorze francs. Les immeubles vendus ne rapportaient que deux cent quatre-vingt-sept mille cinq cent sept francs. Sur les quatorze millions vingt-deux mille huit cent quarante-quatre francs qu'ils ont produit, sept millions quatre-vingt-sept mille sept cent soixante-neuf francs ont été employés à l'achat de trois cent deux mille trois cent vingt-six francs de rente ; les six millions neuf cent quatre-vingt-cinq mille quarante-cinq francs de surplus ont permis de faire face à des nécessités diverses du service, spécialement à la restauration et à l'agrandissement des bâtiments hospitaliers ; et cependant, loin de réduire les revenus de l'assistance publique, l'opération les a un peu améliorés. Il résulte d'un état que j'ai fait dresser que des ventes également utiles peuvent être réalisées immédiatement, savoir :

De biens de ville pour.............. 3,322,000 fr.
De biens ruraux pour.............. 3,119,000

Soit en tout.................... 6,441,000

» Après ces aliénations, l'assistance publique demeurera propriétaire d'immeubles *productifs*, estimés plus de vingt-deux millions. »

Cette magnifique dotation, à laquelle il convient de joindre les importantes propriétés que l'assistance publique occupe par ses nombreux établissements, n'a d'autre source, comme nous l'avons déjà établi, que les libéralités des précédentes générations ; elle est le produit des donations de la charité.

Voyons l'application de ces ressources faite par l'administration pour le soulagement des misères et des souffrances populaires. L'exercice de 1857 nous donne les bases de ces recherches.

Le nombre des malades qui ont occupé pendant cette année les lits des hôpitaux de Paris est de quatre-vingt-onze mille quatre cent onze. Pendant la même période, dix-neuf mille cent cinquante-quatre infirmes étaient entretenus dans les hospices et maisons de retraite.

Sur les quatre-vingt-onze mille quatre cent onze malades reçus par les hôpitaux de Paris, soixante-huit mille trente seulement appartenaient à cette ville. La répartition de ce chiffre entre les divers arrondissements était d'une inégalité frappante : le douzième arrondissement, qui renferme les quartiers Mouffetard et de la Montagne-Sainte-Geneviève, en avait fourni douze mille quatre cent quatre-vingt-treize ; le huitième en prend un tiers de moins : huit mille cent seize ; le quatrième, le plus favorisé, n'y figurait que pour deux mille cent soixante-six.

Le contingent de la banlieue fut de douze mille quatre cent vingt-sept malades, dont Belleville prenait deux mille sept cent sept, la Chapelle dix-neuf cent soixante-sept, et la Villette dix-huit cent quatre-vingt-six. Les Batignolles en avaient fourni dix-huit cent vingt-six. Il était des communes comme Fresne, l'Hay et Chevilly, qui n'en avaient pas un seul.

En dehors de ces malades que la ville fait soigner dans ses hôpitaux, il est une autre catégorie de malheureux à laquelle elle étend ses secours : ce sont les malades secourus à domicile. L'établissement de ce mode d'assistance a été accueilli avec une vive faveur par les classes populaires.

La cause la plus puissante de l'éloignement que l'homme du peuple ressent pour les hôpitaux, c'est la nécessité de se séparer de sa famille, qui ne peut venir s'asseoir auprès de son lit qu'aux instants réglementaires. L'assistance à domicile, en assurant aux malades la plupart des avantages qu'ils obtiennent dans les hôpitaux, leur conserve les soins consolants et le tendre milieu de la famille. Une somme de deux millions huit cent quatre-vingt-quinze mille sept cent quatre-vingt-huit francs a été répartie en secours, pendant l'année 1857, entre trente-trois mille trois cent et un ménages, offrant une population indigente de quatre-vingt mille quatre cent soixante-sept individus.

Là ne s'arrête pas la masse de la population secourue. Il faut y ajouter les malades reçus dans les hospices d'aliénés et dans les maisons de retraite. Si les chiffres sont moins élevés, il faut se rappeler que la succession des malheureux qui passent dans les lits de ces maisons de refuge est bien moins rapide que celle des malades dans les salles des hôpitaux. Un grand nombre de ces infortunés ne quittent plus l'asile dès qu'ils en ont franchi le seuil. Dix-neuf mille cent cinquante-quatre ont reçu l'hospitalité de ces établissements, en 1857 ; neuf mille neuf cent trente-deux en sont sortis, quelques-uns pour guérison, le plus grand nombre par décès, en sorte qu'au 31 décembre de cette année, l'effectif de leurs pensionnaires était encore de neuf mille deux cent vingt-deux.

Quelques détails rapides feront comprendre la sollicitude de l'hospitalité que malades et infirmes reçoivent dans ces asiles d'humanité : ce seront des chiffres empruntés au budget municipal. Bicêtre y est porté pour un million six cent dix mille deux cent trente-quatre francs, et la Salpêtrière pour deux millions deux cent soixante-dix mille cinq cent vingt-cinq francs ; l'Hôtel-Dieu y figure pour six cent cinquante-huit mille cinq cent vingt-cinq francs ; ainsi avec l'immense économie que produit, soit dans les achats, soit dans les préparations, l'importance des services, la journée d'un malade, dans un hôpital, coûte 2 francs 27 centimes, et la journée d'un vieillard ou d'un infirme dans un hospice, 1 franc 47 centimes ; ainsi le lit d'un hôpital revient, par an, à 830 francs 60 centimes, et celui d'un hospice à 539 francs 77 centimes. La consommation seule du vin pour toutes ces maisons s'élève à 1,348,368 francs ; celle de la viande à 1,657,317 francs.

Ajoutons que le service médical et chirurgical de ces établissements est confié à tous les savants et les praticiens qui sont les célébrités de la science contemporaine.

Ce sont, pour les médecins : MM. Louis Guérin, Martin-Solon, Horteloup, Piédagnel, Rostan, Serres, Clément, Gendrin, Nonat, Piorry, Andral, Cruveilhier, Briquet-Vernois, Gueneau de Mussy, Beau, Bricheteau, Hervez de Chegoin, Guillot, Grisole, Legroux, Teissier, Marotte, Barthez, Behier, Pidoux, Bouley-Hardy, Bazin, Devergie, Gibert, Cazenave, Puche, Monneret, Legendre, Trousseau, Blache, Bouvier, Gillette, Moreau, Gérardin, Vigla, etc.

Pour la chirurgie, ce sont : MM. Jobert de Lamballe, Laugier, Michon, Velpeau, Chassaignac, Maisonneuve, Hugier, Robert, Marjolin, Richet, Malgaigne, Denonvilliers, Cullerier, Gosselin, Guersant, Guérin, Dubois, Danyau, etc.

Aussi les décès ne sont-ils, dans les huit hôpitaux généraux : l'Hôtel-Dieu, la Pitié, la Charité, Saint-Antoine, Necker, Cochin, Beaujon et Lariboisière, que de 1 sur 8,53, et dans les hôpitaux spéciaux : Saint-Louis, le Midi, Lourcine, Sainte-Eugénie, les Enfants malades, la Clinique, la Maison d'accouchement, de 1 sur 10.

L'Assistance publique a de plus ouvert dans les divers hôpitaux, et sur la place du Parvis-Notre-Dame, des salles de consultations médicales où le malade indigent peut toujours obtenir les conseils et les prescriptions que réclame son état. Les bureaux de bienfaisance et les dispensaires lui offrent les mêmes secours.

Quelque étendue, cependant, que soit l'action bienfaisante de l'Assistance publique appliquée aux maladies, la grandeur des besoins l'est encore davantage, Aussi laisse-t-elle en dehors d'elle une large carrière au zèle de la bienfaisance privée.

Nous avons vu, à cet égard, l'étendue du bien que réalisent les sociétés générales dont l'œil vigilant et les soins actifs embrassent tout Paris. Nous allons nous occuper ici de quelques sociétés spéciales dont le dévouement mérite d'être signalé à l'intérêt public et à la reconnaissance.

L'*Œuvre des pauvres malades* repose, comme le fait remarquer le préfet de la Seine, dans un de ses derniers mémoires à la commission municipale, sur l'ingénieuse combinaison qui a pour résultat de distribuer dans les quartiers les plus pauvres les aumônes recueillies dans les quartiers riches.

Cette association est dirigée par un comité qui

a organisé, dans chaque paroisse, une commission de dames zélatrices ayant pour directeur le curé et pour agent principal la supérieure des sœurs de charité.

Des dames visitent, en compagnie des sœurs de Saint-Vincent de Paul, les pauvres malades de leur quartier, leur portent des secours en argent, bouillon, bois, sucre, sirops, etc., leur prodiguent les soins et les consolations que leur inspire leur cœur, et profitent de l'influence que leurs bienfaits leur donnent sur l'esprit des malheureux qu'elles secourent, pour y exciter ou y développer des sentiments de religion et de vertu. Celles à qui leur position, ou leurs occupations ne permettent pas de visiter les pauvres, recueillent les souscriptions et les aumônes. Elles s'engagent à apporter annuellement à l'œuvre une somme de 50 francs.

L'association visite et assiste chaque année près de 20,000 malades. Sa présidente est Mme la vicomtesse Levavasseur. Elle a pour trésorière Mme la princesse de Beaufremont.

La fondation de cette œuvre ne remonte qu'à 1840. L'origine de *l'Association pour la visite des femmes malades* dans les hôpitaux est beaucoup plus ancienne. Elle remonte au dix-septième siècle, où elle a saint Vincent de Paul pour fondateur. Une des conséquences nécessaires, mais douloureuses, de l'entrée d'une personne malade dans un hôpital, est de la séparer de ses parents et de l'isoler, en quelque sorte, dans sa souffrance. L'œuvre de la visite des femmes malades dans les hôpitaux, formée, comme l'association précédente, de dames charitables, s'interpose entre la malade et sa famille, prodiguant à l'une et à l'autre des secours, des soins et des consolations.

L'influence de cette assistance est des plus salutaires, moins peut-être encore pour les secours spirituels et corporels que reçoit la malade, que par la sécurité qu'elle lui procure sur le sort des enfants et des autres personnes chères qu'elle a laissés dans le pauvre ménage dont elle est souvent une des ressources les plus fécondes.

Cette œuvre, qui a pour présidente Mme la comtesse Gontaut-Biron et pour trésorière Mme de la Bouillerie, douairière, a créé plusieurs fondations accessoires qui concourent au service de la mission. C'est d'abord une bibliothèque de bons livres qu'elle prête aux malades; c'est ensuite un vestiaire, dit l'*Ouvroir de Saint-Joseph*, où chaque semaine des dames bienfaisantes consacrent quelques heures du vendredi à la confection de vêtements pour les pauvres malades et leurs enfants; enfin c'est l'*Asile pour les jeunes filles convalescentes* dont nous avons parlé dans un précédent chapitre.

Ces refuges, ouverts par la charité privée à l'enfance et à la jeunesse convalescentes, ne manquent pas à la virilité, et c'est également à la bienfaisance privée qu'elle les doit. L'homme généreux dont les dotations mêlent un rayonnement philanthropique à l'éclat littéraire des séances de nos académies, Montyon, avait senti la lacune qui existait dans nos établissements de charité, il avait compris tout ce qu'avait de précaire la position du malade sortant des hôpitaux, guéri, il est vrai, mais encore affaibli et brisé par la souffrance. C'est en effet au moment où la santé délabrée réclamerait la double influence d'une alimentation réparatrice et du repos, qu'il lui faut reprendre dans tout son poids le fardeau de ses travaux journaliers. Ce fut cette anomalie qui inspira à Montyon la pensée de l'une de ses fondations les plus intéressantes : celle qui permet à l'administration hospitalière d'accorder à tout malade sortant de ses établissements un secours en argent ou en nature, qui lui permette de faire face aux premiers besoins, jusqu'à ce qu'il ait retrouvé de l'emploi et qu'il puisse reprendre ses travaux.

Cette sollicitude a inspiré un des considérants du rapport si substantiel soumis à l'Empereur, par S. Exc. M. Billault, ministre de l'intérieur, le 3 mars 1855, rapport à la suite duquel Sa Majesté ordonna la création de l'Asile de Vincennes. « L'hospice reçoit l'ouvrier à l'égal du soldat, — y disait le ministre, — et la caisse de secours mutuels l'aide momentanément à soutenir sa famille. Mais quand il sort de l'hospice, assez rétabli pour ne plus y rester, trop faible cependant pour reprendre son travail, il traîne sa convalescence dans la misère... »

Le 31 août 1857, M. Billault inaugurait l'établissement dont il avait proposé la création deux années auparavant. Les ouvriers blessés ou frappés de maladie en travaillant sur les chantiers publics ; les ouvriers, membres des sociétés de secours mutuels, abonnés avec l'Asile, les ouvriers enfin occupés dans des usines, dont les chefs avaient assuré cet avantage à leur établissement, avaient un refuge où, après leur guérison, ils pouvaient attendre le complet rétablissement de leur santé pour reprendre leurs travaux.

On sait que l'une des ressources qui subviennent aux frais de cet établissement avec la dotation que lui a affectée l'Empereur, sont : « Les abonnements pris par les chefs d'usine, suivant les conditions réglées par la commission administrative, et les subventions volontaires recueillies par cette commission au profit de l'établissement [1]. »

La liste des subventions affectées à cet Asile pendant les deux premières années de son existence se résumait par un total de plus de 50,000 francs, non compris la valeur de l'appareil de filtrage et de clarification des eaux, donné par MM. Vedel frères.

Le *Moniteur* du 18 novembre 1857 qui la publiait, annonçait que 400 ouvriers convalescents étaient déjà successivement sortis de l'Asile, complétement rétablis pour reprendre leurs travaux.

L'hospice d'Enghien fondé en 1819, par Mme la duchesse de Bourgogne, reçoit également des malades convalescents.

La charité, dans les secours qu'elle prodigue aux malheureux, ne se préoccupe pas seulement de les secourir, elle s'efforce en même temps de ménager toutes leurs susceptibilités, et surtout de respecter toutes leurs délicatesses; l'une des plus nobles est la répugnance qu'éprouve le travailleur, dont la main est habituée à ne s'ouvrir qu'au salaire, à la tendre au secours; et cependant il est des circonstances qui peuvent le réduire à cette nécessité cruelle : une des plus impérieuses, des plus fatales, est assurément la maladie.

La charité s'est efforcée de le soustraire à cette nécessité par une combinaison qui le met à même de conjurer les conséquences de ces circonstances funestes, par une sage et prévoyante économie, économie faite sur les bénéfices de ses jours heureux. C'est sur cette combinaison que repose l'organisation des sociétés de secours mutuels.

[1] Art. 5e du décret du 8 mars 1855.

Chaque sociétaire verse dans la caisse commune un prélèvement de 3, 4 ou 5 centimes sur son salaire de chaque jour. A ce prix la société lui assure, en cas de maladie, les soins et les secours médicaux dont il aura besoin et une indemnité pour les journées de suspension de travail qu'il aura subies. Elle lui assure de plus une pension de retraite; enfin en cas de mort elle se charge des frais de son inhumation.

Ces sociétés, si répandues en Angleterre (*friendly societies*), ou sociétés amicales, ne sont pas une innovation dans notre pays. Plusieurs de celles qui existent aujourd'hui remontent au delà de ce siècle, et ont sinon pour berceau les anciens corps d'état, au moins leur esprit de confraternité pour inspirateur. Si la loi restrictive du droit d'association entrava quelque temps, sous la monarchie de Juillet, la liberté d'action dont elles avaient joui jusqu'alors, ce gouvernement même parut reconnaître plus tard leur caractère pacifique et les garanties qu'elles offraient à l'ordre social. La faveur dont elles jouirent en 1849 détermina l'assemblée législative à tenter de favoriser leur développement dans les classes laborieuses. L'empire fit un pas plus résolu dans cette voie; le décret du 26 mars 1852 s'efforça de leur donner une existence plus générale et une organisation plus homogène. Tout en laissant aux sociétés existant au moment de la publication du nouveau décret le droit de conserver leur constitution antérieure, il introduisit de profondes modifications dans l'organisation de celles qui devaient se fonder à l'avenir; le gouvernement se réservait l'approbation de leurs statuts et la nomination de leurs présidents; il les autorisait à avoir des membres honoraires dont le concours offrait aux sociétés nouvelles une double source d'avantages moraux et matériels, sans leur imposer aucune charge; il leur accordait de plus une subvention de 10,000,000 de francs. Tout était calculé pour déterminer les sociétés anciennes à renoncer d'elles-mêmes aux stériles priviléges de leur indépendance, afin de se placer à l'ombre d'une protection aussi féconde.

Beaucoup résistèrent à ces séductions et conservèrent stoïquement leur austère liberté. La plupart de celles qui reçurent le régime de l'approbation gouvernementale, furent des sociétés nouvelles. Sur 2,438 sociétés existant à la fin de l'année 1852, 50 seulement avaient fait approuver leurs statuts par l'État. Cinq ans après, le nombre des sociétés s'était élevé à 3,404 et le nombre des approbateurs à 1,406.

Si le développement du nombre des sociétés avait été rapide, les anciennes, on le voit, étaient restées dans l'immobilité où les tenaient les défiances que leur inspiraient les bienfaits qu'elles ne pouvaient obtenir que par l'abdication de leur souveraineté intérieure.

Au reste, elles avaient été emportées par les progrès dont la législation nouvelle avait imprimé l'essor à ces institutions. Le nombre des sociétaires, qui était au 31 décembre 1852 de 271,077, dont 21,635 honoraires, se trouvait, à la fin de décembre 1856, de 426,453, dont 47,281 honoraires. La situation financière avait éprouvé un développement ascensionnel aussi frappant. Le capital de réserve, formant, au 31 décembre 1851, 10,714,877 francs 19 centimes, était monté, cinq ans plus tard, à 16,532,310 francs 93 centimes.

Et cependant dans ce laps de temps ces sociétés avaient dépensé 16,000,000 en secours médicaux et pharmaceutiques ou en indemnités et journées de travail, à leurs membres malades, et 3,000,000 en pensions aux pauvres vieillards. Il avait suffi pour atteindre à ces résultats d'une cotisation de 3 ou 4 centimes par jour ou par tête, entre les associés; la substitution de l'épargne collective à l'épargne individuelle avait opéré ce prodige!

Quels puissants instruments de moralisation que ces sociétés! Aussi chaque pas qu'elles font dans la voie que leur a ouverte le nouveau décret organique est-il signalé par quelque nouveau progrès. Après avoir assuré la sécurité des vieillards par des pensions de retraite, on a songé à étendre les bienfaits de l'association aux femmes et aux enfants. Le rapport présenté à l'Empereur, le 20 avril 1857, par la commission supérieure d'encouragement et de surveillance des sociétés de secours mutuels, signale les autres améliorations dont les comités se sont efforcés d'assurer les avantages à leurs administrés; ce sont :

Le patronage des enfants des sociétaires, exercé par l'œuvre;

Les écoles qu'elle leur a ouvertes;

Les récompenses qu'elle donne à leur exactitude et à leur travail;

Les sœurs de charité appelées au chevet des malades;

La lingerie mise à la disposition des sociétaires pauvres;

La bibliothèque ouverte à tous les membres;

L'adoption des orphelins;

Les secours aux veuves;

L'indemnité prenant la forme de journées de travail pour le vigneron et l'agriculteur que la maladie empêche de cultiver ses champs ou sa vigne;

Enfin l'ingénieuse idée de l'extension du principe de l'association à l'achat des denrées de première nécessité.

Tels sont les horizons que la mutualité ouvre devant ces associations, dont l'objet primitif était l'assistance de leurs membres malades.

Nous avons fait remarquer en terminant le chapitre précédent que la société de Saint-François-Xavier était elle-même une association de secours mutuels.

QUATRIÈME PARTIE

VIEILLESSE

CHAPITRE PREMIER

INSTITUTIONS DE PRÉVOYANCE

SOMMAIRE. — Vieillesse indigente. — Spectacle affligeant des quartiers populaires. — Le vieux père et les enfants pauvres. — Alternative fatale. — Institutions de prévoyance. — Sociétés de secours
mutuels. — Prudentes et sages combinaisons. — Capital des pensions de retraite. — Dotation impériale. — Souscriptions. — Caisse
d'épargnes. — Son origine. — Son historique. — Son établissement en France. — M de Larochefoucauld-Liancourt. — M. de Cormenin. — M. de Lamartine. — Appropriation de cette institution
aux besoins des populations ouvrières. — Caisse de retraite pour la
vieillesse. — Rapport au Corps législatif. — Mécanisme ingénieux.
— L'Italien Tonti. — Résultats surprenants. — Restrictions apportées par la loi. — Côté faible de l'institution. — Liberté des déposants. — Succès. — Circonstances critiques. — Crise intérieure.
— Guerre étrangère. — Grandes administrations. — Sociétés de
chemins de fer. — Société des omnibus. — Administration de la
manufacture de glaces de Saint-Gobain. — Industries parisiennes.

C'est un poids terrible que celui des années, quand
il vient se joindre à celui de l'indigence! Combien,
après avoir porté courageusement et constamment
celui-ci, tombent épuisés sous l'accablement de la

vieillesse ! Or, que devient à cet âge celui qui, pour l'atteindre, a déjà eu besoin de l'appui de la pitié ? L'un des plus affligeants spectacles que présentent les quartiers spécialement habités par l'indigence et le travail, c'est l'état de misère et d'abandon où trop souvent l'ouvrier traîne les dernières années de sa vieillesse.

« Un homme, un père de famille, dit l'auteur du *Livres des classes ouvrières*, a travaillé cinquante ans de sa vie comme un mercenaire, il a élevé ses enfants, il a vécu de privations et lutté sans cesse contre la misère, mais ses membres sont usés, ses forces sont épuisées, son corps s'incline vers la terre et refuse le travail, et le voilà tombé à la charge de ses enfants, auxquels leur propre travail suffit à peine pour vivre ; de plus, on le sait, la piété filiale n'est pas la vertu de notre siècle, surtout quand elle exige des sacrifices d'argent, il est bien à craindre qu'on ne la regarde comme un embarras, comme un fardeau. Aussi, la plupart du temps, le vieillard est-il relégué dans un coin où il achève de vivre ou de mourir. Quelles tristes confidences! quelles explosions de douleur s'échappent parfois de sa poitrine! Hélas! que fais-je encore sur la terre? On ne me considère plus depuis que je n'apporte plus un salaire à la maison, on regrette même le pain que je mange!... »

Il y a bien des nombreux exemples de pères pieusement secourus et soutenus par leurs enfants, mais ce sont là les exceptions. L'alternative fatale pour l'ouvrier — c'est d'économiser sur son travail pour l'époque de sa vie où ses forces se refuseront au travail, — ou de tomber à la charge de la bienfaisance.

La charité l'a compris et ses efforts ont tendu à

adoucir aux pieds du vieillard indigent ce double sentier qui le conduit au repos : au lit de la tombe.

La première éventualité de cette alternative est naturellement celle dont elle doit seconder la réalisation avec le plus de sollicitude, car elle n'assure pas seulement le calme des derniers jours de la vie du travailleur, elle en conserve la dignité, et, de plus, elle a été une garantie de moralité pour son passé.

Aussi, avec quel zèle tous les hommes dévoués au bonheur du peuple s'efforcent-ils de le doter d'institutions de prévoyance , qui lui permettent d'assurer ainsi, par de faibles prélèvements, sagement opérés, sur le salaire de ses années d'activité et de force, la sécurité des heures impuissantes de son déclin ! Nous avons vu une des applications de ce zèle dans les ingénieuses combinaisons au moyen desquelles elle tend à convertir en pensions de retraite une partie des réserves des sociétés de secours.

Ces sociétés n'étaient en réalité, à leur origine, que des associations de secours en cas de maladie. C'est là le caractère exclusif qu'elles ont encore en Angleterre aujourd'hui ; c'est le caractère exclusif qu'ont même conservé en France la plupart des sociétés de cette nature, dont l'existence est antérieure à la législation actuelle. Ajoutons que ce caractère est tellement dans leur esprit, que l'on peut dire qu'il est une nécessité de leur organisation. L'infimité de leur cotisation, qui n'excède pas 5 centimes par jour, n'est-elle pas déjà une ressource bien faible pour subvenir à leurs charges? Visites de médecins, achats de médicaments, indemnité au sociétaire pendant le temps que la maladie suspend ses travaux, et, en cas de mort, frais de funérailles, secours à la famille du défunt, etc. Espérer pouvoir y puiser des pensions de retraite pour les vieillards, ne serait-ce pas rêver l'impossible? Nul doute à cet égard. Aussi, avant de songer à imposer cette nouvelle et lourde obligation aux caisses sociales, l'administration a-t-elle d'abord songé à en multiplier et à en féconder les ressources. De là la création des membres honoraires dont les dons et les cotisations enrichissent la caisse où puisent seuls les membres participants ; de là encore l'allocation de dix millions dont l'État a formé la dotation des sociétés soumises à sa haute direction; de là, enfin, les sages mesures combinées par la commission supérieure, et d'après lesquelles les sociétés approuvées font deux parts de leur fonds de réserve : la première affectée au payement de leurs dépenses courantes, la seconde versée à la Caisse des dépôts et consignations pour former un premier fonds de retraite, que grossissent les intérêts composés, les versements annuels des sociétés, les subventions de l'État, les sommes votées par les conseils généraux et par les communes, les donations, les legs et les libéralités des membres honoraires. C'est le revenu de ces sommes accumulées et inaliénables qui assure le service des pensions.

Il est d'autres institutions créées par la même sollicitude où l'ouvrier peut également placer en réserve le pain de ses vieux jours. La plus connue est la caisse d'épargne. Il ne faut pas remonter très-avant dans le passé pour trouver son origine en France. Il est vrai qu'elle était déjà populaire en Angleterre et en Allemagne, lorsque, grâce aux efforts de M. de Larochefoucauld-Liancourt, elle s'établit parmi nous. Il ne fallut rien moins que le dévouement de M. Benjamin Deles-

sert pour opérer sa propagation première; mais ensuite, quelle extension rapide !

Au 1ᵉʳ juillet 1845, le trésor devait aux caisses d'é-
pargnes plus de 383 millions; et cependant, pour conserver à cette institution son caractère populaire, chaque livret ne pouvait s'élever qu'à 1,500 fr. et à
2,000 fr. avec les intérêts capitalisés.

A la fin de 1852, malgré quatre années de crises
civiles, la France comptait trois cent soixante et onze
caisses avec cent soixante et une succursales ayant en
circulation sept cent quarante-deux mille huit cent
quatre-vingt-neuf livrets.

Tous les cœurs généreux s'étaient mis à l'œuvre, et
pénétrés de l'influence puissante que cette caisse de
prévoyance devait avoir sur la moralité et le bonheur
du peuple, ils avaient voulu prendre part à son succès.

« L'épargne, dit M. de Cormenin dans ses *Entretiens
du Village, est, avec la religion, le plus grand moralisateur du peuple.* » M. A. de Lamartine en signalait la
cause à la tribune de la chambre des députés: « L'ouvrier, disait-il, y trouve une garantie morale contre
l'oisiveté, le désordre, la débauche et tous les vices
qui absorbent trop souvent son superflu et ne lui laissent que des regrets tardifs, l'indigence et le désespoir. »

L'institution des caisses d'épargnes avait donc tous
les caractères qui devaient lui concilier la faveur du
pouvoir. Malgré sa répugnance pour les innovations
économiques, la Restauration les avait accueillies; le
gouvernement de Juillet leur donna la protection la
plus complète ; il ne négligea rien pour leur concilier la
confiance du peuple. Ce fut la pensée qui présida à la
rédaction de leurs statuts réglementaires. Ils en furent

l'expression si facile et si frappante, que leur popularité s'étendit aussitôt jusqu'au fond des campagnes.

Nulle combinaison ne pouvait répondre plus exactement aux convenances de l'homme du peuple ; elle lui offrait une sécurité absolue, puisque les fonds, à peine versés, étaient déposés au trésor ; un placement avantageux, puisque chaque dépôt devenait immédiatement productif d'intérèts, se capitalisant par annuités ; toute facilité désirable, puisque les sommes les plus minimes étaient reçues, les placements pouvant ne pas dépasser un franc. Cette intelligente et prudente réglementation, qui rendait la plus petite épargne féconde, était pour l'ouvrier la sollicitation la plus puissante au travail, à l'ordre et à l'économie ; la privation imposée au présent s'effaçait dans le sentiment de l'aisance assurée à l'avenir ; cette privation avait dès l'instant même sa compensation dans la sécurité qu'elle faisait naître : son épargne était sa garantie contre les suites funestes des accidents, des maladies, des cessations de travail ; c'était l'oreiller paisible où s'endormirait sa vieillesse.

Disons que dans un très-grand nombre d'ateliers et d'usines les chefs d'industries contribuèrent puissamment à la vulgarisation de cette institution féconde en donnant des livrets de caisse d'épargne, en gratification à ceux de leurs ouvriers qui s'étaient distingués par leur habileté ou par leur zèle.

Quelle que soit la facilité avec laquelle tout homme, et l'homme peu instruit surtout, se fasse illusion sur la persistance de ses forces et sur les ressources que lui offre l'avenir, l'ouvrier a toujours senti la nécessité de se prémunir par des économies contre le dénûment dont l'affaiblissement et les infirmités de la vieillesse frapperont ses dernières années. Et, pourtant, combien l'âge en surprend-il sans ressources! C'est qu'entre ce sentiment et sa réalisation il y a tout un abîme d'incertitude et de crainte. Quelle doit être l'importance de ces économies? à quelles mains fidèles et sûres en confiera-t-il le dépôt? Quelle résistance salutaire l'empêchera de les appliquer à des besoins transitoires? Qui le défendra même contre les tentations de les jeter dans ses plaisirs? Ces calculs, qui échappent à son esprit, des hommes instruits et dévoués les ont faits pour lui. Ces mains fidèles et sûres, cette résistance salutaire, cette protection préservatrice, la caisse des retraites les lui offre.

Il est une institution, conçue plus spécialement encore dans l'intention d'assurer l'avenir de l'ouvrier contre les souffrances et le dénûment qui menacent la fin de sa carrière, c'est la caisse des retraites pour la vieillesse.

« En la fondant, dit en son rapport le secrétaire de la commission supérieure, l'État enseigne la prévoyance et en fait connaître les avantages. Il inspire l'économie et se charge d'en accumuler les produits et de les garantir. Tout homme en faisant une légère épargne sur le fruit de son travail peut désormais mettre ses vieux jours à l'abri du besoin et préparer son avenir de ses propres mains [1]. »

Là est toute la loi du 15 juin 1850. La caisse des retraites est définie par son objet. Il nous reste à en faire connaître les surprenants résultats et l'ingénieux

---

[1] *Moniteur* du 10 avril 1851 : Rapport de la commission supérieure.

mécanisme. On ne saurait prévoir les combinaisons merveilleuses qui résultent des versements opérés par un groupe de contribuables, et dont les survivants doivent, après un nombre d'années fixé, recueillir les fruits. En voici quelques-unes que nous empruntons aux tables et aux tarifs arrêtés par l'administration même de la caisse des retraites.

En versant une somme de 5 francs au profit d'un enfant de trois ans, on lui assure une rente viagère de 9 francs 13 centimes à l'âge de cinquante ans; de 15 francs 01 centime, à celui de soixante; le versement annuel de 5 francs sur la tête du même enfant lui produira une rente viagère de 89 francs 47 centimes, à cinquante ans; de 141 francs 18 centimes, à cinquante-cinq; et de 233 francs, à soixante.

200 francs une fois payés donnent droit à cet enfant, parvenu à cinquante ans, à une rente de 299 francs; une somme de 150 francs seulement lui assure, à l'âge de soixante ans, une rente de 575 francs. Ces résultats ne frappent-ils pas comme impossibles ? Ils ne sont cependant que le produit de l'intérêt 5 pour cent combiné avec les chances de mortalité d'après les tables de Deparcieux.

Tels sont les calculs qui forment la base des opérations de la caisse des retraites, calculs accessibles aux esprits les plus illettrés, des tableaux dressés par l'administration en offrant les résultats à tous ceux qui désirent les connaître. Ce sont des chiffres constants; il suffit de pouvoir les lire.

La règle établie par la loi du 15 juin 1850 n'est pas absolue. Elle a ses restrictions : ainsi le maximum des rentes viagères sur une tête est de 600 francs; les versements ne sont reçus que par sommes de 5 francs, ou formant ses multiples, 10, 15, 20, etc. S'ils sont faits par des époux pour profiter à chacun d'eux, ils doivent être de la somme de 10 francs, de ses multiples 20, 30, 40, etc.

L'âge de l'entrée en jouissance de la rente viagère ne peut être fixé que dans la limite de cinquante à soixante ans.

Cette règle laisse encore aux déposants une latitude facultative pour leurs versements. Ses auteurs ne se sont pas dissimulé le côté faible des combinaisons aléatoires introduites dans les finances par l'Italien Tonti, ce que cette constitution des économies en rentes viagères a de contraire à l'esprit de famille, et, en même temps, ce qu'ont de froissant en eux-mêmes ces calculs reposant sur la mort de ses associés. En les admettant comme des nécessités dans des positions difficiles et susceptibles d'ailleurs d'être appliquées à chaque membre de la famille, elle a dû laisser à ceux qui désireraient donner un autre caractère à leurs placements, la faculté de réserver le remboursement du capital à leurs légataires ou à leurs héritiers.

Quelle que soit la répugnance qu'éprouvent les classes populaires pour les engagements de capitaux à termes si reculés, le succès de la caisse des retraites s'établit avec une rapidité d'autant plus étonnante qu'il eut à traverser les complications politiques les plus formidables : crise intérieure, récoltes insuffisantes, guerres étrangères.

A la fin de 1851, après huit mois d'existence, les versements s'étaient déjà élevés à 1,200,000 francs. Quelques favorables que fussent ces débuts, ils étaient loin cependant de présager les développements qu'allait prendre l'actif de cette caisse. Dès le milieu de l'année

1852, il avait monté à 31,057,892 francs 44 centimes ainsi groupés :

$$
\text{En numéraire}
\left\{
\begin{array}{lll}
 & & \text{fr.} \quad \text{c.} \\
1^{er}\ \text{trimestre} & 7,483,920 & 22 \\
2^e \quad\ — & 13,953,920 & 54
\end{array}
\right\}
$$

En capital de rente 5 0/0 transféré au pair 9,620,789 68

31,057,892 44.

Du 11 mai 1851, jour où la caisse fut ouverte à Paris, jusqu'au 31 décembre 1855, elle reçut 131,741 versements :

			fr.	c.
74,453	versements à capital aliéné, montant à		18,971,591	33
57,288	— réservé —		23,277,871	65
131,741			42,249,462	98

Moyenne du versement aliéné, 255 francs.

Moyenne du versement réservé, 320 francs.

Ces résultats révèlent toute l'importance que l'avenir réserve à cette institution, et de quelles misères elle affranchira les classes laborieuses dans leurs membres les plus dignes de pitié.

Cette institution produisit spontanément, dès son origine, les applications les plus propres à lui concilier les sympathies populaires. De grandes administrations s'empressèrent de saisir le mode de rémunération qu'elle leur offrait de récompenser le zèle et les services de leurs employés. Les compagnies de chemins de fer d'Orléans et de Rouen constituèrent des livrets de cette caisse en faveur de leurs agents : la première en y appliquant une part prélevée sur les bénéfices sociaux ; la seconde en ajoutant libéralement une somme égale à celle des retenues faites sur les salaires.

L'administration des Omnibus et celle de la manufacture de Saint-Gobain entrèrent généreusement dans cette voie, où les suivirent un grand nombre de chefs d'industrie. Ce furent, à Paris, MM. Soleil, opticien, Paul Dupont, imprimeur, Hachette et Ce, libraires, Savart, bijoutier, Didion, directeur de la capsulerie de guerre, etc., etc.

Telles sont les principales institutions que l'initiative bienfaisante des classes riches a créées au milieu du peuple pour le mettre à même de s'affranchir de l'oppression fatale sous laquelle s'affaissent ses dernières années ; nous allons exposer maintenant ce que la charité a fait immédiatement pour le soulager.

CHAPITRE II

HOSPICES POUR LA VIEILLESSE

SOMMAIRE. — La vieillesse indigente à Paris. — Nombreux établissements de secours. — La maison de Scipion. — L'hôpital du Saint Nom-de-Jésus. — Asiles actuels. — Bicêtre. — L'Evêque de Winchester. — Un repaire de bandits. — Le château magnifique. — Hospice actuel. — Son personnel. — La Salpêtrière. — L'asile de bienfaisance. — Ses hôtes. — Son service. — L'hospice de la rue de Sèvres. — Marguerite Rouillé. — Développements de l'établissement. — Insuffisance de ses édifices. — Un nouvel hospice pour les hommes. — L'ancien couvent des Récollets. — Transport des malades. — Statistique des deux maisons. — L'hospice des Ménages. — Les Petites Maisons. — Jean Lhuilier de Boulencourt. — Chambres et lits. — Conditions d'admission. — Provendes. — Hospice Larochefoucauld. — Asile Sainte-Périne. — Bienfaisance du siècle. — Refuge fondé par M. et Mme Leprince. — Mme la duchesse de Bourgogne et l'hospice d'Enghien. — M. de Villas. — Un entrepôt et un hospice. — Hospice de la Reconnaissance. — M. Brezin. — Les secours à domicile. — Leur supériorité morale. — Leur répartition.

Dans aucune ville la bienfaisance n'a entouré la vieillesse indigente de plus de soins, de plus d'égards, d'une plus douce et plus vigilante pitié qu'à Paris. Nulle part elle ne lui a consacré plus d'œuvres charitables, ni ouvert plus d'asiles.

Nous ne remonterons point aux établissements publics que vit s'élever son passé, ni même à ses institutions privées, où s'offrent aux sympathies tant de fondations touchantes : cette *Maison de Scipion,* dotée par un pieux bourgeois de Saint-Marcel, qui voulut rester inconnu, ou cet *Hôpital du Saint-Nom-de-Jésus,* fondé par saint Vincent de Paul, au faubourg Saint-Laurent, avec les sommes versées par une main qui se déroba également à la reconnaissance. Nous nous restreindrons dans le cercle des établissements contemporains.

Les asiles consacrés par l'assistance publique aux vieillards indigents ou infirmes, sont au nombre de douze.

Bicêtre ; il doit son nom au manoir que Jean, évêque de Winchester, y fit bâtir dans le treizième siècle : maison de plaisance, château fort et repaire de bandits, il traversa les fortunes les plus diverses avant de devenir un refuge pour la souffrance et un asile pour la vieillesse.

Jean de France en avait fait, sous Charles V, un logis *moult plaisant et magnifique.*

Ses bâtiments, reconstruits depuis et destinés aujourd'hui aux hommes âgés et infirmes, renferment 2,320 lits pour les vieillards et 760 pour les aliénés.

Les octogénaires, les épileptiques, les aveugles, les aliénés, etc., y sont reçus de droit ; les vieillards de soixante-dix ans et au-dessus y sont admis sur présentation.

Les pensionnaires valides peuvent sortir tous les jours. L'établissement a divers ateliers où ceux qui désirent travailler trouvent un emploi rétribué de leurs loisirs.

L'hospice de la Salpêtrière s'élève sur l'emplacement d'un ancien arsenal, de là le nom. Les libéralités de grandes dames et de riches seigneurs firent, au dix-septième siècle, de cet établissement de guerre un asile de bienfaisance. La Salpêtrière est aujourd'hui consacrée aux femmes âgées, dans les mêmes conditions que Bicêtre aux vieillards. Elle contient 4,883 lits, dont 1,342 sont réservés aux aliénées.

Cet hospice est desservi par les sœurs de Saint-Vincent de Paul.

C'est à l'inspiration d'une vénérable bourgeoise du faubourg Saint-Germain, Marguerite Rouillé, veuve d'un conseiller du Châtelet, que doit son existence l'hospice de la rue de Sèvres, n° 54. De riches bienfaiteurs, au premier rang desquels figurent un prélat, dont le nom est célèbre dans les annales de la bienfaisance, secondèrent sa généreuse entreprise et assurèrent l'avenir de cet établissement. Nul n'avait, il est vrai, plus de droit à la pitié; les hôtes auxquels il était consacré s'offraient, la plupart, aux secours de la charité avec la triple consécration de l'indigence, de l'infirmité et de la vieillesse. Cet hôpital était celui des Incurables.

Cet établissement ce composait, à son origine, de deux salles renfermant 36 lits: 18 destinés à chaque sexe. Il était desservi par des sœurs de charité, sous la direction du conseil d'administration de l'Hôtel-Dieu, qui ne pouvait détourner aucune partie de ses revenus de leur destination spéciale.

La commisération profonde qu'inspiraient les maladies désespérées dont il était le refuge, développa rapidement ses ressources. Il se vit dans la nécessité d'étendre ses édifices pour pouvoir contenir les nouveaux lits qu'y fondait incessamment la charité. En

1790, il en comptait 440, et ce nombre augmentait toujours. En 1802, ses édifices étaient devenus complètement insuffisants.

On profita de cette circonstance pour opérer une grande mesure dont l'administration sentait depuis longtemps l'opportunité ou plutôt l'urgence : la création d'un nouvel hospice où fut transféré l'un des deux sexes, réunis dans l'établissement ancien. L'hôpital de la rue de Sèvres resta affecté aux femmes. Il contient aujourd'hui 525 lits : 475 occupés par des femmes, 50 destinés à des enfants.

Les malades n'y sont reçus que sur la présentation des fondateurs et des personnes qui ont droit à la nomination. Ces admissions sont exclusivement gratuites. On peut visiter les malades tous les jours de une heure à quatre.

Le nouvel établissement, pour le traitement des hommes, fut créé, rue du Faubourg Saint-Martin, dans l'église et les bâtiments monastiques restés sans destination par la suppression du couvent des Récollets. Le transfert des malades eut lieu vers la fin de 1802.

Cet hôpital renferme 414 lits pour les vieillards et 70 pour les enfants. Comme celui des femmes incurables, il est tenu avec autant d'ordre que de dévouement, par les sœurs de Saint-Vincent de Paul. Il est soumis aux mêmes règlements.

L'*hospice des Ménages*, rue de la Chaise, 28, était affecté à la vieillesse indigente dès le milieu du seizième siècle. Il fut élevé sur les ruines de la Maladrerie Saint-Germain, dont la fondation remontait à l'an 1100. Il était formé d'un groupe de petits édifices isolés, dans plusieurs desquels étaient renfermés des épileptiques et des fous. Ce mode de construction lui fit donner le nom de *Petites-Maisons*, qu'il n'a quitté qu'en 1801 pour prendre celui qu'il porte aujourd'hui.

Cet hospice a son origine dans la bienfaisance privée. Un président de la chambre des Comptes, Jean Lhuilier de Boulencourt, fut un des donateurs dont les libéralités contribuèrent le plus puissamment à sa fondation. Il était occupé par 400 personnes vieilles et infirmes; il contient aujourd'hui 755 lits : 100 dans un pareil nombre de petites chambres; 320 dans 160 grandes chambres à deux lits, et le reste dans des dortoirs.

Cet établissement reçoit les époux mariés depuis plus de quinze ans et âgés de plus de soixante, à la condition toutefois que leurs âges réunis formeront un total d'au moins cent trente années.

Les hommes veufs et les femmes veuves âgés de soixante ans et ayant dix ans de ménage ;

Les religieuses âgées de soixante ans, ou atteintes d'infirmités, jusqu'à concurrence du nombre de douze.

On est admis dans l'hospice soit en payant, soit gratuitement, sur la présentation des nominateurs.

Il y a quatre-vingts chambres gratuites pour les ménages, et cent cinquante lits dans les dortoirs, également gratuits, pour les personnes veuves.

Chaque pensionnaire reçoit, outre une quantité suffisante de pain et de viande crue, trois francs en argent tous les dix jours, un double stère de bois et deux voies de charbon par an.

Le service est fait par des sœurs de charité.

Nous ne nous arrêterons pas sur l'hospice de la Rochefoucauld, ni sur celui de Sainte-Périne, où les entrées gratuites sont tout exceptionnelles : le prix de la pension, 200 ou 250 fr. pour le premier ; 600 fr.

pour l'autre, les rendent inaccessibles au vieillard des classes laborieuses. L'hospice de la Rochefoucauld est desservi par les sœurs de Saint-Vincent de Paul ; celui de Sainte-Périne par les sœurs de la Sagesse.

Ce siècle, auquel on reproche si généralement la préoccupation des intérêts matériels qui l'enfièvre, et les ardeurs de son sensualisme, sera l'un de ceux qui auront laissé le plus de fondations hospitalières, et enrichi l'assistance publique de plus de libéralités. La vieillesse indigente a une large part dans ses bienfaits.

C'était à elle que M. et Mme Leprince consacraient l'Asile qu'ils créaient en 1817. Cet hospice fut établi avec les sommes qu'ils avaient affectées à cet usage, par disposition testamentaire, dans leur hôtel de la rue Saint-Dominique-Saint-Germain. Vingt pauvres, vieux et infirmes, du quartier des Invalides, devaient y être soignés par des sœurs de Saint-Vincent de Paul. Dix lits sont affectés aux hommes et dix aux femmes.

C'est l'administration des bureaux de bienfaisance qui fait les nominations. Les conditions pour pouvoir être admis sont d'être domicilié dans le quartier depuis au moins six ans, d'être âgé de soixante-dix ans, ou d'être affecté d'infirmités incurables dont la gravité interdise toute espèce de travail.

Deux ans après, Mme la duchesse de Bourbon fondait, rue Picpus, 8, l'hospice d'Enghien, destiné dans son origine à recevoir les vieux serviteurs des princes de la maison royale. Les sœurs de Saint-Vincent de Paul, chargées de l'administration et du service de la maison, sont investies du droit de faire les nominations.

Cet asile renferme cent lits : soixante pour les hommes, quarante pour les femmes.

La fondation de l'hospice de Villas ne remonte qu'à 1832. M. de Villas était un négociant honorable dont le nom était déjà attaché à la création de l'entrepôt de Bercy. Par son testament, en date du 16 octobre 1832, il instituait l'administration des hospices civils de Paris sa légataire universelle, à charge d'organiser dans sa maison, rue du Regard, un hospice où fussent reçus des vieillards des deux sexes, âgés d'au moins soixante-dix ans, affectés d'infirmités incurables et inscrits sur le contrôle des pauvres. Le legs était accepté et sa condition accomplie le 27 juillet 1835. Vingt hommes et quinze femmes remplissant strictement les vœux du donateur, prenaient possession de l'asile de Villas. Vingt-huit de ces hôtes avaient été choisis par les bureaux de bienfaisance, et sept par les consistoires protestants, conformément aux dispositions testamentaires du vénérable donateur.

Deux autres asiles dont la direction est confiée au conseil général de l'assistance publique, ont été fondés par la bienfaisance privée dans les environs de Paris.

L'hospice Saint-Michel, plus vulgairement connu sous le nom de son fondateur, M. Boulard, s'élève dans les conditions les plus hygiéniques, à Saint-Mandé, avenue du Bel-Air. Il sert de retraite à douze vieillards septuagénaires domiciliés à Paris, d'un passé honorable et indigents. Leur admission est gratuite ; elle est à la désignation des bureaux de bienfaisance.

L'hospice Brezin est situé dans la commune de Garches, près Saint-Cloud, au Petit-l'Étang, dans la position la plus pittoresque et la plus salubre. Par une touchante délicatesse, son fondateur a voulu lui donner le titre d'hospice de la Reconnaissance. Aussi, les ouvriers qui viennent chercher un asile dans cette riante et paisible retraite, où la reconnaissance leur a préparé trois cents lits, ne sont point les obligés de celui qui leur a assuré cette hospitalité généreuse, et il ne fait que leur rendre une partie de la fortune que lui ont gagnée leurs travaux. La voix publique, interprète du même sentiment, n'a pas accepté exclusivement ce titre, elle y a joint et souvent substitué le nom de l'honorable fondateur.

M. Brezin était un propriétaire de forges, dont la fortune avait pour origine l'industrie métallurgique. Cette circonstance explique la classe spéciale de travailleur à laquelle cet asile est ouvert. Cette classe est celle des mineurs, cuiseurs de charbon, affineurs, marteleurs, chauffeurs, commis de grosses forges, forgerons et fondeurs. A défaut d'ouvriers de ces spécialités, on reçoit tous ceux qui travaillent le fer, la fonte, le cuivre et le bois.

Les ouvriers pouvant justifier par un livret signé de M. Brezin, ou par un certificat de lui ou de ses contremaîtres, qu'ils ont travaillé sous ses ordres; les octogénaires, les personnes âgées de soixante-quinze ans, paralytiques totalement ou de deux membres, aveugles ou affectées d'un tremblement général, sont admis de préférence.

Tout individu repris de justice ne peut être reçu. Toute personne admise s'engage par écrit à se conduire toujours en homme d'honneur.

L'admission est prononcée par le conseil général des hospices. Elle est toujours gratuite.

Cet asile est un des plus récents; sa création ne remonte qu'à l'année 1833. C'est le quatrième fondé en moins d'un quart de siècle par cette société moderne si violemment attaquée. Ces faits seuls répondent à bien des accusations dont la violence n'est pas toujours de la force. La vie morale est puissante dans un cœur qui a de telles pulsations !

Il ne faut pas cependant se dissimuler que ces fondations sont loin de satisfaire à tous les besoins. Si elles sont indispensables pour les vieillards isolés, atteints d'infirmités incurables ou du moins de maladies graves, qui ne pourraient recevoir, au sein d'une famille indigente, les soins et le traitement que nécessite leur état, il est mainte autre circonstance où les secours à domicile, qui permettent aux familles de conserver au milieu d'elles un chef bien-aimé, qui permettent aux enfants d'entourer la vieillesse d'un père malade, de l'affection et des soins dont il environna leur jeunesse, ont sur eux une supériorité morale qu'on ne peut dissimuler. C'est ce qu'ont bien compris ces associations charitables qui se sont fait leur tâche principale de cette mission ; c'est ce qu'a bien compris le législateur lui-même, en édictant l'article 17 de la loi du 7 août 1851.

« La Commission administrative, dispose-t-il, pourra, sauf l'approbation de l'autorité supérieure, convertir une partie des revenus attribués aux hospices, mais seulement jusqu'à concurrence d'un cinquième, en secours à domicile annuels, en faveur des vieillards ou infirmes placés dans leurs familles. »

La Commission a profité de cette liberté qui ouvrait à l'assistance une voie féconde en avantages moraux ; par ces secours elle resserrait, au lieu de les relâcher ou de les dénouer, les liens de la famille, et habituait les enfants aux égards et aux soins affectueux que réclament l'âge et les infirmités de leurs parents.

Les bureaux de charité ont été chargés de la répar-

tition de ces secours dont la quotité est déterminée
par un règlement spécial; ils consistent, indépendamment des remises en nature, de sommes d'argent
ainsi fixées :

Pour les vieillards de 85 ans . . . .   12 fr. par mois.
Pour ceux de 82 ans.   10   —
Pour ceux de 79 ans.   8   —
Pour ceux de 74 ans.   5   —
Pour les aveugles   5   —
Pour les paralytiques des deux membres. . . .   3   —

L'allocation de 5 francs est quelquefois accordée à
des vieillards âgés de soixante-dix ans seulement, dont
la position offre quelque motif particulier d'intérêt.
Celle de 12 francs ne doit être attribuée qu'aux pensionnaires qui jouissent depuis trois ans de secours
immédiatement au-dessous.

C'est ainsi que l'assistance publique, dépositaire et
dispensatrice des libéralités de la bienfaisance privée,
s'empresse de profiter, dans la sphère active de son
administration, de toutes les améliorations que celle-
ci lui signale.

CHAPITRE iII

ŒUVRES D'ASSISTANCE POUR LES VIEILLARDS

SOMMAIRE. — Œuvres spéciales d'assistance pour les vieillards. — Société des écoles. — Les externes. — Pieuse et poétique inspiration. — Personnel de cette œuvre. — Société en faveur des pauvres vieillards. — Dames catholiques et protestantes. — Leur mission de charité. — Œuvre du logement des vieillards. — Même objet. — Société et asile de la Providence. — Fondation de l'Asile. — M. Micault de la Vieuville. — Organisation de la Société. — Pensions. — L'œuvre de Nazareth. — Maison de retraite pour les vieux ménages. — Les Petites Sœurs des pauvres. — Une jeune ouvrière bretonne. — Le pauvre prêtre. — Faire du bien. — Il est toujours possible d'en faire. — La vieille mendiante. — L'hospitalité des pauvres. — Un miracle de la charité. — Un nouvel ordre hospitalier. — Son succès. — Un prix Montyon. — Rapport de M. Dupin aîné. — Développements rapides. — Deux asiles à Paris. — Les épreuves. — Le doigt de Dieu. — Le nouvel hospice. — Noble protection. — La Noël. — Touchant et joyeux banquet.

Ce ne sont pas seulement les œuvres spéciales ayant pour objet l'assistance du vieillard mourant, qui se vouent à cette tâche sympathique et miséricordieuse, toutes les sociétés de secours s'empressent à l'envi d'apporter leurs soins respectueux autour du grabat où lutte, près de s'évanouir, cette existence au déclin. Ce n'est cependant qu'à ces œuvres spéciales que nous devons consacrer ces considérations. Nous parlerons tout d'abord de la *Société des Écoles*.

N'est-ce pas une inspiration d'une générosité touchante et poétique que celle qui a porté cette jeunesse entrant dans la vie par le sentier des jours printaniers, à s'élancer en aide à ces vieillards trébuchant sur les déclivités de la tombe ; ces jeunes fronts tous baignés de la lumière matinale, à se rapprocher de ces têtes chenues, déjà enveloppées par l'ombre funèbre, pour murmurer de consolantes paroles, et offrir un appui dévoué à leurs derniers pas ?

C'est là le but de cette association qui, née sur les bancs des écoles, ne se recruta d'abord qu'au milieu de la jeunesse studieuse et jusque dans les classes de colléges, mais à laquelle sont venus s'adjoindre depuis, des professeurs distingués, des avocats renommés, des écrivains, des artistes, d'anciens représentants du peuple et des législateurs en titre.

La société recherche les vieillards indigents que leur misère et leur abandon rendent les plus dignes de pitié. Elle affecte, pour patron à chacun d'eux, un de ses membres, qui le visite une fois par semaine, lui porte des secours, fait valoir ses droits, vaque à ses affaires et accomplit toutes les démarches qui peuvent améliorer sa position. Chaque sociétaire verse dans la caisse du trésorier une cotisation annuelle de douze francs.

L'origine de cette œuvre est toute récente ; elle naquit dans les années de crise qui suivirent la révolution de Février, suscitée par le désir d'alléger la misère qui désola les classes laborieuses.

La *Société en faveur des pauvres vieillards* est beaucoup plus ancienne : sa fondation remonte à 1802. Elle est composée de dames catholiques et de dames protestantes, réunies dans un but de bienfaisance, par un même sentiment de charité. Elles visitent les vieillards, confiés par l'association à leur patronage ; leur remettent des secours en argent ou en denrées ; leur fournissent des draps et des couvertures, et leur donnent des vêtements.

La trésorière de cette œuvre est Mme Grivel, à la Banque.

L'*OEuvre du logement des vieillards* ne remonte qu'à l'année 1844. Sa sphère d'action, malgré les restrictions que semble lui imposer son titre, est à peu près la même que la précédente. Elle choisit les vieillards dont la misère est la plus profonde, les place dans des chambres louées par elles, et assigne à chacun d'eux un protecteur chargé de le visiter, de le secourir, de le consoler, de protéger ses intérêts et de défendre ses droits. Le secrétaire de cette association est M. le comte de Castries, rue de Varennes, n° 24.

La *Société* et l'*Asile de la Providence* forment, bien que'lles soient deux institutions distinctes, une œuvre complexe dont l'objet est le même que celui des associations précédentes.

A l'encontre des établissements semblables, l'asile a précédé la société. L'*Asile de la Providence* fut fondé le 1er septembre 1804, par M. le chevalier Micoult de la Vieuville, pour servir de retraite à des vieillards. Cet hospice n'est pas purement gratuit. Sur les soixante places qu'il renferme, quatre ont seulement ce caractère : deux à la nomination du ministre de l'intérieur, deux au choix de la famille du fondateur. Les autres places sont payantes, mais la plupart des personnes qui les occupent sont placées par la Ville de Paris ou par la société de la Providence, qui solde les pensions. Situé avenue des Martyrs, 16, l'établissement réunit tous les avantages qui peuvent en rendre le séjour agréable. Local élégant et commode, position pittoresque et salubre, vaste jardin, etc. Il est tenu avec un ordre parfait par les dames hospitalières de Nevers.

Une ordonnance royale, du 24 décembre 1817, le plaça au rang des établissements publics. Sa direction est confiée à un administrateur en chef, sous la surveillance d'un conseil et sous l'autorité de M. le ministre de l'intérieur.

La société de la Providence a pour objet principal de payer des pensions entières ou des portions de pensions pour les vieillards des deux sexes, qu'elle place dans l'*Asile de la Providence*. Elle s'occupe également de faire donner une éducation chrétienne ou d'apprendre un métier aux enfants indigents, et aussi de distribuer des secours à domicile aux familles malheureuses.

Cette association charitable, dont la fondation remonte à 1805, a déjà étendu ses bienfaits sur plus de quatre mille familles ou individus. Ses ressources consistent dans la souscription annuelle de vingt francs versée par ses membres, et dans le produit d'une quête.

Son président est M. le lieutenant général duc de Montesquiou-Fésensac, et son secrétaire général, M. le baron Serrurier ; son conseil est composé de

MM. le marquis de Béthisy, le comte de Flavigny, le comte Serrurier, Adrien Cramail, administrateur en chef de l'asile, etc.

L'*Œuvre de Nazareth* s'est imposé, dans un cercle spécial, une mission analogue. Fondée par la société de Saint-Vincent de Paul, c'est dans les rangs d'une association créée par la même société, l'Association des familles, qu'elle cherche ses protégés. Son établissement le plus important est une maison de retraite, où vingt vieux ménages reçoivent un logement gratuit. Les hôtes de cet établissement jouissent, indépendamment de leur petit appartement particulier, d'une grande salle chauffée et éclairée, en hiver, qui leur sert de pièce commune.

L'*Asile de Nazareth* est situé rue Notre-Dame-des-Champs, 2. Son conseil d'administration est composé de M. le curé de Saint-Sulpice, de neuf membres de la Société de Saint-Vincent de Paul et de six membres de l'Association de la Sainte-Famille.

Les Israélites ont également, comme nous l'avons dit, leur maison de refuge pour la vieillesse. C'est à la générosité de M. le baron James de Rothschild qu'ils doivent cet établissement, situé rue Picpus, 74. Il est habité par 30 vieillards des deux sexes. La haute direction en est confiée au comité consistorial israélite de secours et d'encouragement, présidé par M. Albert Cohen.

Nous terminerons cette nomenclature d'institutions pieuses consacrées à la vieillesse par une des créations les plus touchantes de la charité chrétienne : la confrérie des Petites Sœurs des pauvres.

En 1840, se trouvait dans une humble ville de Bretagne, à Saint-Servan, qui n'est presque qu'un faubourg de Saint-Malo, une jeune fille, Marie Augustine (Marie de la Compassion), vivant modestement des faibles produits de son aiguille, dans une vie doublement consacrée par le travail et la piété. Elle avait pour confesseur un jeune prêtre, simple et pauvre comme elle, M. l'abbé Lepailleur. « Un jour, rapporte le *Monde illustré*, dans une notice, publiée sous ce titre : *les Petites Sœurs des Pauvres*, un jour, disons-nous, qu'elle réclamait de l'expérience de son directeur un conseil pour s'avancer dans la voie de la perfection chrétienne :

— Le moyen le plus sûr, lui répondit-il, le seul moyen même, c'est la charité. Faites du bien à tous, mais particulièrement aux malheureux, aux vieillards.

— Faire du bien ! répéta la pauvre fille en songeant à son indigence profonde...

Le digne prêtre, qui la comprit, lui répondit avec la même simplicité :

— C'est possible à tout le monde, au pauvre comme au riche. Que dit saint Pierre à l'aveugle du parvis implorant son secours ? « *Je ne puis vous donner que ce » que j'ai.* » Or, il n'avait pas d'argent... il lui rendit la vue.

— Hélas ! soupirait la jeune ouvrière en regagnant sa mansarde, saint Pierre, lui, avait le don des miracles !...

Ce n'était pas une aspiration orgueilleuse, c'était bien un regret d'impuissance que, dans son humilité, exhalait son cœur ; et pourtant, à ce moment, Dieu venait de la choisir pour être l'instrument de l'une des merveilles de la charité, qui a réalisé tant d'œuvres humainement impossibles. Cette jeune fille, cette humble

ouvrière, cette orpheline indigente, ne possédant rien
de ce qui peut être aux yeux des hommes un élément,
un germe de succès ; sans éducation, sans relations,
sans appui ; cœur candide, esprit naïf, âme timide, allait
fonder en cet instant même une association de dévouement, une institution de charité qui allait prendre des
développements si rapides, qu'avant quinze années elle
devait couvrir la France, s'étendre dans les États voisins, et déborder en flots bienfaisants sur le monde !

Oui, ce dont à peine, avec les ressources de la richesse, avec le concours du pouvoir, avec l'autorité
d'un nom célèbre et d'une grande position sociale,
avec tous les prestiges du talent et les entraînements
de l'éloquence, un homme d'énergie et de volonté eût
osé concevoir ; elle, craintive, isolée, chétive ; elle,
dénuée de tout, elle allait l'entreprendre... l'entreprendre et le réaliser ! A cet instant, en effet, une
vieille femme s'approche d'elle, chancelante, épuisée...

— Qu'avez-vous, ma bonne mère ? dit anxieuse-
ment la jeune fille.

— Ah !... je ne puis aller plus loin...

— Appuyez-vous sur mon bras, ajoute l'enfant avec
sollicitude.

Et les voilà qui font ainsi quelques pas.

— Où voulez-vous que je vous conduise ? reprend
Marie, qui naturellement s'était dirigée vers sa demeure.

— Où ? fit la vieille en levant les yeux au ciel.
Je suis une mendiante... sans asile... Et elle continua
avec résignation :

— Sur la première pierre venue, je me repo-
serai.

Marie se rappelle ce que lui a dit le prêtre : faire du bien à tous, mais surtout aux malheureux.

— Je ne puis vous laisser ainsi souffrante sur une pierre... venez plutôt chez moi, repartit la pieuse enfant. Et elles continuèrent péniblement leur route.

Arrivées à sa mansarde, Marie lui répéta les paroles de l'apôtre, en partageant avec elle un morceau de pain de seigle :

— Je ne puis vous donner que ce que j'ai.

La nuit était venue ; Marie céda son lit à son hôte. La vieille y resta malade le lendemain. Que faire ?... Ce que la jeune fille n'eût jamais eu le courage d'accomplir pour elle, elle le fit pour la pauvre malade : elle implora la pitié des voisins.

La vieille mendiante se vit bientôt entourée de soins et de secours si abondants, qu'on put lui associer une, deux et bientôt trois autres femmes âgées, pauvres, infirmes et abandonnées. Une autre jeune fille, Marie-Thérèse, que le digne abbé Lepailleur lui avait désignée pour amie, vint partager son dévouement ; le bon prêtre donna sa montre d'argent qui fut vendue pour meubler une seconde mansarde ; — l'association était fondée !

L'institution grandit comme toutes les plantes sur lesquelles descend la rosée céleste. Une ancienne servante, Jeanne Sugan, fille pieuse et dévouée, apporta à l'œuvre naissante les économies longuement et péniblement réalisées sur ses gages, et se fit sa sœur mendiante. Une petite vieille avec qui elle habitait, Fanchon Aubert, donna à la naissante association les fonds qui formaient son humble aisance, son modeste mobilier, son linge, et jusqu'à sa personne. L'association prit dès lors un plus rapide essor. Son succès la porta à s'étendre dans plusieurs localités voisines ; sa réputation les avait franchies. L'Académie française décernait, sur le rapport de M. Dupin, un des prix Montyon à Jeanne Sugan. « Mais il reste un problème qui se présente sans doute à l'esprit de chacun de vous, disait l'éloquent orateur après avoir tracé l'historique de l'asile fondé par la jeune Bretonne ; comment est-il possible que Jeanne puisse suffire aux dépenses de tant de pauvres ? Que vous dirai-je ? La Providence est grande ! Jeanne est infatigable ; Jeanne est éloquente ; Jeanne a les prières ; Jeanne a les larmes ; Jeanne a le travail ; Jeanne a son panier qu'elle emporte sans cesse à son bras, et qu'elle rapporte toujours plein. Sainte fille ! l'Académie dépose dans ce panier une somme dont elle peut disposer ; elle vous décerne un prix de 3,000 francs. »

Un bonheur n'arrive jamais seul. M. l'abbé Lepailleur reçoit presque simultanément un legs de 7,600 fr. qu'il s'empresse d'apporter à l'association, comme Jeanne ses 3,000. L'œuvre en reçoit une impulsion nouvelle ; elle ouvre des maisons à Dinan, à Rennes, à Nantes, à Tours, à Bordeaux, à Angers, à Laval, à Rouen, à Lyon, à Nancy, à Marseille, à Lille, à Besançon, à Londres même. Elle en compte trois à Paris ; une rue Saint-Jacques, 277, l'autre rue des Postes, la troisième, la plus ancienne, avenue de Breteuil. Cette dernière a traversé une crise qui n'a fait que montrer plus visiblement la volonté providentielle dans les destinées de cette institution de miséricorde.

Sa fondation remontait au 19 mars 1851. Les Petites Sœurs des Pauvres, secondées par la garde nationale du dixième arrondissement, avaient loué les bâtiments de l'ancienne institution Poiloup, et s'y étaient établies avec leurs protégés. Quatre cent cinquante vieillards y avaient trouvé depuis, au milieu de soins respectueux, une existence humble mais paisible. Cent quatre-vingts se trouvaient encore dans cet asile secourable lorsque la vente de la maison les mit dans la nécessité de chercher un autre refuge. Ce fut un coup très-sensible pour ces pieuses filles qui, après avoir franchi toutes les préoccupations et toutes les difficultés d'un premier établissement, croyaient n'avoir plus qu'à se consacrer à leur œuvre de charité. Ce ne fut pas pour elles, qu'elles sentirent ce qu'avait de pénible leur dénûment. N'avaient-elles pas fait vœu de pauvreté, elles, les épouses virginales de Celui qui, dans les trente-trois ans de sa vie terrestre, n'eut pour reposer sa tête que le bois de la croix? Ce fut pour leur famille d'adoption, pour leurs vieillards infirmes, dont le ballottage de cette vie précaire offrait tant de souffrances et de difficultés.

Que n'avaient-elles une maison à elles, une maison pour leurs pauvres, une maison plus vaste, aussi grande que les besoins les plus urgents, sinon aussi grande que leur cœur!

Ce vœu à peine formé, ce beau rêve de leur pauvreté, qu'on eût pu traiter d'*hospice en Espagne*, prit comme spontanément le corps d'une réalité. La garde nationale transporta sa protection à l'établissement futur. Un emplacement vaste et commode fut acheté par les Petites Sœurs, avenue de Breteuil, près des Invalides, avec une confiance dans la Providence égale à leur foi.

Leurs quêtes quotidiennes faisaient face à leurs besoins de chaque jour, et cette manne ne manquait jamais à ces besoins. L'or, pour payer cette acquisition, ne manqua pas davantage. M. Lechartier, ancien agent de change, leur donna une somme de trente mille francs, et mit de plus à leur disposition le talent de M. de Royon, architecte voyer de la ville de Paris. Il ne manquait plus que le capital nécessaire pour bâtir l'asile, un asile avec ses dépendances pour le logement de deux cents vieillards. Une souscription fut ouverte. La première pierre de l'hospice était posée quelques jours après, le 29 mai 1857 ; sept mois après, l'établissement était achevé.

Mais comment opérer le délogement de cette intéressante communauté, êtres souffrants, vieillards épuisés, grabataires infirmes ?

Un détachement d'artillerie arrive avec ses fourgons ! S. Exc. le maréchal Magnan a eu connaissance de l'embarras où se trouvent les Petites Sœurs... c'est lui qui leur envoie ce secours. On ne saurait rapporter sans émotion les égards tendres et respectueux, les mille précautions affables avec lesquels ces braves militaires transportent tous ces vieillards souffreteux de leurs lits sur les fourgons, de la rue du Regard à l'avenue de Breteuil ; des mères n'eussent pas mis plus de sollicitude à transporter leurs enfants malades. Le déménagement eut lieu avec une rapidité et un ordre merveilleux.

La plus haute société du faubourg Saint-Germain a voulu s'associer au patronage du nouvel établissement. De grandes dames ont voulu rivaliser de zèle avec les jeunes filles vouées à ce sacerdoce de la charité. Le jour de Noël dernier, elles ont offert un banquet de joyeux avénement à ces vieillards, et non-seulement offert, mais encore servi elles-mêmes ; et c'était charmant à voir et à entendre, toutes ces dames aux noms historiques, le tablier blanc sur leurs robes de moire antique, les plats, les assiettes ou les carafes à la main, attentives à deviner tout désir, empressées à prévenir ou à satisfaire toutes demandes, et ces mille appels d'un contraste si touchant :

— Madame la marquise, une assiette à cette bonne mère !

— Un morceau de cette poularde, madame la comtesse, pour ma chère aveugle !

— Son altesse voudrait-elle verser un verre de vin de Bordeaux à ce vieillard? Car il y avait des princes dans ce service fait par des mains patriciennes.

La congrégation des Petites Sœurs des pauvres, approuvée par un décret du souverain pontife, en date du 9 juillet 1854, vit sous la règle de saint Augustin avec des constitutions adaptées à son genre de vie. Elle compte près de mille sœurs. Elle a fondé cinquante-trois maisons, où elle soigne plus de huit mille vieillards.

CHAPITRE IV

DERNIÈRE ASSISTANCE

Le respect de la dépouille mortelle de l'homme est un des sentiments les plus profonds et les plus répandus dans le peuple. Combien ne voit-on pas d'ouvriers sacrifier une partie de leur journée, dont le prix est celui du pain de leur ménage, pour accompagner le cercueil d'un parent ou d'un ami au lieu du dernier repos ? Ce sentiment, l'homme du peuple l'éprouve plus vivement encore, quand sa pensée se replie sur lui-même, et c'est là un des motifs qui lui font redouter l'entrée des hôpitaux. Il sait que la science a des nécessités auxquelles les règlements doivent satisfaire ; que c'est dans la mort qu'elle doit souvent chercher les secrets de la vie, et qu'elle ne peut puiser la connaissance du corps humain que dans la dissection des cadavres. Or, cette pensée, l'idée qu'après sa mort, son corps incisé peut devenir un objet d'étude, que le scalpel peut courir dans ses chairs et ne les livrer à la terre qu'en lambeaux, sont une des impressions sinistres qui assiégent souvent l'indigent sur la couche hospitalière où il se sent mourir.

Depuis longtemps la charité l'a compris, et a mis son intervention secourable au service de cette crainte. C'est là un des objets de l'association pour la visite des pauvres malades dans les hôpitaux, dont la fondation remonte à saint Vincent de Paul. On conçoit le motif tout spécial qu'ont les dames charitables, dont est formée cette Œuvre, d'apporter tout leur zèle dans l'accomplissement de cette pieuse mission. Les malades à qui elles consacrent leurs soins sont des femmes chez lesquelles le sentiment de pudeur doit donner un caractère de violence extrême à l'impression de crainte causée par la destination qui peut attendre leur dépouille mortelle...

Certes, avec les sentiments de convenance et de moralité qui règnent dans nos amphithéâtres, on ne peut redouter que la présence d'un cadavre excite d'autres pensées que les pensées graves et austères de la science. Mais, pour la jeune fille expirant sur le lit offert à ses souffrances par la pitié publique, la pensée que les pudiques mystères de son corps virginal seront livrés dans leur nudité aux regards des hommes, cet examen rigide même n'est-il pas une profanation contre laquelle son âme se révolte et proteste de toutes ses chastes terreurs ?

Cette assistance n'est pas resserrée dans le cercle étroit où se renferme l'action de l'association pour la visite des pauvres malades dans les hôpitaux ; d'autres œuvres se sont imposé la même tâche et la remplissent dans une sphère beaucoup plus étendue : la société de Saint-François-Xavier d'abord. Nous avons dit que cette œuvre, conçue dans un but de moralisation pour la classe ouvrière, n'en était pas moins une société de secours mutuels, et que l'un des points principaux de ses statuts était d'assister ses membres malades. Ses secours ne s'arrêtent pas à la couche mortuaire. La société assure à celui qui succombe les honneurs funèbres ; et qu'il soit mort dans son domicile, ou dans un établissement public, il est accompagné jusqu'au bord de la tombe par une députation amie qui vient mêler ses prières à l'aspersion de l'eau sainte.

La Société de la Sainte-Famille s'est imposé le même devoir. Le pauvre isolé, l'indigent sans parents n'arrivent pas seuls au dernier asile ; une famille que lui a créée la charité l'y accompagne et apporte à cet abandonné des hommes, à ce paria de la misère, l'adieu de ses pieux regrets.

Il en est de même de toutes les sociétés de secours mutuels qui se multiplient, depuis le décret organique du mois de mars 1852, dans tous les quartiers de Paris. Ces sociétés ne créent pas seulement des liens matériels entre les membres qui les composent, elles y forment encore des liens d'affection, des liens moraux. La caisse sociale qui a payé les frais, les indemnités de maladies, paye encore les frais funéraires ; on rend au cercueil d'autres honneurs que ceux qu'il reçoit des pompes funèbres ; un cortége d'asso-ciés où se mêlent les membres honoraires qui furent les protecteurs et les amis du défunt, l'accompagne et vient joindre aux prières officielles, les regrets de l'affection et les adieux de la douleur.

Une pieuse sollicitude a du reste assuré à tout cercueil les prières et les bénédictions de la tombe. On sait que, dans les inhumations à la charité, le cercueil du mort est présenté à l'église d'où, après avoir reçu de la bouche et de la main du prêtre les prières rituelles et l'aspersion de l'eau bénite, il est transporté à la fosse commune. Il y était déposé sans aucune solennité religieuse.

De pieuses sollicitudes s'en émurent. Un projet fut présenté par M. de Cormenin à S. G. Mgr l'archevêque de Paris, qui s'empressa de faire agréer par l'administration, sous le titre de l'*Œuvre des dernières prières*, la nomination de six aumôniers attachés aux trois cimetières de Paris. Les fonctions de ces prêtres sont d'aller recevoir gratuitement à la porte du cimetière qui leur est affecté les cercueils que, d'après les règlements spéciaux, ne doit pas accompagner le clergé, de les conduire jusqu'à la fosse commune, et de réciter sur eux les dernières prières que l'Église adresse au ciel quand la terre recouvre un de ses enfants.

Le conseil municipal de Paris s'est associé aux mérites de cette institution en votant des frais de logement pour ces aumôniers.

L'Œuvre des RR. PP. capucins s'est proposé un but semblable. Une chapelle a été élevée près du cimetière de l'Est, à l'aide de souscriptions et de sermons de charité. Les cercueils des indigents présentés dans ce petit sanctuaire y reçoivent les bénédictions des religieux qui les accompagnent ensuite à leur demeure funèbre.

C'est à l'initiative de MM. les curés de Saint-Sulpice et de l'Abbaye-aux-Bois qu'est due cette institution.

Nous devons ajouter à ces œuvres diverses le comité consistorial israélite ; comme elles, il n'a pas voulu que l'assistance, dont il prodigue en toutes circonstances les secours à ses coreligionnaires indigents, s'arrêtât avec leur vie. Les soins et la sollicitude dont il entoure le corps se prolongent auprès du cadavre auquel il assure les solennités d'une inhumation pieuse. Il en est de même de la plupart des autres cultes.

Ainsi, on le voit, ce n'est pas seulement à l'homme traversant toutes les positions à tous les âges, que la bienfaisance prodigue ses soins sympathiques et ses secours ; le dévouement actif qui l'a entouré de sa vigilance affectueuse jusque dans le sein maternel, ne s'arrête pas au lit mortuaire. Il s'était élancé vers lui en deçà du berceau, il l'accompagne par ses prières au delà de la tombe, réalisant cette grande parole apostolique : L'amour est plus fort que la mort !

FIN

TABLE

—

PREMIÈRE PARTIE

L'ENFANCE

—

1)

DEUXIÈME PARTIE

AGE ADULTE

—

TROISIÈME PARTIE

AGE VIRIL

QUATRIEME PARTIE

VIEILLESSE

—

FIN DE LA TABLE.

Paris. — Imp. de la Librairie Nouvelle, A. Bourdilliat, 15, rue Breda.

PARIS. — IMPRIMERIE DE LA LIBRAIRIE NOUVELLE

A. Bourdilliat, 15, rue Breda